Recht der Betreuung

3. Auflage 2025

Deutscher Verein
für öffentliche und
private Fürsorge e.V.

LAMBERTUS

Textausgaben zum Sozialrecht (T) 7

Verlag des Deutschen Vereins
für öffentliche und private Fürsorge e.V.
Michaelkirchstraße 17/18, 10179 Berlin
www.deutscher-verein.de

Auslieferung über den Lambertus-Verlag:
www.lambertus.de

Druck: Druckerei Walch, 86179 Augsburg

Printed in Germany 2025
ISBN 978-3-7841-3798-8
ISBN E-Book 978-3-7841-3799-5

Gefördert vom:

Bundesministerium
für Bildung, Familie, Senioren,
Frauen und Jugend

Vorwort

Die Schriftenreihe „Textausgaben zum Sozialrecht" wird gemeinsam vom Deutschen Verein für öffentliche und private Fürsorge e.V. und dem Lambertus Verlag herausgegeben.

Diese neu bearbeitete Ausgabe enthält die Vorschriften zur rechtlichen Betreuung, die v.a. im Bürgerlichen Gesetzbuch, aber auch in anderen Gesetzen, Verordnungen und Satzungen enthalten sind.

Bei allen Vorschriften wurde jeweils der aktuelle Stand berücksichtigt (Stand: April 2025).

Das Gesetz über die Vergütung von Vormündern und Betreuern (Vormünder- und Betreuervergütungsgesetz – VBVG) ist durch Art. 1 des Kosten- und Betreuervergütungsrechtsänderungsgesetzes 2025 vom 7. April 2025 (BGBl. I Nr. 109) geändert worden. Die Änderungen treten erst zum 1. Januar 2026 in Kraft.

Die ab 1. Januar 2026 geltende Fassung finden Sie hier:

Freiburg/Berlin, im April 2025

Inhaltsverzeichnis

Einführung

Rechtliche Betreuung

In den vergangenen 30 Jahren haben vielfältige Einflüsse zur kontinuierlichen Fortentwicklung des Betreuungsrechts beigetragen. Vor allem das Inkrafttreten der UN-Behindertenrechtskonvention in Deutschland im Jahr 2009 hat die Frage in den Fokus gerückt, inwieweit das deutsche Betreuungsrecht dem dort verankerten Gebot gerecht wird, größtmögliche Selbstbestimmung für Menschen mit Behinderungen zu gewährleisten. Es sei angemerkt, dass auch nach der Zweiten Staatenprüfung im Jahr 2023 der UN-Ausschuss für die Rechte der Menschen mit Behinderungen noch weiteren Handlungsbedarf im Bereich Betreuungsrecht sieht. Das betrifft vor allem die Stärkung der Selbstbestimmung durch inklusive Gestaltung anderer Hilfen und Sicherstellung der barrierefreien Zugänglichkeit von Informationen sowie die Verhinderung von Zwang in Form unfreiwilliger Behandlung oder Unterbringung und freiheitsentziehender Maßnahmen.[1]

Das Betreuungsrecht markierte 1992 einen umfassenden Wandel der grundlegenden Rahmenbedingungen staatlichen Schutzes Erwachsener. Das bis dahin geltende Recht der Vormundschaft und Gebrechlichkeitspflegschaft war geprägt von intensiven staatlichen Eingriffen in die rechtliche Handlungsfähigkeit erwachsener Personen bis hin zur Entmündigung. Seit Einführung der rechtlichen Betreuung bleibt die Geschäftsfähigkeit nun grundsätzlich unberührt. Als Teil der Rechtsfürsorge und als personenzentriertes Instrument kommt dem Betreuungsrecht die Aufgabe zu, Menschen zu unterstützen, die krankheits- oder behinderungsbedingt nicht oder nur eingeschränkt in der Lage sind, ihre Angelegenheiten zu regeln. Rechtliche Betreuung soll die Ausübung ihrer rechtlichen Handlungsfähigkeit und ihr Recht auf Selbstbestimmung sichern und Schutz vor Selbstschädigung gewähren, wo dies erforderlich ist. Beratung und Unterstützung, aber auch die Möglichkeit, erforderlichenfalls stellvertretend zu handeln, sind vom Instrumentarium des Betreuungsrechts umfasst.

Von Beginn an setzten sich die betreuungsrechtlichen Akteure für die inhaltliche und strukturelle Weiterentwicklung des Betreuungsrechts ein, wozu sie sich in verschiedenen Vereinigungen organisierten: etwa im

1 Informationen und Material zur Zweiten Staatenprüfung unter https://www.gemeinsam-einfach-machen.de/GEM/DE/AS/UN_BRK/Staatenpruefung/Zweite_Staatenpruefung/staatenpruefung_node.html (15. Januar 2025).

Betreuungsgerichtstag (BGT), in den Verbänden der Berufsbetreuerinnen und Berufsbetreuer (BdB und BVfB), im Fachausschuss der überörtlichen Betreuungsbehörden (innerhalb der Bundesarbeitsgemeinschaft der überörtlichen Träger der Sozialhilfe und der Eingliederungshilfe – BAGüS), in der Bundeskonferenz der Betreuungsvereine (BuKo) wie auch in der Arbeitsgruppe der örtlichen Betreuungsbehörden unter dem Dach des Deutschen Vereins (DV-AGöB)[2]. Denn auch wenn es keine gesetzliche Grundlage mehr für eine „Entmündigung" gibt und keinen Automatismus, aus dem die Geschäftsunfähigkeit eines Betroffenen folgt, so stellt dennoch jedes Betreuungsverfahren und jede Bestellung einer Betreuerin oder eines Betreuers einen potenziellen Eingriff in die Grundrechte der Person dar. Allein schon die noch immer stigmatisierende Wirkung einer rechtlichen Betreuung beeinträchtigt das grundrechtlich garantierte Recht auf freie und selbstbestimmte Entfaltung der Persönlichkeit.[3] Die am 1. Januar 2023 in Kraft getretene Reform geht auf dem Weg der Stärkung des Selbstbestimmungsrechts unterstützungsbedürftiger Personen inzwischen einen Schritt weiter. Sie stärkt den zentralen betreuungsrechtlichen Erforderlichkeitsgrundsatz und macht den Vorrang der Wünsche der betroffenen Menschen zum zentralen Maßstab im Betreuungswesen. Ein Maßstab, der nicht nur für Betreuerinnen und Betreuer gilt, sondern ebenso entscheidend für das Handeln der Betreuungsbehörden und der Gerichte ist. Befähigung und Rehabilitation stehen seitdem – noch mehr als zuvor – neben der Unterstützung und dem Schutz im Fokus betreuungsrechtlicher Bemühungen.

Grundlagen, Ziele und Schwerpunkte der aktuellen Gesetzeslage nach der Reform

Ausgangspunkt für die Reform des Jahres 2023 war bereits die Frage der konventionskonformen Gestaltung des deutschen Betreuungsrechts.[4] Die Ergebnisse zweier Forschungsvorhaben,[5] die das Bundesministerium der Justiz (und für Verbraucherschutz) zur Sicherstellung empirischer Grund-

2 AG Örtliche Betreuungsbehörden unter dem Dach des Deutschen Vereins für öffentliche und private Fürsorge e.V.: https://www.deutscher-verein.de/deutscher-verein/gremien/fachausschuesse-und-arbeitskreise/ (6. November 2024).

3 Art. 2 Abs. 1 i.V.m. Art. 1 Abs. 1 Grundgesetz (GG).

4 Vgl. Abschließende Bemerkungen über den ersten Staatenbericht Deutschlands (2015).

5 „Qualität in der rechtlichen Betreuung" (Matta/Engels/Brosey/Köller u.a.: Abschlussbericht, Bundesanzeiger Verlag 2018) und „Umsetzung des Erforderlichkeitsgrundsatzes in der betreuungsrechtlichen Praxis im Hinblick auf vorgelagerte ‚andere Hilfen'" (Nolting/Zich/Tisch/Braeseke: Abschlussbericht, Band I und II, Bundesanzeiger Verlag 2018).

lagen in Auftrag gab, und ein interdisziplinärer und partizipativer Diskussionsprozess bildeten die Grundlage des heute geltenden Rechts.[6] Ein zentraler Schwerpunkt des Gesetzes liegt seitdem auf der Stärkung der Selbstbestimmung und Autonomie unterstützungsbedürftiger Menschen. Rechtliche Betreuung soll sich als konsequent personenzentriertes Instrument an den individuellen Bedürfnissen und Fähigkeiten der Person ausrichten. Sie soll Unterstützung, Förderung und Schutz individuell im erforderlichen Verhältnis zur Verfügung stellen.

Die folgenden fünf Reformschwerpunkte umreißen im Wesentlichen die aktualisierte Rechtslage:

- Der Fokus auf größtmöglicher Selbstbestimmung einerseits und der Gewährleistung von Schutz und Fürsorge vulnerabler Personen andererseits.
- Das Ausbalancieren dieses Spannungsverhältnisses durch die gesetzliche Verankerung des Willensvorrangs betroffener Menschen. Er ist ohnehin bereits seit Inkrafttreten der UN-BRK im deutschen Recht geboten.
- Die durchgängige Beteiligung der Betroffenen im gerichtlichen und außergerichtlichen Betreuungsverfahren unter Berücksichtigung einer adressatengerechten Ansprache.
- Die effektive Umsetzung des Erforderlichkeitsgrundsatzes im Vorfeld und im laufenden Betreuungsverfahren, insbesondere durch Klarstellung des Nachrangverhältnisses rechtlicher Betreuung im Verhältnis zum sozialen Unterstützungssystem.[7]
- Die Sicherstellung der Qualität in der rechtlichen Betreuung vor allem durch Verbesserung der betreuungsgerichtlichen Aufsicht einerseits, Partizipation der betreuten Menschen andererseits und Vorgaben zu den Voraussetzungen der Registrierung beruflicher Betreuerinnen und Betreuer.

6 Siehe Gesetzgebungsverfahren und Pressemitteilung zur Reform 2023: https://www.bundesgerichtshof.de/SharedDocs/Downloads/DE/Bibliothek/Gesetzesmaterialien/19_wp/Reform_Vormund_BetrR/dip.pdf?__blob=publicationFile&v=2; https://www.bmj.de/SharedDocs/Pressemitteilungen/DE/2022/1229_Neues_Vormundschafts_und_Betreuungsrecht.html (zuletzt abgerufen am 12. Dezember 2024).

7 Vgl. Annette Schnellenbach: Entwicklung des Betreuungsrechts in Deutschland und die Neuregelung ab 2023, in: Archiv für Wissenschaft und Praxis der Sozialen Arbeit 3/2022, S. 4 ff. (7)

Das aktuelle Betreuungsrecht

Im Folgenden wird die Systematik des Betreuungsrechts vorgestellt. Die Textausgabe enthält neben Auszügen aus dem BGB, FamFG, BtOG und der Betreuerregistrierungsverordnung (BtRegV) weitere angrenzende Vorschriften mit betreuungsrechtlichem Bezug. Es werden wichtige Vorschriften herausgegriffen und deren Bedeutung und systematische Verortung im Gesetz kurz erläutert.

Rechtliche Betreuung im Bürgerlichen Gesetzbuch (BGB) §§ 1814–1881 BGB

Die „Rechtliche Betreuung" ist gebündelt in Titel 3 des vierten Abschnitts im Buch 4 „Familienrecht" normiert. Verweisungen auf Vorschriften des Vormundschaftsrechts gibt es seit 2023 nicht mehr. Auch die Vorschriften zu den Vermögensangelegenheiten befinden sich in Titel 3 unter der Überschrift „Führung der Betreuung". Der strukturelle Aufbau des Gesetzes gestaltet sich wie folgt:

1. Betreuerbestellung

Untertitel 1 §§ 1814–1820 BGB

Voraussetzungen und Umfang rechtlicher Betreuung, Erforderlichkeitsgrundsatz und Vorrang sozialer Hilfen, Eignung und Auswahl rechtlicher Betreuerinnen und Betreuer sowie das Leitbild ehrenamtliche Betreuung, Vorsorgevollmacht und Kontrollbetreuung

§ 1814 BGB beinhaltet die Voraussetzungen für die Bestellung einer rechtlichen Betreuerin oder eines Betreuers und führt an dieser Stelle einen zentralen handlungsleitenden Grundsatz des Betreuungsrechts ein: den Erforderlichkeitsgrundsatz. Das Gesetz definiert die Erforderlichkeit mittels einer nicht abschließenden Aufzählung von Fällen, in denen es gerade an ihr fehlt: Das ist insbesondere der Fall bei Vorliegen einer Bevollmächtigung (Vorsorgevollmacht) und wenn vorrangige soziale Hilfen vorhanden sind, die die Erforderlichkeit entfallen lassen. Den Umfang einer Betreuung bestimmt das Betreuungsgericht und hat sich dabei ebenfalls am Erforderlichkeitsgrundsatz zu orientieren. Es ordnet einzelne Aufgabenbereiche an, die zusammen den Aufgabenkreis einer Betreuung bestimmen (§ 1815 BGB).

Die ehrenamtlich geführte Betreuung stellt das gesetzliche Leitbild dar. Dieser Vorrang des Ehrenamts vor der beruflichen Betreuung ist im Kontext der Eignung und Auswahl im Gesetz platziert. Vorrangig soll rechtliche Betreuung dementsprechend durch eine Person mit familiärer Beziehung oder persönlicher Bindung ehrenamtlich geführt werden. Ist das nicht möglich, kommt zunächst die ehrenamtliche „Fremdbetreuung" in Betracht, und erst danach kann eine berufliche Betreuung geprüft werden. Sofern keine natürliche Person – weder ehrenamtlich noch professionell – für die Betreuung zur Verfügung steht, kann ein Betreuungsverein bestellt werden. Wenn auch dies nicht möglich ist, wird in Ausfallbürgschaft die Betreuungsbehörde bestellt. In jedem Fall sind bei der Auswahl die Wünsche der Betroffenen zu beachten (§ 1816 BGB).

Vorsorgevollmachten entsprechen juristisch einer Vollmacht gemäß den Vorschriften der §§ 164 ff. BGB. Formale Besonderheiten und spezielle Regelungen zu ärztlichen Maßnahmen, Unterbringung, Freiheitsentziehung und Zwang sind zusätzlich in § 1820 BGB geregelt. Dort finden sich auch die Einzelheiten zur betreuungsgerichtlichen Bestellung einer Kontrollbetreuung zur Anordnung des Ruhens und dem nur mit gerichtlicher Genehmigung wirksamen Widerruf einer Vorsorgevollmacht.

2. Führung der Betreuung

Untertitel 2 §§ 1821–1860 BGB

Betreuerpflichten und Wunschvorrang: Die zentrale Norm der Rechtlichen Betreuung, Personen- und Vermögensangelegenheiten

§ 1821 BGB enthält die zentralen handlungsleitenden Grundsätze des Betreuungsrechts. Hier sind die betreuerischen Pflichten bei der rechtlichen Besorgung der Angelegenheiten betreuter Menschen geregelt: Dazu gehören der ausdrücklich normierte Grundsatz der Unterstützung vor Vertretung, der Wunschvorrang, der zugleich zentraler Maßstab im gesamten Betreuungsrecht ist, die Grenzen der Wunschbefolgung aus dem Blickwinkel des Schutzes vor nicht willentlicher Selbstgefährdung, die Pflicht zur Ermittlung des tatsächlichen oder mutmaßlichen Willens, die Pflicht zu persönlichem Kontakt und zur Besprechung der Angelegenheiten mit der betreuten Person und schließlich die Pflicht, Befähigung und Rehabilitation nach Möglichkeit in den Vordergrund betreuerischer Tätigkeit zu stellen.

In den nachfolgenden Paragrafen sind weitere Pflichten und Rechte und die Voraussetzungen eines vom Betreuungsgericht anzuordnenden Einwilligungsvorbehalts normiert (§ 1825 BGB). Ein Einwilligungsvorbehalt bedeutet einen massiven Eingriff in die Handlungssphäre einer Person. Seine Anordnung unterliegt strengen Voraussetzungen und muss auch dem Erforderlichkeitsgrundsatz genügen.

Einen großen Raum nehmen außerdem, entsprechend ihrer Wichtigkeit, die ausführlichen Vorschriften zu den Personenangelegenheiten ein, so etwa zum Patientenwillen und zu Behandlungswünschen, zum gerichtlichen Genehmigungsvorbehalt bei ärztlichen Maßnahmen, insbesondere bei freiheitsentziehenden und Zwangsmaßnahmen sowie der Einwilligung zur Sterilisation. Auch die Aufgabe von Wohnraum und die Bestimmung des Umgangs oder Aufenthalts des betreuten Menschen gehören diesem Regelungsbereich an.

Das Bundesverfassungsgericht hat am 26. November 2024 ein Urteil verkündet, worin es mit 5 : 3 Stimmen den Krankenhausvorbehalt bei ärztlichen Zwangsmaßnahmen teilweise für verfassungswidrig erklärt hat. § 1832 Abs. 1 Satz 1 Nr. 7 BGB (entspricht der Vorgängernorm § 1906a) ist demgemäß nicht mit Art. 2 Abs. 2 Satz 1 Alternative 2 GG vereinbar. Dem Gesetzgeber ist aufgegeben, bis 31. Dezember 2026 eine Neuregelung zu treffen.[8] Bis dahin gilt die Norm fort.

Ebenfalls ausführlich geregelt sind an dieser Stelle die Vermögensangelegenheiten. Die Vorschriften umfassen Dokumentations- und Verwaltungspflichten, Anzeigepflichten gegenüber dem Betreuungsgericht, die Aufzählung genehmigungsbedürftiger Rechtsgeschäfte und gesetzlicher Befreiungen von einzelnen Pflichten, insbesondere zugunsten von Angehörigen-, Vereins- und Behördenbetreuern und -betreuerinnen.

3. Beratung und Aufsicht durch das Betreuungsgericht

Untertitel 3 §§ 1861–1867 BGB

Untertitel 3 ist den betreuungsgerichtlichen Beratungs- und Aufsichtspflichten, wie der Überprüfung der betreuerischen Berichts- und Rechnungslegungspflichten, gewidmet. Auch hat das Gericht bei pflichtwidrigem Ver-

8 www.bundesverfassungsgericht.de/SharedDocs/Pressemitteilungen/DE/2024/bvg24-100.html (12. Dezember 2024)

halten von Betreuerinnen oder Betreuern die Möglichkeit nach Anhörung der oder des Betroffenen, Maßnahmen wie bspw. die Verhängung eines Zwangsgeldes zu ergreifen.

4. Beendigung, Aufhebung oder Änderung von Betreuung und Einwilligungsvorbehalt

Untertitel 4 §§ 1868–1874 BGB

Das Ende einer Betreuung durch den Tod des oder der Betreuten, durch die gerichtliche Aufhebung der Betreuung oder durch eine Änderung im Rahmen einer laufenden Betreuung, etwa durch Entlassung eines Betreuers oder einer Betreuerin, sind in diesem Untertitel geregelt. Ebenso finden sich hier die Vorschriften über die Aufhebung oder Änderung eines Einwilligungsvorbehalts.

5. Vergütung, Aufwendungsersatz und Ausgleichssonderzahlung

Untertitel 5 §§ 1875–1881 BGB

In diesem Teil des BGB sind der Aufwendungsersatz und die Aufwandspauschale für ehrenamtliche Betreuerinnen und Betreuer geregelt (§ 1875 Abs. 1 BGB). In § 1880 BGB findet sich außerdem die auf § 90 des Zwölften Buches Sozialgesetzbuch (SGB XII) verweisende Definition des Begriffs der Mittellosigkeit, die für die Übernahme der Kosten der Betreuung durch die Staatskasse entscheidend ist.

§ 1875 Abs. 2 BGB verweist auf das Vormünder- und Betreuervergütungsgesetz (VBVG). Geregelt sind dort die Vergütungshöhe und der Aufwendungsersatz, die Fallpauschalen und gesonderten Pauschalen für spezielle Konstellationen sowie Sonderregelungen für Betreuungsvereine und Betreuungsbehörden. Im Jahr 2024 hat das Bundesministerium der Justiz das Gesetz zur Anpassung der Betreuer- und Vormündervergütung vom 22. Juni 2019 evaluiert.[9] Zu welchen Anpassungen die Ergebnisse führen werden, ist noch nicht abschließend geklärt.[10] Temporär kann noch bis 31. Dezem-

9 Evaluierungsbericht des Bundesministeriums der Justiz vom Juni 2024: https://www.bmj.de/SharedDocs/Downloads/DE/Gesetzgebung/Evaluierung/Evaluierung_Betreuerverguetung.html (6. November 2024).

10 Vgl. Gesetzgebungsverfahren zur Neuregelung der Betreuervergütung: https://www.bmj.de/SharedDocs/Gesetzgebungsverfahren/DE/2024_Neuregelung_Betreuerverguetung.html?nn=18816 (20. Januar 2025).

ber 2025 auf Antrag eine Sonderzahlung zum Ausgleich inflationsbedingt gestiegener Kosten gewährt werden. Grundlage dafür ist das Gesetz zur Regelung einer Inflationsausgleichs-Sonderzahlung für berufliche Betreuer, Betreuungsvereine und ehrenamtliche Betreuer (BetrIASG). Ein dauerhafter Ausgleich für den reformbedingten Mehraufwand zur Sicherung und Stärkung der Qualität rechtlicher Betreuung steht zum jetzigen Zeitpunkt noch aus.

Ehegattenvertretungsrecht § 1358 BGB

Außerhalb des Betreuungsrechts ist in § 1358 BGB das Ehegattenvertretungsrecht geregelt. Es handelt sich dabei um ein temporäres, auf sechs Monate beschränktes, gegenseitiges Notvertretungsrecht der Ehegatten in Gesundheitsangelegenheiten. Die Vorschrift verweist auf Regelungen der rechtlichen Betreuung, insbesondere auf den Wunschvorrang und die Grenzen der Wunschbefolgung sowie die Ermittlung des tatsächlichen oder mutmaßlichen Willens (§ 1821 BGB). Außerdem nimmt sie Bezug auf die Ermittlung des Patientenwillens (Vorsorgevollmacht, Patientenverfügung, §§ 1827, 1828 BGB) und die Genehmigungsvorschriften im Falle einer Unterbringung sowie bei ärztlichen oder freiheitsentziehenden Maßnahmen (§§ 1829, 1831 BGB). Mit Blick auf die nur temporäre und im Umfang auf Gesundheitsangelegenheiten begrenzte Wirkung dient das Ehegattenvertretungsrecht nur der vorübergehenden Lösung im Fall akuter gesundheitlicher Beeinträchtigungen. Um eine umfassende, privatautonome, selbstbestimmte Vorsorge sicherzustellen, ist es unentbehrlich, eine Vorsorgevollmacht (§ 1820 BGB) zu errichten.

Betreuungsorganisationsgesetz (BtOG)

Im Betreuungsorganisationsgesetz (BtOG) sind alle Vorschriften mit öffentlich-rechtlicher Prägung zusammengefasst und zwar betreffend:

- die Betreuungsbehörden – §§ 1–13 BtOG,
- die Betreuungsvereine – §§ 14–18 BtOG,
- die rechtlichen Betreuerinnen und Betreuer allgemein – §§19, 20 BtOG,
- die ehrenamtlichen rechtlichen Betreuerinnen und Betreuer – §§ 21, 22 BtOG.

- die beruflichen rechtlichen Betreuerinnen und Betreuern – §§ 23–30 BtOG,
- die Geheimnisträger – § 31 BtOG.

Dagegen finden sich im BtOG keine Vorschriften, die das Rechtsverhältnis zwischen rechtlichen Betreuerinnen oder Betreuern und den von ihnen betreuten Menschen betreffen. Dieses betreuungsrechtliche Innenverhältnis ist im BGB geregelt (s.o. zu: 2. Führung der Betreuung).

Vorschriften, die sich an das Betreuungsgericht wenden, finden sich sowohl im BGB (siehe §§ 1861–1867 BGB) als auch im Gesetz über das Verfahren in Familiensachen und in den Angelegenheiten der freiwilligen Gerichtsbarkeit (FamFG). Die Klärung der funktionellen Zuständigkeit innerhalb des Betreuungsgerichts zwischen Rechtspfleger/innen und Richter/innen erfolgt über die Vorbehaltsklausel des § 15 Rechtspflegergesetz (RPflG), die bestimmte Angelegenheiten Richterinnen und Richtern vorbehält.

Die Systematik des Betreuungsorganisationsgesetzes ist nach den betreuungsrechtlichen Akteuren gegliedert. Die für sie einschlägigen Vorschriften sind im Gesetz jeweils gebündelt und dadurch leicht auffindbar.

1. Betreuungsbehörde

Abschnitt 1 §§ 1 bis 13 BtOG

In Titel 1 finden sich die allgemeinen Vorschriften zur sachlichen und örtlichen Zuständigkeit der Betreuungsbehörde (u.a.: § 2 Abs. 4 Stammbehörde für berufliche Betreuerinnen und Betreuer), zur Fachlichkeit und zum bereichsspezifischen Datenschutz. In Titel 2 sind die betreuungsbehördlichen Aufgaben einerseits außerhalb des gerichtlichen Verfahrens sowie andererseits im Verhältnis zum Betreuungsgericht beschrieben. Die Aufgaben reichen von der Information und Beratung über öffentliche Beglaubigungen, die Vermittlung anderer Hilfen und Information der Betreuungsvereine bis hin zur Sozialberichterstattung gegenüber dem Betreuungsgericht. Auch das mit der Reform 2023 neu eingeführte Instrument der „Erweiterten Unterstützung" im Vorfeld rechtlicher Betreuung ist hier normiert (§§ 8, 11 BtOG). Es soll der Stärkung des Erforderlichkeitsgrundsatzes dienen und ein spezifisches Angebot der Beratung und Unterstützung für Menschen bieten, die einerseits – jedenfalls vorrübergehend – nicht in der Lage sind, ihre Angelegenheiten alleine zu besorgen, für die andererseits aber möglicherweise eine rechtliche Betreuung nach einer vorrübergehenden intensiven Hilfe mittels „Erweiterter Unterstützung" nicht erforderlich ist. In zehn Bundesländern wird die Erweiterte Unterstützung in insgesamt 30 Modellprojekten erprobt, die länderseits mit Personal- und Sachmitteln sowie teilweise wissenschaftlicher Begleitung und Evaluation unterstützt werden. § 11 Abs. 5 BtOG ermöglicht den Bundesländern durch landesgesetzliche Regelungen, die Erweiterte Unterstützung für eine Übergangszeit auf einzelne Betreuungsbehörden zu beschränken. In Ländern, die keine Beschränkung durch Modellprojekte vorsehen, sind alle örtlichen Betreuungsbehörden flächendeckend mit der Aufgabe betraut. In diesem Zusammenhang dürfte sich unter anderem zeigen, wie regionale soziale Infrastrukturen an der Schnittstelle aufgestellt sind und inwiefern Kooperation gelingt.[11] Seit März 2024 moderiert der Deutsche Verein ein temporäres Arbeitstreffen zur bundesweiten Vernetzung und zum Austausch dieser Modellprojekte.

2. Anerkannte Betreuungsvereine

Abschnitt 2 §§ 14 bis 18 BtOG

In diesem Abschnitt sind die Vorgaben für die Anerkennung von Betreuungsvereinen geregelt und deren Aufgaben kraft Gesetzes – die Querschnittsaufgaben – normiert. Den Ländern wird in § 17 BtOG außerdem aufgegeben, landesrechtlich für eine bedarfsgerechte finanzielle Ausstattung der Betreuungsvereine zur Bewältigung ihrer Querschnittsaufgaben zu sorgen.

3. Rechtliche Betreuer

Abschnitt 3 §§ 19 bis 30 BtOG

Titel 1 liefert zunächst eine gesetzliche Begriffsdefinition ehrenamtlicher und beruflicher Betreuer sowie datenschutzrechtliche Regelungen.

11 Vgl. zum Thema Schnittstelle, Abgrenzung, Vernetzung und Zusammenarbeit die Handreichung des Deutschen Vereins für öffentliche und private Fürsorge e.V. „Kooperation und Abgrenzung – Das Verhältnis von Rechtlicher Betreuung und sozialer, pflegerischer und gesundheitlicher Unterstützung": https://www.deutscher-verein.de/empfehlungen-stellungnahmen/detail/kooperation-und-abgrenzung-das-verhaeltnis-von-rechtlicher-betreuung-und-sozialer-pflegerischer-und-gesundheitlicher-unterstuetzung/ (7. November 2024).

Titel 2 benennt die Voraussetzungen ehrenamtlicher Betreuung, wofür Nachweise der persönlichen Eignung und Zuverlässigkeit (insbesondere: Führungszeugnis und Auskunft aus dem Schuldnerverzeichnis) beizubringen sind. Außerdem sieht das Gesetz für ehrenamtliche Betreuerinnen und Betreuer seit 2023 den Abschluss einer Vereinbarung über Begleitung und Unterstützung mit einem Betreuungsverein vor (§§ 22 i.V.m. 15 Abs. 1 Nr. 4 und Abs. 2 BtOG). Eine solche Vereinbarung umfasst neben dem Angebot von Einführungs- und Fortbildungsmöglichkeiten auch die Unterstützung durch einen festen Ansprechpartner im Verein und erforderlichenfalls die Übernahme der Betreuung im Verhinderungsfall (siehe § 1817 Abs. 4 BGB). Für ehrenamtliche Betreuerinnen und Betreuer ohne familiäre oder persönliche Bindung an die zu betreuende Person ist der Abschluss der Vereinbarung als Soll-Bestimmung ausgestaltet. Wird eine entsprechende Vereinbarung im letzteren Fall nicht abgeschlossen, kann das zur Nichteignung führen.

Titel 3 enthält schließlich die Regelungen für berufliche Betreuerinnen und Betreuer und ist der umfangreichste Teil dieses Abschnitts. Erläutert werden darin zunächst die Voraussetzungen der Registrierung (§ 23 BtOG) und das Verfahren zur Registrierung (§ 24 BtOG), die der Qualitätssicherung dienen sollen. Eine Registrierung erfolgt ausschließlich auf Antrag bei der zuständigen Stammbehörde (§ 2 Abs. 4 BtOG, Betreuungsbehörde am Sitz, hilfsweise Wohnsitz, des oder der Beantragenden) und ist gebührenpflichtig (§ 24 Abs. 5 BtOG). Sie setzt neben der persönlichen Eignung und Zuverlässigkeit sowie einer bestehenden Berufshaftpflichtversicherung auch den Nachweis der erforderlichen Sachkunde mittels geeigneter Unterlagen gegenüber der Stammbehörde voraus. Dafür sind der zuständigen Stammbehörde (§ 23 BtOG) geeignete Unterlagen vorzulegen. Neben schriftlichen Nachweisen sieht das Registrierungsverfahren zur Feststellung der persönlichen Eignung ein persönliches Gespräch vor. Die Vorgaben zur Registrierung gelten für alle beruflichen Betreuerinnen und Betreuer, sowohl für selbstständig tätige als auch für Mitarbeitende der Betreuungsvereine. Für letztere sind teilweise privilegierende Regelungen zur Erbringung der Registrierungsnachweise vorgesehen (§ 23 Abs. 4 BtOG).

Details zu den Voraussetzungen und zum Verfahren der Registrierung sind in der Betreuerregistrierungsverordnung (BtRegV) niedergelegt (zur Systematik der Verordnung s.u.).

Schließlich sind die Voraussetzungen für Widerruf, Rücknahme und Löschung der Registrierung in § 27 BtOG normiert.

Inzwischen wird die Einführung eines bundesweiten Betreuerregisters diskutiert, das den registrierenden Stammbehörden die übergreifende Zusammenarbeit erleichtern soll, indem registrierungsrelevante Informationen dort abrufbar sind. Neben dem Registrierungsverfahren sind in diesem Abschnitt des BtOG verschiedene Mitteilungs- und Nachweispflichten zu finden, die berufliche Betreuer und Betreuerinnen künftig gegenüber ihrer Stammbehörde haben (Bestand, Vergütungsfeststellung, Sitzwechsel etc.). Außerdem finden sich hier eine eigenverantwortliche Fortbildungsverpflichtung, datenschutzrechtliche Regelungen und das Verbot der Annahme von Zuwendungen von betreuten Personen.

4. Beratungsanspruch und Offenbarungsbefugnis für Geheimnisträger

Abschnitt 4 § 31 BtOG

§ 31 BtOG beinhaltet eine bundeseinheitliche Regelung zum Beratungsanspruch von Geheimnisträgern (Ärzten, Psychologen, staatlich anerkannten Sozialarbeiter/innen ...) und deren Umgang mit Informationen über die Gefährdung einer betreuten Person, die ihnen im Rahmen ihrer beruflichen Tätigkeit bekannt werden. Da betreute Menschen zur Gruppe besonders vulnerabler Personen gehören, ist im Gesetz ein mehrstufiges Verfahren vorgesehen, ähnlich § 4 des Gesetzes zur Kooperation und Information im Kinderschutz (KKG). Dementsprechend haben Geheimnisträger einen Anspruch gegenüber der Betreuungsbehörde auf Beratung durch eine Fachkraft, um ihnen eine qualifizierte Gefährdungseinschätzung zu ermöglichen. Sie sind gehalten, die Gefährdungssituation mit der rechtlichen Betreuerin oder dem Betreuer zu erörtern und gegebenenfalls, immer unter Berücksichtigung eines wirksamen Schutzes der betreuten Person, auf die Inanspruchnahme geeigneter Hilfen hinzuwirken. Sofern diese Maßnahmen nicht geeignet sind, kommt sogar die Information des Betreuungsgerichts durch den Geheimnisträger in Betracht.

5. Übergangsvorschriften

Abschnitt 5 §§ 32–34 BtOG

Der letzte Abschnitt des BtOG beinhaltet Übergangsvorschriften vor allem zum Registrierungsverfahren sowie zur Wirkung der behördlichen Beglaubigung von Vollmachten.

Die Betreuerregistrierungsverordnung (BtRegV)

Die Betreuerregistrierungsverordnung konkretisiert das in den §§ 23, 24 BtOG normierte Registrierungsverfahren und die Registrierungsvoraussetzungen für berufliche Betreuerinnen und Betreuer. Ziel ist die Sicherung der Qualität in der Anwendungspraxis rechtlicher Betreuerinnen und Betreuer. Die Verordnung umfasst die folgenden Bereiche:

- Persönliche Eignung – § 2 BtRegV,
- Erforderliche Sachkunde – §§ 3–6 Abs. 1 i.Vm. Anlage BtRegV,
- Anforderungen an Sachkundelehrgänge – § 6 Abs. 2 BtRegV,
- Anerkennung von Sachkundelehrgängen – § 8 BtRegV,
- Anerkennung ausländischer Berufsqualifikationen – § 9 BtRegV,
- Einzelheiten zum Registrierungsverfahren – §§ 10–15 BtRegV

Der zu § 3 BtRegV im Anhang beigefügten Tabelle zur Sachkunde sind die Inhalte von elf Sachkunde-Modulen zu entnehmen sowie die Inhalte eines anerkannten Sachkundelehrgangs (§ 6 BtRegV). Den Ländern obliegt es, in ihren Landesausführungsgesetzen die zuständige Anerkennungsbehörde zu bestimmen (§ 8 BtRegV)[12].

Verfahrensvorschriften im Gesetz über das Verfahren in Familiensachen und in den Angelegenheiten der freiwilligen Gerichtsbarkeit, §§ 275 ff. FamFG

Im FamFG befinden sich die Vorschriften für das gerichtliche Betreuungsverfahren. Das Gesetz gliedert sich in Buch 3 in den Bereich des Verfahrens in Betreuungssachen (§§ 271–311 FamFG) und des Verfahrens in Unterbringungssachen (§ 312 –339 FamFG), gefolgt von zwei weiteren Vorschriften

12 Eine laufend aktualisierte Liste anerkannter Anbieter von Aus-, Weiterbildungs- und Sachkundelehrgängen ist auf der Webseite der Bundesarbeitsgemeinschaft der überörtlichen Träger der Sozialhilfe und Eingliederungshilfe (BAGüS) zu finden: https://www.bagues.de/de/#Betreuungsrecht (7. November 2024).

zu betreuungsrechtlichen Zuweisungssachen (§§ 340–341 FamFG). Unter anderem finden sich im FamFG die nachfolgenden Regelungen:

Im ersten Abschnitt zum Verfahren in Betreuungssachen ist in § 275 FamFG die Stellung der Betroffenen geregelt, die hier unabhängig von ihrer Geschäftsfähigkeit verfahrensfähig sind. Um deren Teilhabe im Verfahren sicherzustellen, ist das Gericht zur adressatengerechten Ansprache in der Kommunikation mit den Betroffenen verpflichtet (§ 275 FamFG).

Die Bestellung und die Aufgaben von Verfahrenspflegerinnen und -pflegern sind im FamFG konkretisiert. § 276 FamFG regelt die Voraussetzungen der Bestellung und der Aufhebung einer Verfahrenspflegschaft, die Vorgaben zur Eignung und die Verpflichtung zur Wunschbeachtung und Willensermittlung.

Es folgen Vorschriften zur Anhörung verschiedener Beteiligter: Nach der persönlichen Anhörung des oder der Betroffenen (§ 278 FamFG) regelt das FamFG in § 279 u.a. die Anhörung der Betreuungsbehörde, die zukünftig ausdrücklich vor Einholung eines Sachverständigengutachtens (§ 280 FamFG) erfolgen soll. Damit gewinnt der hierfür zu erstellende Sozialbericht der Betreuungsbehörde[13] deutlich an Wichtigkeit gegenüber medizinischen Gutachten.

Handlungsfähigkeit – § 53 ZPO, § 12 Abs. 3 VwVfG, § 11 Abs. 3 SGB X

Anders als vor 2023 richtet sich die Prozess- und Verfahrensfähigkeit einer betreuten Person, infolge des § 53 Zivilprozessordnung (ZPO)[14], nach den allgemeinen Regeln des BGB zur Geschäftsfähigkeit (§§ 104 ff. BGB). Das heißt, ebenso wie außerhalb eines Verfahrens können die betreute und die betreuende Person im Verfahren nebeneinander wirksam handeln. Mit Blick auf die Schutzfunktion, die rechtlicher Betreuung neben der Unterstützung ebenfalls zukommt, sieht § 53 Abs. 2 ZPO in jeder Lage des Verfahrens die Möglichkeit und bei Erforderlichkeit ggf. die Pflicht zur Abgabe einer Ausschließlichkeitserklärung gegenüber dem Gericht oder der

13 Vgl. § 11 Abs. 1 BtOG.

14 Infolge der Verweisungen in § 11 Abs. 3 Zehntes Buch Sozialgesetzbuch (SGB X) und in § 12 Abs. 3 Verwaltungsverfahrensgesetz (VwVfG) gelten die Regelungen des § 53 Zivilprozessordnung (ZPO) nicht nur im zivilrechtlichen Prozess, sondern auch im Verwaltungs- und Sozialverwaltungsverfahren.

Behörde vor. Damit endet die Möglichkeit für Betreuer/in und Betreute/n, nebeneinander wirksam zu handeln. Die betreute Person steht ab diesem Moment einer nicht prozess- oder verfahrensfähigen Person gleich. Bei einer weiteren Änderung der Verhältnisse kann die Ausschließlichkeitserklärung jederzeit wieder für die Zukunft zurückgenommen werden.

Evaluation[15]

Sechs Jahre nach ihrem Inkrafttreten soll die Betreuungsrechtsreform des Jahres 2023 evaluiert werden. Auch das neue Instrument der Erweiterten Unterstützung wird dann auf seine Tauglichkeit zur Stärkung des Erforderlichkeitsgrundsatzes untersucht. Zu prüfen wird nicht nur sein, ob es in einem signifikanten Umfang gelingt, durch eine intensive temporäre Unterstützung die betroffenen Personen soweit zu stärken, zu befähigen und an das System anderer Hilfen anzubinden, dass es einer rechtlichen Betreuung nicht mehr bedarf, sondern grundsätzlich zu untersuchen, wie das Zusammenspiel mit und die Abgrenzung zu anderen Hilfen und Diensten sich gestaltet. Weiterhin soll Gegenstand der Evaluation das neue Registrierungsverfahren für berufliche Betreuerinnen und Betreuer sein, das als maßgeblicher Reform-Baustein zur Stärkung der Qualität in der Anwendungspraxis zählt. Zum Reformziel der Stärkung des Ehrenamts werden die Vereinbarungen über eine Begleitung und Unterstützung mit den Betreuungsvereinen zu evaluieren sein. Mit diesen Vereinbarungen soll es gelingen, ehrenamtliche Betreuerinnen und Betreuer besser an die Betreuungsvereine anzubinden. Ihnen soll dadurch eine kontinuierliche Unterstützung in der Betreuungsführung garantiert werden, ohne überfordernd oder abschreckend zu wirken. Schließlich soll evaluiert werden, inwieweit es durch die Reform tatsächlich gelungen sein wird, die verlässliche und auskömmliche Finanzierung der Betreuungsvereine durch Länder und Kommunen sicherzustellen.

Anja Mlosch,
wissenschaftliche Referentin im
Deutschen Verein für öffentliche und
private Fürsorge e.V., Berlin

15 Siehe Begründung des Gesetzentwurfs der Bundesregierung, BT-Drucks. 19/24445, S. 176 f.

I. Grundgesetz der Bundesrepublik Deutschland (GG)

Vom 23. Mai 1949 (BGBl. I S. 1), zuletzt geändert durch Art. 1 des Gesetzes zur Änderung des Grundgesetzes (Art. 109, 115 und 143h) vom 22. März 2025 (BGBl. Nr. 94)

– Auszug –

...

I. Die Grundrechte

Art. 1 Schutz der Menschenwürde

(1) [1]Die Würde des Menschen ist unantastbar. [2]Sie zu achten und zu schützen ist Verpflichtung aller staatlichen Gewalt.

(2) Das Deutsche Volk bekennt sich darum zu unverletzlichen und unveräußerlichen Menschenrechten als Grundlage jeder menschlichen Gemeinschaft, des Friedens und der Gerechtigkeit in der Welt.

(3) Die nachfolgenden Grundrechte binden Gesetzgebung, vollziehende Gewalt und Rechtsprechung als unmittelbar geltendes Recht.

Art. 2 Persönliche Freiheitsrechte

(1) Jeder hat das Recht auf die freie Entfaltung seiner Persönlichkeit, soweit er nicht die Rechte anderer verletzt und nicht gegen die verfassungsmäßige Ordnung oder das Sittengesetz verstößt.

(2) [1]Jeder hat das Recht auf Leben und körperliche Unversehrtheit. [2]Die Freiheit der Person ist unverletzlich. [3]In diese Rechte darf nur auf Grund eines Gesetzes eingegriffen werden.

Art. 3 Gleichheit vor dem Gesetz

(1) Alle Menschen sind vor dem Gesetz gleich.

(2) [1]Männer und Frauen sind gleichberechtigt. [2]Der Staat fördert die tatsächliche Durchsetzung der Gleichberechtigung von Frauen und Männern und wirkt auf die Beseitigung bestehender Nachteile hin.

(3) [1]Niemand darf wegen seines Geschlechtes, seiner Abstammung, seiner Rasse, seiner Sprache, seiner Heimat und Herkunft, seines Glaubens, seiner religiösen oder politischen Anschauungen benachteiligt oder bevorzugt werden. [2]Niemand darf wegen seiner Behinderung benachteiligt werden.

...

Art. 6 Ehe, Familie, nichteheliche Kinder

(1) Ehe und Familie stehen unter dem besonderen Schutze der staatlichen Ordnung.

(2) [1]Pflege und Erziehung der Kinder sind das natürliche Recht der Eltern und die zuvörderst ihnen obliegende Pflicht. [2]Über ihre Betätigung wacht die staatliche Gemeinschaft.

(3) Gegen den Willen der Erziehungsberechtigten dürfen Kinder nur auf Grund eines Gesetzes von der Familie getrennt werden, wenn die Erziehungsberechtigten versagen oder wenn die Kinder aus anderen Gründen zu verwahrlosen drohen.

(4) Jede Mutter hat Anspruch auf den Schutz und die Fürsorge der Gemeinschaft.

(5) Den unehelichen Kindern sind durch die Gesetzgebung die gleichen Bedingungen für ihre leibliche und seelische Entwicklung und ihre Stellung in der Gesellschaft zu schaffen wie den ehelichen Kindern.

...

Art. 10 Brief-, Post- und Fernmeldefreiheit

(1) Das Briefgeheimnis sowie das Post- und Fernmeldegeheimnis sind unverletzlich.

(2) [1]Beschränkungen dürfen nur auf Grund eines Gesetzes angeordnet werden. [2]Dient die Beschränkung dem Schutze der freiheitlichen demokratischen Grundordnung oder des Bestandes oder der Sicherung des Bundes oder eines Landes, so kann das Gesetz bestimmen, daß sie dem Betroffenen nicht mitgeteilt wird und daß an die Stelle des Rechtsweges die Nachprüfung durch von der Volksvertretung bestellte Organe und Hilfsorgane tritt.

...

Art. 12 Berufsfreiheit

(1) [1]Alle Deutschen haben das Recht, Beruf, Arbeitsplatz und Ausbildungsstätte frei zu wählen. [2]Die Berufsausübung kann durch Gesetz oder auf Grund eines Gesetzes geregelt werden.

(2) Niemand darf zu einer bestimmten Arbeit gezwungen werden, außer im Rahmen einer herkömmlichen allgemeinen, für alle gleichen öffentlichen Dienstleistungspflicht.

(3) Zwangsarbeit ist nur bei einer gerichtlich angeordneten Freiheitsentziehung zulässig.

...

Art. 13 Unverletzlichkeit der Wohnung

(1) Die Wohnung ist unverletzlich.

(2) Durchsuchungen dürfen nur durch den Richter, bei Gefahr im Verzuge auch durch die in den Gesetzen vorgesehenen anderen Organe angeordnet und nur in der dort vorgeschriebenen Form durchgeführt werden.

(3) [1]Begründen bestimmte Tatsachen den Verdacht, daß jemand eine durch Gesetz einzeln bestimmte besonders schwere Straftat begangen hat, so dürfen zur Verfolgung der Tat auf Grund richterlicher Anordnung technische Mittel zur akustischen Überwachung von Wohnungen, in denen der Beschuldigte sich vermutlich aufhält, eingesetzt werden, wenn die Erforschung des Sachverhalts auf andere Weise unverhältnismäßig erschwert oder aussichtslos wäre. [2]Die Maßnahme ist zu befristen. [3]Die Anordnung

erfolgt durch einen mit drei Richtern besetzten Spruchkörper. [4]Bei Gefahr im Verzuge kann sie auch durch einen einzelnen Richter getroffen werden.

(4) [1]Zur Abwehr dringender Gefahren für die öffentliche Sicherheit, insbesondere einer gemeinen Gefahr oder einer Lebensgefahr, dürfen technische Mittel zur Überwachung von Wohnungen nur auf Grund richterlicher Anordnung eingesetzt werden. [2]Bei Gefahr im Verzuge kann die Maßnahme auch durch eine andere gesetzlich bestimmte Stelle angeordnet werden; eine richterliche Entscheidung ist unverzüglich nachzuholen.

(5) [1]Sind technische Mittel ausschließlich zum Schutze der bei einem Einsatz in Wohnungen tätigen Personen vorgesehen, kann die Maßnahme durch eine gesetzlich bestimmte Stelle angeordnet werden. [2]Eine anderweitige Verwertung der hierbei erlangten Erkenntnisse ist nur zum Zwecke der Strafverfolgung oder der Gefahrenabwehr und nur zulässig, wenn zuvor die Rechtmäßigkeit der Maßnahme richterlich festgestellt ist; bei Gefahr im Verzuge ist die richterliche Entscheidung unverzüglich nachzuholen.

(6) [1]Die Bundesregierung unterrichtet den Bundestag jährlich über den nach Absatz 3 sowie über den im Zuständigkeitsbereich des Bundes nach Absatz 4 und, soweit richterlich überprüfungsbedürftig, nach Absatz 5 erfolgten Einsatz technischer Mittel. [2]Ein vom Bundestag gewähltes Gremium übt auf der Grundlage dieses Berichts die parlamentarische Kontrolle aus. [3]Die Länder gewährleisten eine gleichwertige parlamentarische Kontrolle.

(7) Eingriffe und Beschränkungen dürfen im übrigen nur zur Abwehr einer gemeinen Gefahr oder einer Lebensgefahr für einzelne Personen, auf Grund eines Gesetzes auch zur Verhütung dringender Gefahren für die öffentliche Sicherheit und Ordnung, insbesondere zur Behebung der Raumnot, zur Bekämpfung von Seuchengefahr oder zum Schutze gefährdeter Jugendlicher vorgenommen werden.

...

Art. 103 Grundrechte vor Gericht

(1) Vor Gericht hat jedermann Anspruch auf rechtliches Gehör.

(2) Eine Tat kann nur bestraft werden, wenn die Strafbarkeit gesetzlich bestimmt war, bevor die Tat begangen wurde.

(3) Niemand darf wegen derselben Tat auf Grund der allgemeinen Strafgesetze mehrmals bestraft werden.

Art. 104 Rechtsgarantie bei Freiheitsentziehung

(1) [1]Die Freiheit der Person kann nur auf Grund eines förmlichen Gesetzes und nur unter Beachtung der darin vorgeschriebenen Formen beschränkt werden. [2]Festgehaltene Personen dürfen weder seelisch noch körperlich mißhandelt werden.

(2) [1]Über die Zulässigkeit und Fortdauer einer Freiheitsentziehung hat nur der Richter zu entscheiden. [2]Bei jeder nicht auf richterlicher Anordnung beruhenden Freiheitsentziehung ist unverzüglich eine richterliche Entscheidung herbeizuführen. [3]Die Polizei darf aus eigener Machtvollkommenheit niemanden länger als bis zum Ende des Tages nach dem Ergreifen in eigenem Gewahrsam halten. [4]Das Nähere ist gesetzlich zu regeln.

(3) [1]Jeder wegen des Verdachtes einer strafbaren Handlung vorläufig Festgenommene ist spätestens am Tage nach der Festnahme dem Richter vorzuführen, der ihm die Gründe der Festnahme mitzuteilen, ihn zu vernehmen und ihm Gelegenheit zu Einwendungen zu geben hat. [2]Der Richter hat unverzüglich entweder einen mit Gründen versehenen schriftlichen Haftbefehl zu erlassen oder die Freilassung anzuordnen.

(4) Von jeder richterlichen Entscheidung über die Anordnung oder Fortdauer einer Freiheitsentziehung ist unverzüglich ein Angehöriger des Festgehaltenen oder eine Person seines Vertrauens zu benachrichtigen.

...

II. Übereinkommen über die Rechte von Menschen mit Behinderungen – Behindertenrechtskonvention (BRK)

Vom 13. Dezember 2006 (BGBl. 2008 II S. 1420, in Kraft getreten für die Bundesrepublik Deutschland am 26. März 2009 (BGBl. 2009 II S. 812)

– Auszug –

Präambel

Die Vertragsstaaten dieses Übereinkommens –

a) unter Hinweis auf die in der Charta der Vereinten Nationen verkündeten Grundsätze, denen zufolge die Anerkennung der Würde und des Wertes, die allen Mitgliedern der menschlichen Gesellschaft innewohnen, sowie ihrer gleichen und unveräußerlichen Rechte die Grundlage von Freiheit, Gerechtigkeit und Frieden in der Welt bildet,

b) in der Erkenntnis, dass die Vereinten Nationen in der Allgemeinen Erklärung der Menschenrechte und in den Internationalen Menschenrechtspakten verkündet haben und übereingekommen sind, dass jeder Mensch ohne Unterschied Anspruch auf alle darin aufgeführten Rechte und Freiheiten hat,

c) bekräftigend, dass alle Menschenrechte und Grundfreiheiten allgemein gültig und unteilbar sind, einander bedingen und miteinander verknüpft sind und dass Menschen mit Behinderungen der volle Genuss dieser Rechte und Freiheiten ohne Diskriminierung garantiert werden muss,

d) unter Hinweis auf den Internationalen Pakt über wirtschaftliche, soziale und kulturelle Rechte, den Internationalen Pakt über bürgerliche und politische Rechte, das Internationale Übereinkommen zur Beseitigung jeder Form von Rassendiskriminierung, das Übereinkommen zur Beseitigung jeder Form von Diskriminierung der Frau, das Übereinkommen gegen Folter und andere grausame, unmenschliche oder erniedrigende Behandlung oder Strafe, das Übereinkommen über die Rechte des Kindes und das Internationale Übereinkommen zum

Schutz der Rechte aller Wanderarbeitnehmer und ihrer Familienangehörigen,

e) in der Erkenntnis, dass das Verständnis von Behinderung sich ständig weiterentwickelt und dass Behinderung aus der Wechselwirkung zwischen Menschen mit Beeinträchtigungen und einstellungs- und umweltbedingten Barrieren entsteht, die sie an der vollen, wirksamen und gleichberechtigten Teilhabe an der Gesellschaft hindern,

f) in der Erkenntnis, dass die in dem Weltaktionsprogramm für Behinderte und den Rahmenbestimmungen für die Herstellung der Chancengleichheit für Behinderte enthaltenen Grundsätze und Leitlinien einen wichtigen Einfluss auf die Förderung, Ausarbeitung und Bewertung von politischen Konzepten, Plänen, Programmen und Maßnahmen auf einzelstaatlicher, regionaler und internationaler Ebene zur Verbesserung der Chancengleichheit für Menschen mit Behinderungen haben,

g) nachdrücklich darauf hinweisend, wie wichtig es ist, die Behinderungsthematik zu einem festen Bestandteil der einschlägigen Strategien der nachhaltigen Entwicklung zu machen,

h) ebenso in der Erkenntnis, dass jede Diskriminierung aufgrund von Behinderung eine Verletzung der Würde und des Wertes darstellt, die jedem Menschen innewohnen,

i) ferner in der Erkenntnis der Vielfalt der Menschen mit Behinderungen,

j) in Anerkennung der Notwendigkeit, die Menschenrechte aller Menschen mit Behinderungen, einschließlich derjenigen, die intensivere Unterstützung benötigen, zu fördern und zu schützen,

k) besorgt darüber, dass sich Menschen mit Behinderungen trotz dieser verschiedenen Dokumente und Verpflichtungen in allen Teilen der Welt nach wie vor Hindernissen für ihre Teilhabe als gleichberechtigte Mitglieder der Gesellschaft sowie Verletzungen ihrer Menschenrechte gegenübersehen,

l) in Anerkennung der Bedeutung der internationalen Zusammenarbeit für die Verbesserung der Lebensbedingungen der Menschen mit Behinderungen in allen Ländern, insbesondere den Entwicklungsländern,

m) in Anerkennung des wertvollen Beitrags, den Menschen mit Behinderungen zum allgemeinen Wohl und zur Vielfalt ihrer Gemeinschaften leisten und leisten können, und in der Erkenntnis, dass die Förderung des vollen Genusses der Menschenrechte und Grundfreiheiten durch

Menschen mit Behinderungen sowie ihrer uneingeschränkten Teilhabe ihr Zugehörigkeitsgefühl verstärken und zu erheblichen Fortschritten in der menschlichen, sozialen und wirtschaftlichen Entwicklung der Gesellschaft und bei der Beseitigung der Armut führen wird,

n) in der Erkenntnis, wie wichtig die individuelle Autonomie und Unabhängigkeit für Menschen mit Behinderungen ist, einschließlich der Freiheit, eigene Entscheidungen zu treffen,

o) in der Erwägung, dass Menschen mit Behinderungen die Möglichkeit haben sollen, aktiv an Entscheidungsprozessen über politische Konzepte und über Programme mitzuwirken, insbesondere wenn diese sie unmittelbar betreffen,

p) besorgt über die schwierigen Bedingungen, denen sich Menschen mit Behinderungen gegenübersehen, die mehrfachen oder verschärften Formen der Diskriminierung aufgrund der Rasse, der Hautfarbe, des Geschlechts, der Sprache, der Religion, der politischen oder sonstigen Anschauung, der nationalen, ethnischen, indigenen oder sozialen Herkunft, des Vermögens, der Geburt, des Alters oder des sonstigen Status ausgesetzt sind,

q) in der Erkenntnis, dass Frauen und Mädchen mit Behinderungen sowohl innerhalb als auch außerhalb ihres häuslichen Umfelds oft in stärkerem Maße durch Gewalt, Verletzung oder Missbrauch, Nichtbeachtung oder Vernachlässigung, Misshandlung oder Ausbeutung gefährdet sind,

r) in der Erkenntnis, dass Kinder mit Behinderungen gleichberechtigt mit anderen Kindern alle Menschenrechte und Grundfreiheiten in vollem Umfang genießen sollen, und unter Hinweis auf die zu diesem Zweck von den Vertragsstaaten des Übereinkommens über die Rechte des Kindes eingegangenen Verpflichtungen,

s) nachdrücklich darauf hinweisend, dass es notwendig ist, bei allen Anstrengungen zur Förderung des vollen Genusses der Menschenrechte und Grundfreiheiten durch Menschen mit Behinderungen die Geschlechterperspektive einzubeziehen,

t) unter besonderem Hinweis darauf, dass die Mehrzahl der Menschen mit Behinderungen in einem Zustand der Armut lebt, und diesbezüglich in der Erkenntnis, dass die nachteiligen Auswirkungen der Armut auf Menschen mit Behinderungen dringend angegangen werden müssen,

u) in dem Bewusstsein, dass Frieden und Sicherheit auf der Grundlage der uneingeschränkten Achtung der in der Charta der Vereinten Nationen enthaltenen Ziele und Grundsätze sowie der Einhaltung der anwendbaren Übereinkünfte auf dem Gebiet der Menschenrechte unabdingbar sind für den umfassenden Schutz von Menschen mit Behinderungen, insbesondere in bewaffneten Konflikten oder während ausländischer Besetzung,

v) in der Erkenntnis, wie wichtig es ist, dass Menschen mit Behinderungen vollen Zugang zur physischen, sozialen, wirtschaftlichen und kulturellen Umwelt, zu Gesundheit und Bildung sowie zu Information und Kommunikation haben, damit sie alle Menschenrechte und Grundfreiheiten voll genießen können,

w) im Hinblick darauf, dass der Einzelne gegenüber seinen Mitmenschen und der Gemeinschaft, der er angehört, Pflichten hat und gehalten ist, für die Förderung und Achtung der in der Internationalen Menschenrechtscharta anerkannten Rechte einzutreten,

x) in der Überzeugung, dass die Familie die natürliche Kernzelle der Gesellschaft ist und Anspruch auf Schutz durch Gesellschaft und Staat hat und dass Menschen mit Behinderungen und ihre Familienangehörigen den erforderlichen Schutz und die notwendige Unterstützung erhalten sollen, um es den Familien zu ermöglichen, zum vollen und gleichberechtigten Genuss der Rechte der Menschen mit Behinderungen beizutragen,

y) in der Überzeugung, dass ein umfassendes und in sich geschlossenes internationales Übereinkommen zur Förderung und zum Schutz der Rechte und der Würde von Menschen mit Behinderungen sowohl in den Entwicklungsländern als auch in den entwickelten Ländern einen maßgeblichen Beitrag zur Beseitigung der tiefgreifenden sozialen Benachteiligung von Menschen mit Behinderungen leisten und ihre Teilhabe am bürgerlichen, politischen, wirtschaftlichen, sozialen und kulturellen Leben auf der Grundlage der Chancengleichheit fördern wird –

haben Folgendes vereinbart:

Artikel 1 Zweck

[1]Zweck dieses Übereinkommens ist es, den vollen und gleichberechtigten Genuss aller Menschenrechte und Grundfreiheiten durch alle Menschen mit Behinderungen zu fördern, zu schützen und zu gewährleisten und die Achtung der ihnen innewohnenden Würde zu fördern. [2]Zu den Menschen mit Behinderungen zählen Menschen, die langfristige körperliche, seelische, geistige oder Sinnesbeeinträchtigungen haben, welche sie in Wechselwirkung mit verschiedenen Barrieren an der vollen, wirksamen und gleichberechtigten Teilhabe an der Gesellschaft hindern können.

Artikel 2 Begriffsbestimmungen

[1]Im Sinne dieses Übereinkommens

- schließt „Kommunikation" Sprachen, Textdarstellung, Brailleschrift, taktile Kommunikation, Großdruck, leicht zugängliches Multimedia sowie schriftliche, auditive, in einfache Sprache übersetzte, durch Vorleser zugänglich gemachte sowie ergänzende und alternative Formen, Mittel und Formate der Kommunikation, einschließlich leicht zugänglicher Informations- und Kommunikationstechnologie, ein;
- schließt „Sprache" gesprochene Sprachen sowie Gebärdensprachen und andere nicht gesprochene Sprachen ein;
- bedeutet „Diskriminierung aufgrund von Behinderung" jede Unterscheidung, Ausschließung oder Beschränkung aufgrund von Behinderung, die zum Ziel oder zur Folge hat, dass das auf die Gleichberechtigung mit anderen gegründete Anerkennen, Genießen oder Ausüben aller Menschenrechte und Grundfreiheiten im politischen, wirtschaftlichen, sozialen, kulturellen, bürgerlichen oder jedem anderen Bereich beeinträchtigt oder vereitelt wird.

[2]Sie

- umfasst alle Formen der Diskriminierung, einschließlich der Versagung angemessener Vorkehrungen;
- bedeutet „angemessene Vorkehrungen" notwendige und geeignete Änderungen und Anpassungen, die keine unverhältnismäßige oder unbillige Belastung darstellen und die, wenn sie in einem bestimmten Fall erforderlich sind, vorgenommen werden, um zu gewährleisten, dass Menschen mit Behinderungen gleichberechtigt mit anderen alle

Menschenrechte und Grundfreiheiten genießen oder ausüben können;

– bedeutet „universelles Design" ein Design von Produkten, Umfeldern, Programmen und Dienstleistungen in der Weise, dass sie von allen Menschen möglichst weitgehend ohne eine Anpassung oder ein spezielles Design genutzt werden können. „Universelles Design" schließt Hilfsmittel für bestimmte Gruppen von Menschen mit Behinderungen, soweit sie benötigt werden, nicht aus.

Artikel 3 Allgemeine Grundsätze

Die Grundsätze dieses Übereinkommens sind:

a) die Achtung der dem Menschen innewohnenden Würde, seiner individuellen Autonomie, einschließlich der Freiheit, eigene Entscheidungen zu treffen, sowie seiner Unabhängigkeit;
b) die Nichtdiskriminierung;
c) die volle und wirksame Teilhabe an der Gesellschaft und Einbeziehung in die Gesellschaft;
d) die Achtung vor der Unterschiedlichkeit von Menschen mit Behinderungen und die Akzeptanz dieser Menschen als Teil der menschlichen Vielfalt und der Menschheit;
e) die Chancengleichheit;
f) die Zugänglichkeit;
g) die Gleichberechtigung von Mann und Frau;
h) die Achtung vor den sich entwickelnden Fähigkeiten von Kindern mit Behinderungen und die Achtung ihres Rechts auf Wahrung ihrer Identität.

Artikel 4 Allgemeine Verpflichtungen

(1) [1]Die Vertragsstaaten verpflichten sich, die volle Verwirklichung aller Menschenrechte und Grundfreiheiten für alle Menschen mit Behinderungen ohne jede Diskriminierung aufgrund von Behinderung zu gewährleisten und zu fördern. [2]Zu diesem Zweck verpflichten sich die Vertragsstaaten,

a) alle geeigneten Gesetzgebungs-, Verwaltungs- und sonstigen Maßnahmen zur Umsetzung der in diesem Übereinkommen anerkannten Rechte zu treffen;

b) alle geeigneten Maßnahmen einschließlich gesetzgeberischer Maßnahmen zur Änderung oder Aufhebung bestehender Gesetze, Verordnungen, Gepflogenheiten und Praktiken zu treffen, die eine Diskriminierung von Menschen mit Behinderungen darstellen;

c) den Schutz und die Förderung der Menschenrechte von Menschen mit Behinderungen in allen politischen Konzepten und allen Programmen zu berücksichtigen;

d) Handlungen oder Praktiken, die mit diesem Übereinkommen unvereinbar sind, zu unterlassen und dafür zu sorgen, dass die staatlichen Behörden und öffentlichen Einrichtungen im Einklang mit diesem Übereinkommen handeln;

e) alle geeigneten Maßnahmen zur Beseitigung der Diskriminierung aufgrund von Behinderung durch Personen, Organisationen oder private Unternehmen zu ergreifen;

f) Forschung und Entwicklung für Güter, Dienstleistungen, Geräte und Einrichtungen in universellem Design, wie in Artikel 2 definiert, die den besonderen Bedürfnissen von Menschen mit Behinderungen mit möglichst geringem Anpassungs- und Kostenaufwand gerecht werden, zu betreiben oder zu fördern, ihre Verfügbarkeit und Nutzung zu fördern und sich bei der Entwicklung von Normen und Richtlinien für universelles Design einzusetzen;

g) Forschung und Entwicklung für neue Technologien, die für Menschen mit Behinderungen geeignet sind, einschließlich Informations- und Kommunikationstechnologien, Mobilitätshilfen, Geräten und unterstützenden Technologien, zu betreiben oder zu fördern sowie ihre Verfügbarkeit und Nutzung zu fördern und dabei Technologien zu erschwinglichen Kosten den Vorrang zu geben;

h) für Menschen mit Behinderungen zugängliche Informationen über Mobilitätshilfen, Geräte und unterstützende Technologien, einschließlich neuer Technologien, sowie andere Formen von Hilfe, Unterstützungsdiensten und Einrichtungen zur Verfügung zu stellen;

i) die Schulung von Fachkräften und anderem mit Menschen mit Behinderungen arbeitendem Personal auf dem Gebiet der in diesem Übereinkommen anerkannten Rechte zu fördern, damit die aufgrund dieser Rechte garantierten Hilfen und Dienste besser geleistet werden können.

(2) Hinsichtlich der wirtschaftlichen, sozialen und kulturellen Rechte verpflichtet sich jeder Vertragsstaat, unter Ausschöpfung seiner verfügbaren Mittel und erforderlichenfalls im Rahmen der internationalen Zusammenarbeit Maßnahmen zu treffen, um nach und nach die volle Verwirklichung dieser Rechte zu erreichen, unbeschadet derjenigen Verpflichtungen aus diesem Übereinkommen, die nach dem Völkerrecht sofort anwendbar sind.

(3) Bei der Ausarbeitung und Umsetzung von Rechtsvorschriften und politischen Konzepten zur Durchführung dieses Übereinkommens und bei anderen Entscheidungsprozessen in Fragen, die Menschen mit Behinderungen betreffen, führen die Vertragsstaaten mit den Menschen mit Behinderungen, einschließlich Kindern mit Behinderungen, über die sie vertretenden Organisationen enge Konsultationen und beziehen sie aktiv ein.

(4) [1]Dieses Übereinkommen lässt zur Verwirklichung der Rechte von Menschen mit Behinderungen besser geeignete Bestimmungen, die im Recht eines Vertragsstaats oder in dem für diesen Staat geltenden Völkerrecht enthalten sind, unberührt. [2]Die in einem Vertragsstaat durch Gesetze, Übereinkommen, Verordnungen oder durch Gewohnheitsrecht anerkannten oder bestehenden Menschenrechte und Grundfreiheiten dürfen nicht unter dem Vorwand beschränkt oder außer Kraft gesetzt werden, dass dieses Übereinkommen derartige Rechte oder Freiheiten nicht oder nur in einem geringeren Ausmaß anerkenne.

(5) Die Bestimmungen dieses Übereinkommens gelten ohne Einschränkung oder Ausnahme für alle Teile eines Bundesstaats.

Artikel 5 Gleichberechtigung und Nichtdiskriminierung

(1) Die Vertragsstaaten anerkennen, dass alle Menschen vor dem Gesetz gleich sind, vom Gesetz gleich zu behandeln sind und ohne Diskriminierung Anspruch auf gleichen Schutz durch das Gesetz und gleiche Vorteile durch das Gesetz haben.

(2) Die Vertragsstaaten verbieten jede Diskriminierung aufgrund von Behinderung und garantieren Menschen mit Behinderungen gleichen und wirksamen rechtlichen Schutz vor Diskriminierung, gleichviel aus welchen Gründen.

(3) Zur Förderung der Gleichberechtigung und zur Beseitigung von Diskriminierung unternehmen die Vertragsstaaten alle geeigneten Schritte, um die Bereitstellung angemessener Vorkehrungen zu gewährleisten.

(4) Besondere Maßnahmen, die zur Beschleunigung oder Herbeiführung der tatsächlichen Gleichberechtigung von Menschen mit Behinderungen erforderlich sind, gelten nicht als Diskriminierung im Sinne dieses Übereinkommens.

...

Artikel 8 Bewusstseinsbildung

(1) Die Vertragsstaaten verpflichten sich, sofortige, wirksame und geeignete Maßnahmen zu ergreifen, um

a) in der gesamten Gesellschaft, einschließlich auf der Ebene der Familien, das Bewusstsein für Menschen mit Behinderungen zu schärfen und die Achtung ihrer Rechte und ihrer Würde zu fördern;
b) Klischees, Vorurteile und schädliche Praktiken gegenüber Menschen mit Behinderungen, einschließlich aufgrund des Geschlechts oder des Alters, in allen Lebensbereichen zu bekämpfen;
c) das Bewusstsein für die Fähigkeiten und den Beitrag von Menschen mit Behinderungen zu fördern.

(2) Zu den diesbezüglichen Maßnahmen gehören

a) die Einleitung und dauerhafte Durchführung wirksamer Kampagnen zur Bewusstseinsbildung in der Öffentlichkeit mit dem Ziel,
   i) die Aufgeschlossenheit gegenüber den Rechten von Menschen mit Behinderungen zu erhöhen,
   ii) eine positive Wahrnehmung von Menschen mit Behinderungen und ein größeres gesellschaftliches Bewusstsein ihnen gegenüber zu fördern,
   iii) die Anerkennung der Fertigkeiten, Verdienste und Fähigkeiten von Menschen mit Behinderungen und ihres Beitrags zur Arbeitswelt und zum Arbeitsmarkt zu fördern;

b) die Förderung einer respektvollen Einstellung gegenüber den Rechten von Menschen mit Behinderungen auf allen Ebenen des Bildungssystems, auch bei allen Kindern von früher Kindheit an;
c) die Aufforderung an alle Medienorgane, Menschen mit Behinderungen in einer dem Zweck dieses Übereinkommens entsprechenden Weise darzustellen;
d) die Förderung von Schulungsprogrammen zur Schärfung des Bewusstseins für Menschen mit Behinderungen und für deren Rechte.

Artikel 9 Zugänglichkeit

(1) [1]Um Menschen mit Behinderungen eine unabhängige Lebensführung und die volle Teilhabe in allen Lebensbereichen zu ermöglichen, treffen die Vertragsstaaten geeignete Maßnahmen mit dem Ziel, für Menschen mit Behinderungen den gleichberechtigten Zugang zur physischen Umwelt, zu Transportmitteln, Information und Kommunikation, einschließlich Informations- und Kommunikationstechnologien und -systemen, sowie zu anderen Einrichtungen und Diensten, die der Öffentlichkeit in städtischen und ländlichen Gebieten offenstehen oder für sie bereitgestellt werden, zu gewährleisten. [2]Diese Maßnahmen, welche die Feststellung und Beseitigung von Zugangshindernissen und -barrieren einschließen, gelten unter anderem für

a) Gebäude, Straßen, Transportmittel sowie andere Einrichtungen in Gebäuden und im Freien, einschließlich Schulen, Wohnhäusern, medizinischer Einrichtungen und Arbeitsstätten;
b) Informations-, Kommunikations- und andere Dienste, einschließlich elektronischer Dienste und Notdienste.

(2) Die Vertragsstaaten treffen außerdem geeignete Maßnahmen,

a) um Mindeststandards und Leitlinien für die Zugänglichkeit von Einrichtungen und Diensten, die der Öffentlichkeit offenstehen oder für sie bereitgestellt werden, auszuarbeiten und zu erlassen und ihre Anwendung zu überwachen;
b) um sicherzustellen, dass private Rechtsträger, die Einrichtungen und Dienste, die der Öffentlichkeit offenstehen oder für sie bereitgestellt werden, anbieten, alle Aspekte der Zugänglichkeit für Menschen mit Behinderungen berücksichtigen;

c) um betroffenen Kreisen Schulungen zu Fragen der Zugänglichkeit für Menschen mit Behinderungen anzubieten;
d) um in Gebäuden und anderen Einrichtungen, die der Öffentlichkeit offenstehen, Beschilderungen in Brailleschrift und in leicht lesbarer und verständlicher Form anzubringen;
e) um menschliche und tierische Hilfe sowie Mittelspersonen, unter anderem Personen zum Führen und Vorlesen sowie professionelle Gebärdensprachdolmetscher und -dolmetscherinnen, zur Verfügung zu stellen mit dem Ziel, den Zugang zu Gebäuden und anderen Einrichtungen, die der Öffentlichkeit offenstehen, zu erleichtern;
f) um andere geeignete Formen der Hilfe und Unterstützung für Menschen mit Behinderungen zu fördern, damit ihr Zugang zu Informationen gewährleistet wird;
g) um den Zugang von Menschen mit Behinderungen zu den neuen Informations- und Kommunikationstechnologien und -systemen, einschließlich des Internets, zu fördern;
h) um die Gestaltung, die Entwicklung, die Herstellung und den Vertrieb zugänglicher Informations- und Kommunikationstechnologien und -systeme in einem frühen Stadium zu fördern, sodass deren Zugänglichkeit mit möglichst geringem Kostenaufwand erreicht wird.

...

Artikel 12 Gleiche Anerkennung vor dem Recht

(1) Die Vertragsstaaten bekräftigen, dass Menschen mit Behinderungen das Recht haben, überall als Rechtssubjekt anerkannt zu werden.

(2) Die Vertragsstaaten anerkennen, dass Menschen mit Behinderungen in allen Lebensbereichen gleichberechtigt mit anderen Rechts- und Handlungsfähigkeit genießen.

(3) Die Vertragsstaaten treffen geeignete Maßnahmen, um Menschen mit Behinderungen Zugang zu der Unterstützung zu verschaffen, die sie bei der Ausübung ihrer Rechts- und Handlungsfähigkeit gegebenenfalls benötigen.

(4) [1]Die Vertragsstaaten stellen sicher, dass zu allen die Ausübung der Rechts- und Handlungsfähigkeit betreffenden Maßnahmen im Einklang

mit den internationalen Menschenrechtsnormen geeignete und wirksame Sicherungen vorgesehen werden, um Missbräuche zu verhindern. [2]Diese Sicherungen müssen gewährleisten, dass bei den Maßnahmen betreffend die Ausübung der Rechts- und Handlungsfähigkeit die Rechte, der Wille und die Präferenzen der betreffenden Person geachtet werden, es nicht zu Interessenkonflikten und missbräuchlicher Einflussnahme kommt, dass die Maßnahmen verhältnismäßig und auf die Umstände der Person zugeschnitten sind, dass sie von möglichst kurzer Dauer sind und dass sie einer regelmäßigen Überprüfung durch eine zuständige, unabhängige und unparteiische Behörde oder gerichtliche Stelle unterliegen. [3]Die Sicherungen müssen im Hinblick auf das Ausmaß, in dem diese Maßnahmen die Rechte und Interessen der Person berühren, verhältnismäßig sein.

(5) Vorbehaltlich dieses Artikels treffen die Vertragsstaaten alle geeigneten und wirksamen Maßnahmen, um zu gewährleisten, dass Menschen mit Behinderungen das gleiche Recht wie andere haben, Eigentum zu besitzen oder zu erben, ihre finanziellen Angelegenheiten selbst zu regeln und gleichen Zugang zu Bankdarlehen, Hypotheken und anderen Finanzkrediten zu haben, und gewährleisten, dass Menschen mit Behinderungen nicht willkürlich ihr Eigentum entzogen wird.

Artikel 13 Zugang zur Justiz

(1) Die Vertragsstaaten gewährleisten Menschen mit Behinderungen gleichberechtigt mit anderen wirksamen Zugang zur Justiz, unter anderem durch verfahrensbezogene und altersgemäße Vorkehrungen, um ihre wirksame unmittelbare und mittelbare Teilnahme, einschließlich als Zeugen und Zeuginnen, an allen Gerichtsverfahren, auch in der Ermittlungsphase und in anderen Vorverfahrensphasen, zu erleichtern.

(2) Um zur Gewährleistung des wirksamen Zugangs von Menschen mit Behinderungen zur Justiz beizutragen, fördern die Vertragsstaaten geeignete Schulungen für die im Justizwesen tätigen Personen, einschließlich des Personals von Polizei und Strafvollzug.

Artikel 14 Freiheit und Sicherheit der Person

(1) Die Vertragsstaaten gewährleisten,

a) dass Menschen mit Behinderungen gleichberechtigt mit anderen das Recht auf persönliche Freiheit und Sicherheit genießen;
b) dass Menschen mit Behinderungen gleichberechtigt mit anderen die Freiheit nicht rechtswidrig oder willkürlich entzogen wird, dass jede Freiheitsentziehung im Einklang mit dem Gesetz erfolgt und dass das Vorliegen einer Behinderung in keinem Fall eine Freiheitsentziehung rechtfertigt.

(2) Die Vertragsstaaten gewährleisten, dass Menschen mit Behinderungen, denen aufgrund eines Verfahrens ihre Freiheit entzogen wird, gleichberechtigten Anspruch auf die in den internationalen Menschenrechtsnormen vorgesehenen Garantien haben und im Einklang mit den Zielen und Grundsätzen dieses Übereinkommens behandelt werden, einschließlich durch die Bereitstellung angemessener Vorkehrungen.

Artikel 15 Freiheit von Folter oder grausamer, unmenschlicher oder erniedrigender Behandlung oder Strafe

(1) [1]Niemand darf der Folter oder grausamer, unmenschlicher oder erniedrigender Behandlung oder Strafe unterworfen werden. [2]Insbesondere darf niemand ohne seine freiwillige Zustimmung medizinischen oder wissenschaftlichen Versuchen unterworfen werden.

(2) Die Vertragsstaaten treffen alle wirksamen gesetzgeberischen, verwaltungsmäßigen, gerichtlichen oder sonstigen Maßnahmen, um auf der Grundlage der Gleichberechtigung zu verhindern, dass Menschen mit Behinderungen der Folter oder grausamer, unmenschlicher oder erniedrigender Behandlung oder Strafe unterworfen werden.

Artikel 16 Freiheit von Ausbeutung, Gewalt und Missbrauch

(1) Die Vertragsstaaten treffen alle geeigneten Gesetzgebungs-, Verwaltungs-, Sozial-, Bildungs- und sonstigen Maßnahmen, um Menschen mit Behinderungen sowohl innerhalb als auch außerhalb der Wohnung vor jeder Form von Ausbeutung, Gewalt und Missbrauch, einschließlich ihrer geschlechtsspezifischen Aspekte, zu schützen.

(2) [1]Die Vertragsstaaten treffen außerdem alle geeigneten Maßnahmen, um jede Form von Ausbeutung, Gewalt und Missbrauch zu verhindern, indem

sie unter anderem geeignete Formen von das Geschlecht und das Alter berücksichtigender Hilfe und Unterstützung für Menschen mit Behinderungen und ihre Familien und Betreuungspersonen gewährleisten, einschließlich durch die Bereitstellung von Informationen und Aufklärung darüber, wie Fälle von Ausbeutung, Gewalt und Missbrauch verhindert, erkannt und angezeigt werden können. [2]Die Vertragsstaaten sorgen dafür, dass Schutzdienste das Alter, das Geschlecht und die Behinderung der betroffenen Personen berücksichtigen.

(3) Zur Verhinderung jeder Form von Ausbeutung, Gewalt und Missbrauch stellen die Vertragsstaaten sicher, dass alle Einrichtungen und Programme, die für Menschen mit Behinderungen bestimmt sind, wirksam von unabhängigen Behörden überwacht werden.

(4) [1]Die Vertragsstaaten treffen alle geeigneten Maßnahmen, um die körperliche, kognitive und psychische Genesung, die Rehabilitation und die soziale Wiedereingliederung von Menschen mit Behinderungen, die Opfer irgendeiner Form von Ausbeutung, Gewalt oder Missbrauch werden, zu fördern, auch durch die Bereitstellung von Schutzeinrichtungen. [2]Genesung und Wiedereingliederung müssen in einer Umgebung stattfinden, die der Gesundheit, dem Wohlergehen, der Selbstachtung, der Würde und der Autonomie des Menschen förderlich ist und geschlechts- und altersspezifischen Bedürfnissen Rechnung trägt.

(5) Die Vertragsstaaten schaffen wirksame Rechtsvorschriften und politische Konzepte, einschließlich solcher, die auf Frauen und Kinder ausgerichtet sind, um sicherzustellen, dass Fälle von Ausbeutung, Gewalt und Missbrauch gegenüber Menschen mit Behinderungen erkannt, untersucht und gegebenenfalls strafrechtlich verfolgt werden.

Artikel 17 Schutz der Unversehrtheit der Person

Jeder Mensch mit Behinderungen hat gleichberechtigt mit anderen das Recht auf Achtung seiner körperlichen und seelischen Unversehrtheit.

...

Artikel 19 Unabhängige Lebensführung und Einbeziehung in die Gemeinschaft

Die Vertragsstaaten dieses Übereinkommens anerkennen das gleiche Recht aller Menschen mit Behinderungen, mit gleichen Wahlmöglichkeiten wie andere Menschen in der Gemeinschaft zu leben, und treffen wirksame und geeignete Maßnahmen, um Menschen mit Behinderungen den vollen Genuss dieses Rechts und ihre volle Einbeziehung in die Gemeinschaft und Teilhabe an der Gemeinschaft zu erleichtern, indem sie unter anderem gewährleisten, dass

a) Menschen mit Behinderungen gleichberechtigt die Möglichkeit haben, ihren Aufenthaltsort zu wählen und zu entscheiden, wo und mit wem sie leben, und nicht verpflichtet sind, in besonderen Wohnformen zu leben;
b) Menschen mit Behinderungen Zugang zu einer Reihe von gemeindenahen Unterstützungsdiensten zu Hause und in Einrichtungen sowie zu sonstigen gemeindenahen Unterstützungsdiensten haben, einschließlich der persönlichen Assistenz, die zur Unterstützung des Lebens in der Gemeinschaft und der Einbeziehung in die Gemeinschaft sowie zur Verhinderung von Isolation und Absonderung von der Gemeinschaft notwendig ist;
c) gemeindenahe Dienstleistungen und Einrichtungen für die Allgemeinheit Menschen mit Behinderungen auf der Grundlage der Gleichberechtigung zur Verfügung stehen und ihren Bedürfnissen Rechnung tragen.

...

Artikel 22 Achtung der Privatsphäre

(1) [1]Menschen mit Behinderungen dürfen unabhängig von ihrem Aufenthaltsort oder der Wohnform, in der sie leben, keinen willkürlichen oder rechtswidrigen Eingriffen in ihr Privatleben, ihre Familie, ihre Wohnung oder ihren Schriftverkehr oder andere Arten der Kommunikation oder rechtswidrigen Beeinträchtigungen ihrer Ehre oder ihres Rufes ausgesetzt werden. [2]Menschen mit Behinderungen haben Anspruch auf rechtlichen Schutz gegen solche Eingriffe oder Beeinträchtigungen.

(2) Die Vertragsstaaten schützen auf der Grundlage der Gleichberechtigung mit anderen die Vertraulichkeit von Informationen über die Person, die Gesundheit und die Rehabilitation von Menschen mit Behinderungen.

Artikel 23 Achtung der Wohnung und der Familie

(1) Die Vertragsstaaten treffen wirksame und geeignete Maßnahmen zur Beseitigung der Diskriminierung von Menschen mit Behinderungen auf der Grundlage der Gleichberechtigung mit anderen in allen Fragen, die Ehe, Familie, Elternschaft und Partnerschaften betreffen, um zu gewährleisten, dass

a) das Recht aller Menschen mit Behinderungen im heiratsfähigen Alter, auf der Grundlage des freien und vollen Einverständnisses der künftigen Ehegatten eine Ehe zu schließen und eine Familie zu gründen, anerkannt wird;
b) das Recht von Menschen mit Behinderungen auf freie und verantwortungsbewusste Entscheidung über die Anzahl ihrer Kinder und die Geburtenabstände sowie auf Zugang zu altersgemäßer Information sowie Aufklärung über Fortpflanzung und Familienplanung anerkannt wird und ihnen die notwendigen Mittel zur Ausübung dieser Rechte zur Verfügung gestellt werden;
c) Menschen mit Behinderungen, einschließlich Kindern, gleichberechtigt mit anderen ihre Fruchtbarkeit behalten.

(2) [1]Die Vertragsstaaten gewährleisten die Rechte und Pflichten von Menschen mit Behinderungen in Fragen der Vormundschaft, Pflegschaft, Personen- und Vermögenssorge, Adoption von Kindern oder ähnlichen Rechtsinstituten, soweit das innerstaatliche Recht solche kennt; in allen Fällen ist das Wohl des Kindes ausschlaggebend. [2]Die Vertragsstaaten unterstützen

Menschen mit Behinderungen in angemessener Weise bei der Wahrnehmung ihrer elterlichen Verantwortung.

(3) [1]Die Vertragsstaaten gewährleisten, dass Kinder mit Behinderungen gleiche Rechte in Bezug auf das Familienleben haben. [2]Zur Verwirklichung dieser Rechte und mit dem Ziel, das Verbergen, das Aussetzen, die Vernachlässigung und die Absonderung von Kindern mit Behinderungen zu verhindern, verpflichten sich die Vertragsstaaten, Kindern mit Behinderungen und ihren Familien frühzeitig umfassende Informationen, Dienste und Unterstützung zur Verfügung zu stellen.

(4) [1]Die Vertragsstaaten gewährleisten, dass ein Kind nicht gegen den Willen seiner Eltern von diesen getrennt wird, es sei denn, dass die zuständigen Behörden in einer gerichtlich nachprüfbaren Entscheidung nach den anzuwendenden Rechtsvorschriften und Verfahren bestimmen, dass diese Trennung zum Wohl des Kindes notwendig ist. [2]In keinem Fall darf das Kind aufgrund einer Behinderung entweder des Kindes oder eines oder beider Elternteile von den Eltern getrennt werden.

(5) Die Vertragsstaaten verpflichten sich, in Fällen, in denen die nächsten Familienangehörigen nicht in der Lage sind, für ein Kind mit Behinderungen zu sorgen, alle Anstrengungen zu unternehmen, um andere Formen der Betreuung innerhalb der weiteren Familie und, falls dies nicht möglich ist, innerhalb der Gemeinschaft in einem familienähnlichen Umfeld zu gewährleisten.

...

Artikel 25 Gesundheit

[1]Die Vertragsstaaten anerkennen das Recht von Menschen mit Behinderungen auf das erreichbare Höchstmaß an Gesundheit ohne Diskriminierung aufgrund von Behinderung. [2]Die Vertragsstaaten treffen alle geeigneten Maßnahmen, um zu gewährleisten, dass Menschen mit Behinderungen Zugang zu geschlechtsspezifischen Gesundheitdiensten, einschließlich gesundheitlicher Rehabilitation, haben. [3]Insbesondere

a) stellen die Vertragsparteien Menschen mit Behinderungen eine unentgeltliche oder erschwingliche Gesundheitsversorgung in derselben

Bandbreite, von derselben Qualität und auf demselben Standard zur Verfügung wie anderen Menschen, einschließlich sexual- und fortpflanzungsmedizinischer Gesundheitsleistungen und der Gesamtbevölkerung zur Verfügung stehender Programme des öffentlichen Gesundheitswesens;

b) bieten die Vertragsstaaten die Gesundheitsleistungen an, die von Menschen mit Behinderungen speziell wegen ihrer Behinderungen benötigt werden, soweit angebracht, einschließlich Früherkennung und Frühintervention, sowie Leistungen, durch die, auch bei Kindern und älteren Menschen, weitere Behinderungen möglichst gering gehalten oder vermieden werden sollen;

c) bieten die Vertragsstaaten diese Gesundheitsleistungen so gemeindenah wie möglich an, auch in ländlichen Gebieten;

d) erlegen die Vertragsstaaten den Angehörigen der Gesundheitsberufe die Verpflichtung auf, Menschen mit Behinderungen eine Versorgung von gleicher Qualität wie anderen Menschen angedeihen zu lassen, namentlich auf der Grundlage der freien Einwilligung nach vorheriger Aufklärung, indem sie unter anderem durch Schulungen und den Erlass ethischer Normen für die staatliche und private Gesundheitsversorgung das Bewusstsein für die Menschenrechte, die Würde, die Autonomie und die Bedürfnisse von Menschen mit Behinderungen schärfen;

e) verbieten die Vertragsstaaten die Diskriminierung von Menschen mit Behinderungen in der Krankenversicherung und in der Lebensversicherung, soweit eine solche Versicherung nach innerstaatlichem Recht zulässig ist; solche Versicherungen sind zu fairen und angemessenen Bedingungen anzubieten;

f) verhindern die Vertragsstaaten die diskriminierende Vorenthaltung von Gesundheitsversorgung oder -leistungen oder von Nahrungsmitteln und Flüssigkeiten aufgrund von Behinderung.

...

Artikel 31 Statistik und Datensammlung

(1) [1]Die Vertragsstaaten verpflichten sich zur Sammlung geeigneter Informationen, einschließlich statistischer Angaben und Forschungsdaten, die

ihnen ermöglichen, politische Konzepte zur Durchführung dieses Übereinkommens auszuarbeiten und umzusetzen. [2]Das Verfahren zur Sammlung und Aufbewahrung dieser Informationen muss

a) mit den gesetzlichen Schutzvorschriften, einschließlich der Rechtsvorschriften über den Datenschutz, zur Sicherung der Vertraulichkeit und der Achtung der Privatsphäre von Menschen mit Behinderungen im Einklang stehen;
b) mit den international anerkannten Normen zum Schutz der Menschenrechte und Grundfreiheiten und den ethischen Grundsätzen für die Sammlung und Nutzung statistischer Daten im Einklang stehen.

(2) Die im Einklang mit diesem Artikel gesammelten Informationen werden, soweit angebracht, aufgeschlüsselt und dazu verwendet, die Umsetzung der Verpflichtungen aus diesem Übereinkommen durch die Vertragsstaaten zu beurteilen und die Hindernisse, denen sich Menschen mit Behinderungen bei der Ausübung ihrer Rechte gegenübersehen, zu ermitteln und anzugehen.

(3) Die Vertragsstaaten übernehmen die Verantwortung für die Verbreitung dieser Statistiken und sorgen dafür, dass sie für Menschen mit Behinderungen und andere zugänglich sind.

...

Artikel 33 Innerstaatliche Durchführung und Überwachung

(1) Die Vertragsstaaten bestimmen nach Maßgabe ihrer staatlichen Organisation eine oder mehrere staatliche Anlaufstellen für Angelegenheiten im Zusammenhang mit der Durchführung dieses Übereinkommens und prüfen sorgfältig die Schaffung oder Bestimmung eines staatlichen Koordinierungsmechanismus, der die Durchführung der entsprechenden Maßnahmen in verschiedenen Bereichen und auf verschiedenen Ebenen erleichtern soll.

(2) [1]Die Vertragsstaaten unterhalten, stärken, bestimmen oder schaffen nach Maßgabe ihres Rechts- und Verwaltungssystems auf einzelstaatlicher Ebene für die Förderung, den Schutz und die Überwachung der Durchführung dieses Übereinkommens eine Struktur, die, je nachdem, was angebracht

ist, einen oder mehrere unabhängige Mechanismen einschließt. [2]Bei der Bestimmung oder Schaffung eines solchen Mechanismus berücksichtigen die Vertragsstaaten die Grundsätze betreffend die Rechtsstellung und die Arbeitsweise der einzelstaatlichen Institutionen zum Schutz und zur Förderung der Menschenrechte.

(3) Die Zivilgesellschaft, insbesondere Menschen mit Behinderungen und die sie vertretenden Organisationen, wird in den Überwachungsprozess einbezogen und nimmt in vollem Umfang daran teil.

...

III. Bürgerliches Gesetzbuch (BGB)

i.d.F. der Bekanntmachung vom 2. Januar 2002 (BGBl. I S. 42, ber. S. 2909 und BGBl. 2003 I S. 738), zuletzt geändert durch Art. 14 des Vierten Bürokratieentlastungsgesetzes vom 23. Oktober 2024 (BGBl. I Nr. 323)

– Auszug –

Buch 1. Allgemeiner Teil

Abschnitt 1. Personen

Titel 1. Natürliche Personen, Verbraucher, Unternehmer

§ 1 Beginn der Rechtsfähigkeit

Die Rechtsfähigkeit des Menschen beginnt mit der Vollendung der Geburt.

§ 2 Eintritt der Volljährigkeit

Die Volljährigkeit tritt mit der Vollendung des 18. Lebensjahres ein.

§§ 3 – 6 (weggefallen)

§ 7 Wohnsitz; Begründung und Aufhebung

(1) Wer sich an einem Orte ständig niederlässt, begründet an diesem Orte seinen Wohnsitz.

(2) Der Wohnsitz kann gleichzeitig an mehreren Orten bestehen.

(3) Der Wohnsitz wird aufgehoben, wenn die Niederlassung mit dem Willen aufgehoben wird, sie aufzugeben.

§ 8 Wohnsitz nicht voll Geschäftsfähiger

Wer geschäftsunfähig oder in der Geschäftsfähigkeit beschränkt ist, kann ohne den Willen seines gesetzlichen Vertreters einen Wohnsitz weder begründen noch aufheben.

...

Abschnitt 3. Rechtsgeschäfte

Titel 1. Geschäftsfähigkeit

§ 104 Geschäftsunfähigkeit

Geschäftsunfähig ist:

1. wer nicht das siebente Lebensjahr vollendet hat,
2. wer sich in einem die freie Willensbestimmung ausschließenden Zustand krankhafter Störung der Geistestätigkeit befindet, sofern nicht der Zustand seiner Natur nach ein vorübergehender ist.

§ 105 Nichtigkeit der Willenserklärung

(1) Die Willenserklärung eines Geschäftsunfähigen ist nichtig.

(2) Nichtig ist auch eine Willenserklärung, die im Zustand der Bewusstlosigkeit oder vorübergehender Störung der Geistestätigkeit abgegeben wird.

§ 105a Geschäfte des täglichen Lebens

[1]Tätigt ein volljähriger Geschäftsunfähiger ein Geschäft des täglichen Lebens, das mit geringwertigen Mitteln bewirkt werden kann, so gilt der von ihm geschlossene Vertrag in Ansehung von Leistung und, soweit vereinbart, Gegenleistung als wirksam, sobald Leistung und Gegenleistung bewirkt sind. [2]Satz 1 gilt nicht bei einer erheblichen Gefahr für die Person oder das Vermögen des Geschäftsunfähigen.

§ 106 Beschränkte Geschäftsfähigkeit Minderjähriger

Ein Minderjähriger, der das siebente Lebensjahr vollendet hat, ist nach Maßgabe der §§ 107 bis 113 in der Geschäftsfähigkeit beschränkt.

§ 107 Einwilligung des gesetzlichen Vertreters

Der Minderjährige bedarf zu einer Willenserklärung, durch die er nicht lediglich einen rechtlichen Vorteil erlangt, der Einwilligung seines gesetzlichen Vertreters.

§ 108 Vertragsschluss ohne Einwilligung

(1) Schließt der Minderjährige einen Vertrag ohne die erforderliche Einwilligung des gesetzlichen Vertreters, so hängt die Wirksamkeit des Vertrags von der Genehmigung des Vertreters ab.

(2) [1]Fordert der andere Teil den Vertreter zur Erklärung über die Genehmigung auf, so kann die Erklärung nur ihm gegenüber erfolgen; eine vor der Aufforderung dem Minderjährigen gegenüber erklärte Genehmigung oder Verweigerung der Genehmigung wird unwirksam. [2]Die Genehmigung kann nur bis zum Ablauf von zwei Wochen nach dem Empfang der Aufforderung erklärt werden; wird sie nicht erklärt, so gilt sie als verweigert.

(3) Ist der Minderjährige unbeschränkt geschäftsfähig geworden, so tritt seine Genehmigung an die Stelle der Genehmigung des Vertreters.

§ 109 Widerrufsrecht des anderen Teils

(1) [1]Bis zur Genehmigung des Vertrags ist der andere Teil zum Widerruf berechtigt. [2]Der Widerruf kann auch dem Minderjährigen gegenüber erklärt werden.

(2) Hat der andere Teil die Minderjährigkeit gekannt, so kann er nur widerrufen, wenn der Minderjährige der Wahrheit zuwider die Einwilligung des Vertreters behauptet hat; er kann auch in diesem Falle nicht widerrufen, wenn ihm das Fehlen der Einwilligung bei dem Abschluss des Vertrags bekannt war.

§ 110 Bewirken der Leistung mit eigenen Mitteln

Ein von dem Minderjährigen ohne Zustimmung des gesetzlichen Vertreters geschlossener Vertrag gilt als von Anfang an wirksam, wenn der Minderjährige die vertragsmäßige Leistung mit Mitteln bewirkt, die ihm zu diesem Zweck oder zu freier Verfügung von dem Vertreter oder mit dessen Zustimmung von einem Dritten überlassen worden sind.

§ 111 Einseitige Rechtsgeschäfte

[1]Ein einseitiges Rechtsgeschäft, das der Minderjährige ohne die erforderliche Einwilligung des gesetzlichen Vertreters vornimmt, ist unwirksam. [2]Nimmt der Minderjährige mit dieser Einwilligung ein solches Rechtsgeschäft einem anderen gegenüber vor, so ist das Rechtsgeschäft unwirksam, wenn der Minderjährige die Einwilligung nicht in schriftlicher Form vorlegt und der andere das Rechtsgeschäft aus diesem Grunde unverzüglich zurückweist. [3]Die Zurückweisung ist ausgeschlossen, wenn der Vertreter den anderen von der Einwilligung in Kenntnis gesetzt hatte.

§ 112 Selbständiger Betrieb eines Erwerbsgeschäfts

(1) [1]Ermächtigt der gesetzliche Vertreter mit Genehmigung des Familiengerichts den Minderjährigen zum selbständigen Betrieb eines Erwerbsgeschäfts, so ist der Minderjährige für solche Rechtsgeschäfte unbeschränkt geschäftsfähig, welche der Geschäftsbetrieb mit sich bringt. [2]Ausgenommen sind Rechtsgeschäfte, zu denen der Vertreter der Genehmigung des Familiengerichts bedarf.

(2) Die Ermächtigung kann von dem Vertreter nur mit Genehmigung des Familiengerichts zurückgenommen werden.

§ 113 Dienst- oder Arbeitsverhältnis

(1) [1]Ermächtigt der gesetzliche Vertreter den Minderjährigen, in Dienst oder in Arbeit zu treten, so ist der Minderjährige für solche Rechtsgeschäfte unbeschränkt geschäftsfähig, welche die Eingehung oder Aufhebung eines Dienst- oder Arbeitsverhältnisses der gestatteten Art oder die Erfüllung der sich aus einem solchen Verhältnis ergebenden Verpflichtungen betreffen.

[2]Ausgenommen sind Verträge, zu denen der Vertreter der Genehmigung des Familiengerichts bedarf.

(2) Die Ermächtigung kann von dem Vertreter zurückgenommen oder eingeschränkt werden.

(3) [1]Ist der gesetzliche Vertreter ein Vormund, so kann die Ermächtigung, wenn sie von ihm verweigert wird, auf Antrag des Minderjährigen durch das Familiengericht ersetzt werden. [2]Das Familiengericht hat die Ermächtigung zu ersetzen, wenn sie im Interesse des Mündels liegt.

(4) Die für einen einzelnen Fall erteilte Ermächtigung gilt im Zweifel als allgemeine Ermächtigung zur Eingehung von Verhältnissen derselben Art.

...

Titel 2. Willenserklärung

...

§ 131 Wirksamwerden gegenüber nicht voll Geschäftsfähigen

(1) Wird die Willenserklärung einem Geschäftsunfähigen gegenüber abgegeben, so wird sie nicht wirksam, bevor sie dem gesetzlichen Vertreter zugeht.

(2) [1]Das Gleiche gilt, wenn die Willenserklärung einer in der Geschäftsfähigkeit beschränkten Person gegenüber abgegeben wird. [2]Bringt die Erklärung jedoch der in der Geschäftsfähigkeit beschränkten Person lediglich einen rechtlichen Vorteil oder hat der gesetzliche Vertreter seine Einwilligung erteilt, so wird die Erklärung in dem Zeitpunkt wirksam, in welchem sie ihr zugeht.

...

§ 138 Sittenwidriges Rechtsgeschäft; Wucher

(1) Ein Rechtsgeschäft, das gegen die guten Sitten verstößt, ist nichtig.

(2) Nichtig ist insbesondere ein Rechtsgeschäft, durch das jemand unter Ausbeutung der Zwangslage, der Unerfahrenheit, des Mangels an Urteilsvermögen oder der erheblichen Willensschwäche eines anderen sich oder einem Dritten für eine Leistung Vermögensvorteile versprechen oder gewähren lässt, die in einem auffälligen Missverhältnis zu der Leistung stehen.

...

Titel 5. Vertretung und Vollmacht

§ 164 Wirkung der Erklärung des Vertreters

(1) [1]Eine Willenserklärung, die jemand innerhalb der ihm zustehenden Vertretungsmacht im Namen des Vertretenen abgibt, wirkt unmittelbar für und gegen den Vertretenen. [2]Es macht keinen Unterschied, ob die Erklärung ausdrücklich im Namen des Vertretenen erfolgt oder ob die Umstände ergeben, dass sie in dessen Namen erfolgen soll.

(2) Tritt der Wille, in fremdem Namen zu handeln, nicht erkennbar hervor, so kommt der Mangel des Willens, im eigenen Namen zu handeln, nicht in Betracht.

(3) Die Vorschriften des Absatzes 1 finden entsprechende Anwendung, wenn eine gegenüber einem anderen abzugebende Willenserklärung dessen Vertreter gegenüber erfolgt.

§ 165 Beschränkt geschäftsfähiger Vertreter

Die Wirksamkeit einer von oder gegenüber einem Vertreter abgegebenen Willenserklärung wird nicht dadurch beeinträchtigt, dass der Vertreter in der Geschäftsfähigkeit beschränkt ist.

§ 166 Willensmängel; Wissenszurechnung

(1) Soweit die rechtlichen Folgen einer Willenserklärung durch Willensmängel oder durch die Kenntnis oder das Kennenmüssen gewisser Umstän-

de beeinflusst werden, kommt nicht die Person des Vertretenen, sondern die des Vertreters in Betracht.

(2) [1]Hat im Falle einer durch Rechtsgeschäft erteilten Vertretungsmacht (Vollmacht) der Vertreter nach bestimmten Weisungen des Vollmachtgebers gehandelt, so kann sich dieser in Ansehung solcher Umstände, die er selbst kannte, nicht auf die Unkenntnis des Vertreters berufen. [2]Dasselbe gilt von Umständen, die der Vollmachtgeber kennen musste, sofern das Kennenmüssen der Kenntnis gleichsteht.

§ 167 Erteilung der Vollmacht

(1) Die Erteilung der Vollmacht erfolgt durch Erklärung gegenüber dem zu Bevollmächtigenden oder dem Dritten, dem gegenüber die Vertretung stattfinden soll.

(2) Die Erklärung bedarf nicht der Form, welche für das Rechtsgeschäft bestimmt ist, auf das sich die Vollmacht bezieht.

§ 168 Erlöschen der Vollmacht

[1]Das Erlöschen der Vollmacht bestimmt sich nach dem ihrer Erteilung zugrunde liegenden Rechtsverhältnis. [2]Die Vollmacht ist auch bei dem Fortbestehen des Rechtsverhältnisses widerruflich, sofern sich nicht aus diesem ein anderes ergibt. [3]Auf die Erklärung des Widerrufs findet die Vorschrift des § 167 Abs. 1 entsprechende Anwendung.

§ 169 Vollmacht des Beauftragten und des geschäftsführenden Gesellschafters

Soweit nach den §§ 674, 729 die erloschene Vollmacht eines Beauftragten oder eines geschäftsführenden Gesellschafters als fortbestehend gilt, wirkt sie nicht zugunsten eines Dritten, der bei der Vornahme eines Rechtsgeschäfts das Erlöschen kennt oder kennen muss.

§ 170 Wirkungsdauer der Vollmacht

Wird die Vollmacht durch Erklärung gegenüber einem Dritten erteilt, so bleibt sie diesem gegenüber in Kraft, bis ihm das Erlöschen von dem Vollmachtgeber angezeigt wird.

§ 171 Wirkungsdauer bei Kundgebung

(1) Hat jemand durch besondere Mitteilung an einen Dritten oder durch öffentliche Bekanntmachung kundgegeben, dass er einen anderen bevollmächtigt habe, so ist dieser auf Grund der Kundgebung im ersteren Falle dem Dritten gegenüber, im letzteren Falle jedem Dritten gegenüber zur Vertretung befugt.

(2) Die Vertretungsmacht bleibt bestehen, bis die Kundgebung in derselben Weise, wie sie erfolgt ist, widerrufen wird.

§ 172 Vollmachtsurkunde

(1) Der besonderen Mitteilung einer Bevollmächtigung durch den Vollmachtgeber steht es gleich, wenn dieser dem Vertreter eine Vollmachtsurkunde ausgehändigt hat und der Vertreter sie dem Dritten vorlegt.

(2) Die Vertretungsmacht bleibt bestehen, bis die Vollmachtsurkunde dem Vollmachtgeber zurückgegeben oder für kraftlos erklärt wird.

§ 173 Wirkungsdauer bei Kenntnis und fahrlässiger Unkenntnis

Die Vorschriften des § 170, des § 171 Abs. 2 und des § 172 Abs. 2 finden keine Anwendung, wenn der Dritte das Erlöschen der Vertretungsmacht bei der Vornahme des Rechtsgeschäfts kennt oder kennen muss.

§ 174 Einseitiges Rechtsgeschäft eines Bevollmächtigten

[1]Ein einseitiges Rechtsgeschäft, das ein Bevollmächtigter einem anderen gegenüber vornimmt, ist unwirksam, wenn der Bevollmächtigte eine Vollmachtsurkunde nicht vorlegt und der andere das Rechtsgeschäft aus diesem Grunde unverzüglich zurückweist. [2]Die Zurückweisung ist ausgeschlossen, wenn der Vollmachtgeber den anderen von der Bevollmächtigung in Kenntnis gesetzt hatte.

§ 175 Rückgabe der Vollmachtsurkunde

Nach dem Erlöschen der Vollmacht hat der Bevollmächtigte die Vollmachtsurkunde dem Vollmachtgeber zurückzugeben; ein Zurückbehaltungsrecht steht ihm nicht zu.

§ 176 Kraftloserklärung der Vollmachtsurkunde

(1) [1]Der Vollmachtgeber kann die Vollmachtsurkunde durch eine öffentliche Bekanntmachung für kraftlos erklären; die Kraftloserklärung muss nach den für die öffentliche Zustellung einer Ladung geltenden Vorschriften der Zivilprozessordnung veröffentlicht werden. [2]Mit dem Ablauf eines Monats nach der letzten Einrückung in die öffentlichen Blätter wird die Kraftloserklärung wirksam.

(2) Zuständig für die Bewilligung der Veröffentlichung ist sowohl das Amtsgericht, in dessen Bezirk der Vollmachtgeber seinen allgemeinen Gerichtsstand hat, als das Amtsgericht, welches für die Klage auf Rückgabe der Urkunde, abgesehen von dem Wert des Streitgegenstands, zuständig sein würde.

(3) Die Kraftloserklärung ist unwirksam, wenn der Vollmachtgeber die Vollmacht nicht widerrufen kann.

§ 177 Vertragsschluss durch Vertreter ohne Vertretungsmacht

(1) Schließt jemand ohne Vertretungsmacht im Namen eines anderen einen Vertrag, so hängt die Wirksamkeit des Vertrags für und gegen den Vertretenen von dessen Genehmigung ab.

(2) [1]Fordert der andere Teil den Vertretenen zur Erklärung über die Genehmigung auf, so kann die Erklärung nur ihm gegenüber erfolgen; eine vor der Aufforderung dem Vertreter gegenüber erklärte Genehmigung oder Verweigerung der Genehmigung wird unwirksam. [2]Die Genehmigung kann nur bis zum Ablauf von zwei Wochen nach dem Empfang der Aufforderung erklärt werden; wird sie nicht erklärt, so gilt sie als verweigert.

§ 178 Widerrufsrecht des anderen Teils

[1]Bis zur Genehmigung des Vertrags ist der andere Teil zum Widerruf berechtigt, es sei denn, dass er den Mangel der Vertretungsmacht bei dem Abschluss des Vertrags gekannt hat. [2]Der Widerruf kann auch dem Vertreter gegenüber erklärt werden.

§ 179 Haftung des Vertreters ohne Vertretungsmacht

(1) Wer als Vertreter einen Vertrag geschlossen hat, ist, sofern er nicht seine Vertretungsmacht nachweist, dem anderen Teil nach dessen Wahl zur Erfüllung oder zum Schadensersatz verpflichtet, wenn der Vertretene die Genehmigung des Vertrags verweigert.

(2) Hat der Vertreter den Mangel der Vertretungsmacht nicht gekannt, so ist er nur zum Ersatz desjenigen Schadens verpflichtet, welchen der andere Teil dadurch erleidet, dass er auf die Vertretungsmacht vertraut, jedoch nicht über den Betrag des Interesses hinaus, welches der andere Teil an der Wirksamkeit des Vertrags hat.

(3) [1]Der Vertreter haftet nicht, wenn der andere Teil den Mangel der Vertretungsmacht kannte oder kennen musste. [2]Der Vertreter haftet auch dann nicht, wenn er in der Geschäftsfähigkeit beschränkt war, es sei denn, dass er mit Zustimmung seines gesetzlichen Vertreters gehandelt hat.

§ 180 Einseitiges Rechtsgeschäft

[1]Bei einem einseitigen Rechtsgeschäft ist Vertretung ohne Vertretungsmacht unzulässig. [2]Hat jedoch derjenige, welchem gegenüber ein solches Rechtsgeschäft vorzunehmen war, die von dem Vertreter behauptete Vertretungsmacht bei der Vornahme des Rechtsgeschäfts nicht beanstandet oder ist er damit einverstanden gewesen, dass der Vertreter ohne Vertretungsmacht handele, so finden die Vorschriften über Verträge entsprechende Anwendung. [3]Das Gleiche gilt, wenn ein einseitiges Rechtsgeschäft gegenüber einem Vertreter ohne Vertretungsmacht mit dessen Einverständnis vorgenommen wird.

§ 181 Insichgeschäft

Ein Vertreter kann, soweit nicht ein anderes ihm gestattet ist, im Namen des Vertretenen mit sich im eigenen Namen oder als Vertreter eines Dritten ein Rechtsgeschäft nicht vornehmen, es sei denn, dass das Rechtsgeschäft ausschließlich in der Erfüllung einer Verbindlichkeit besteht.

Titel 6 Einwilligung und Genehmigung

§ 182 Zustimmung

(1) Hängt die Wirksamkeit eines Vertrags oder eines einseitigen Rechtsgeschäfts, das einem anderen gegenüber vorzunehmen ist, von der Zustimmung eines Dritten ab, so kann die Erteilung sowie die Verweigerung der Zustimmung sowohl dem einen als dem anderen Teil gegenüber erklärt werden.

(2) Die Zustimmung bedarf nicht der für das Rechtsgeschäft bestimmten Form.

(3) Wird ein einseitiges Rechtsgeschäft, dessen Wirksamkeit von der Zustimmung eines Dritten abhängt, mit Einwilligung des Dritten vorgenommen, so finden die Vorschriften des § 111 Satz 2, 3 entsprechende Anwendung.

§ 183 Widerruflichkeit der Einwilligung

[1]Die vorherige Zustimmung (Einwilligung) ist bis zur Vornahme des Rechtsgeschäfts widerruflich, soweit nicht aus dem ihrer Erteilung zugrunde liegenden Rechtsverhältnis sich ein anderes ergibt. [2]Der Widerruf kann sowohl dem einen als dem anderen Teil gegenüber erklärt werden.

§ 184 Rückwirkung der Genehmigung

(1) Die nachträgliche Zustimmung (Genehmigung) wirkt auf den Zeitpunkt der Vornahme des Rechtsgeschäfts zurück, soweit nicht ein anderes bestimmt ist.

(2) Durch die Rückwirkung werden Verfügungen nicht unwirksam, die vor der Genehmigung über den Gegenstand des Rechtsgeschäfts von dem Genehmigenden getroffen worden oder im Wege der Zwangsvollstreckung oder der Arrestvollziehung oder durch den Insolvenzverwalter erfolgt sind.

§ 185 Verfügung eines Nichtberechtigten

(1) Eine Verfügung, die ein Nichtberechtigter über einen Gegenstand trifft, ist wirksam, wenn sie mit Einwilligung des Berechtigten erfolgt.

(2) [1]Die Verfügung wird wirksam, wenn der Berechtigte sie genehmigt oder wenn der Verfügende den Gegenstand erwirbt oder wenn er von dem Berechtigten beerbt wird und dieser für die Nachlassverbindlichkeiten unbeschränkt haftet. [2]In den beiden letzteren Fällen wird, wenn über den Gegenstand mehrere miteinander nicht in Einklang stehende Verfügungen getroffen worden sind, nur die frühere Verfügung wirksam.

Abschnitt 4. Fristen und Termine

...

§ 187 Fristbeginn

(1) Ist für den Anfang einer Frist ein Ereignis oder ein in den Lauf eines Tages fallender Zeitpunkt maßgebend, so wird bei der Berechnung der Frist der Tag nicht mitgerechnet, in welchen das Ereignis oder der Zeitpunkt fällt.

(2) [1]Ist der Beginn eines Tages der für den Anfang einer Frist maßgebende Zeitpunkt, so wird dieser Tag bei der Berechnung der Frist mitgerechnet. [2]Das Gleiche gilt von dem Tage der Geburt bei der Berechnung des Lebensalters.

§ 188 Fristende

(1) Eine nach Tagen bestimmte Frist endigt mit dem Ablauf des letzten Tages der Frist.

(2) Eine Frist, die nach Wochen, nach Monaten oder nach einem mehrere Monate umfassenden Zeitraum – Jahr, halbes Jahr, Vierteljahr – bestimmt ist, endigt im Falle des § 187 Abs. 1 mit dem Ablauf desjenigen Tages der letzten Woche oder des letzten Monats, welcher durch seine Benennung oder seine Zahl dem Tage entspricht, in den das Ereignis oder der Zeitpunkt fällt, im Falle des § 187 Abs. 2 mit dem Ablauf desjenigen Tages der letzten Woche oder des letzten Monats, welcher dem Tage vorhergeht, der durch seine Benennung oder seine Zahl dem Anfangstag der Frist entspricht.

(3) Fehlt bei einer nach Monaten bestimmten Frist in dem letzten Monat der für ihren Ablauf maßgebende Tag, so endigt die Frist mit dem Ablauf des letzten Tages dieses Monats.

...

Abschnitt 5. Verjährung

Titel 1. Gegenstand und Dauer der Verjährung

...

§ 195 Regelmäßige Verjährungsfrist

Die regelmäßige Verjährungsfrist beträgt drei Jahre.

...

§ 199 Beginn der regelmäßigen Verjährungsfrist und Verjährungshöchstfristen

(1) Die regelmäßige Verjährungsfrist beginnt, soweit nicht ein anderer Verjährungsbeginn bestimmt ist, mit dem Schluss des Jahres, in dem

1. der Anspruch entstanden ist und
2. der Gläubiger von den den Anspruch begründenden Umständen und der Person des Schuldners Kenntnis erlangt oder ohne grobe Fahrlässigkeit erlangen müsste.

(2) Schadensersatzansprüche, die auf der Verletzung des Lebens, des Körpers, der Gesundheit oder der Freiheit beruhen, verjähren ohne Rücksicht auf ihre Entstehung und die Kenntnis oder grob fahrlässige Unkenntnis in 30 Jahren von der Begehung der Handlung, der Pflichtverletzung oder dem sonstigen, den Schaden auslösenden Ereignis an.

(3) [1]Sonstige Schadensersatzansprüche verjähren

1. ohne Rücksicht auf die Kenntnis oder grob fahrlässige Unkenntnis in zehn Jahren von ihrer Entstehung an und
2. ohne Rücksicht auf ihre Entstehung und die Kenntnis oder grob fahrlässige Unkenntnis in 30 Jahren von der Begehung der Handlung, der Pflichtverletzung oder dem sonstigen, den Schaden auslösenden Ereignis an.

[2]Maßgeblich ist die früher endende Frist.

(3a) Ansprüche, die auf einem Erbfall beruhen oder deren Geltendmachung die Kenntnis einer Verfügung von Todes wegen voraussetzt, verjähren ohne Rücksicht auf die Kenntnis oder grob fahrlässige Unkenntnis in 30 Jahren von der Entstehung des Anspruchs an.

(4) Andere Ansprüche als die nach den Absätzen 2 bis 3a verjähren ohne Rücksicht auf die Kenntnis oder grob fahrlässige Unkenntnis in zehn Jahren von ihrer Entstehung an.

(5) Geht der Anspruch auf ein Unterlassen, so tritt an die Stelle der Entstehung die Zuwiderhandlung.

Titel 2. Hemmung, Ablaufhemmung und Neubeginn der Verjährung

...

§ 207 Hemmung der Verjährung aus familiären und ähnlichen Gründen

(1) [1]Die Verjährung von Ansprüchen zwischen Ehegatten ist gehemmt, solange die Ehe besteht. [2]Das Gleiche gilt für Ansprüche zwischen

1. Lebenspartnern, solange die Lebenspartnerschaft besteht,
2. dem Kind und
   a) seinen Eltern oder
   b) dem Ehegatten oder Lebenspartner eines Elternteils
   bis zur Vollendung des 21. Lebensjahres des Kindes,
3. dem Vormund und dem Mündel während der Dauer des Vormundschaftsverhältnisses,
4. dem Betreuten und dem Betreuer während der Dauer des Betreuungsverhältnisses und
5. dem Pflegling und dem Pfleger während der Dauer der Pflegschaft.

[3]Die Verjährung von Ansprüchen des Kindes gegen den Beistand ist während der Dauer der Beistandschaft gehemmt.

(2) § 208 bleibt unberührt.

...

§ 210 Ablaufhemmung bei nicht voll Geschäftsfähigen

(1) [1]Ist eine geschäftsunfähige oder in der Geschäftsfähigkeit beschränkte Person ohne gesetzlichen Vertreter, so tritt eine für oder gegen sie laufende Verjährung nicht vor dem Ablauf von sechs Monaten nach dem Zeitpunkt ein, in dem die Person unbeschränkt geschäftsfähig oder der Mangel der Vertretung behoben wird. [2]Ist die Verjährungsfrist kürzer als sechs Monate, so tritt der für die Verjährung bestimmte Zeitraum an die Stelle der sechs Monate.

(2) Absatz 1 findet keine Anwendung, soweit eine in der Geschäftsfähigkeit beschränkte Person prozessfähig ist.

...

Buch 2. Recht der Schuldverhältnisse

Abschnitt 1. Inhalt der Schuldverhältnisse

...

§ 242 Leistung nach Treu und Glauben

Der Schuldner ist verpflichtet, die Leistung so zu bewirken, wie Treu und Glauben mit Rücksicht auf die Verkehrssitte es erfordern.

...

Abschnitt 8. Einzelne Schuldverhältnisse

Titel 8. Dienstvertrag und ähnliche Verträge

...

Untertitel 2. Behandlungsvertrag

§ 630a Vertragstypische Pflichten beim Behandlungsvertrag

(1) Durch den Behandlungsvertrag wird derjenige, welcher die medizinische Behandlung eines Patienten zusagt (Behandelnder), zur Leistung der versprochenen Behandlung, der andere Teil (Patient) zur Gewährung der vereinbarten Vergütung verpflichtet, soweit nicht ein Dritter zur Zahlung verpflichtet ist.

(2) Die Behandlung hat nach den zum Zeitpunkt der Behandlung bestehenden, allgemein anerkannten fachlichen Standards zu erfolgen, soweit nicht etwas anderes vereinbart ist.

§ 630b Anwendbare Vorschriften

Auf das Behandlungsverhältnis sind die Vorschriften über das Dienstverhältnis, das kein Arbeitsverhältnis im Sinne des § 622 ist, anzuwenden, soweit nicht in diesem Untertitel etwas anderes bestimmt ist.

§ 630c Mitwirkung der Vertragsparteien; Informationspflichten

(1) Behandelnder und Patient sollen zur Durchführung der Behandlung zusammenwirken.

(2) [1]Der Behandelnde ist verpflichtet, dem Patienten in verständlicher Weise zu Beginn der Behandlung und, soweit erforderlich, in deren Verlauf sämtliche für die Behandlung wesentlichen Umstände zu erläutern, insbesondere die Diagnose, die voraussichtliche gesundheitliche Entwicklung, die Therapie und die zu und nach der Therapie zu ergreifenden Maßnahmen. [2]Sind für den Behandelnden Umstände erkennbar, die die Annahme eines Behandlungsfehlers begründen, hat er den Patienten über diese auf Nachfrage oder zur Abwendung gesundheitlicher Gefahren zu informieren. [3]Ist dem Behandelnden oder einem seiner in § 52 Absatz 1 der Strafprozessordnung bezeichneten Angehörigen ein Behandlungsfehler unterlaufen, darf die Information nach Satz 2 zu Beweiszwecken in einem gegen den Behandelnden oder gegen seinen Angehörigen geführten Straf- oder Bußgeldverfahren nur mit Zustimmung des Behandelnden verwendet werden.

(3) [1]Weiß der Behandelnde, dass eine vollständige Übernahme der Behandlungskosten durch einen Dritten nicht gesichert ist oder ergeben sich nach den Umständen hierfür hinreichende Anhaltspunkte, muss er den Patienten vor Beginn der Behandlung über die voraussichtlichen Kosten der Behandlung in Textform informieren. [2]Weitergehende Formanforderungen aus anderen Vorschriften bleiben unberührt.

(4) Der Information des Patienten bedarf es nicht, soweit diese ausnahmsweise aufgrund besonderer Umstände entbehrlich ist, insbesondere wenn die Behandlung unaufschiebbar ist oder der Patient auf die Information ausdrücklich verzichtet hat.

§ 630d Einwilligung

(1) [1]Vor Durchführung einer medizinischen Maßnahme, insbesondere eines Eingriffs in den Körper oder die Gesundheit, ist der Behandelnde verpflichtet, die Einwilligung des Patienten einzuholen. [2]Ist der Patient einwilligungsunfähig, ist die Einwilligung eines hierzu Berechtigten einzuholen, soweit nicht eine Patientenverfügung nach § 1827 Absatz 1 Satz 1 die Maßnahme gestattet oder untersagt. [3]Weitergehende Anforderungen an die Einwilligung aus anderen Vorschriften bleiben unberührt. [4]Kann eine Ein-

willigung für eine unaufschiebbare Maßnahme nicht rechtzeitig eingeholt werden, darf sie ohne Einwilligung durchgeführt werden, wenn sie dem mutmaßlichen Willen des Patienten entspricht.

(2) Die Wirksamkeit der Einwilligung setzt voraus, dass der Patient oder im Fall des Absatzes 1 Satz 2 der zur Einwilligung Berechtigte vor der Einwilligung nach Maßgabe von § 630e Absatz 1 bis 4 aufgeklärt worden ist.

(3) Die Einwilligung kann jederzeit und ohne Angabe von Gründen formlos widerrufen werden.

§ 630e Aufklärungspflichten

(1) [1]Der Behandelnde ist verpflichtet, den Patienten über sämtliche für die Einwilligung wesentlichen Umstände aufzuklären. [2]Dazu gehören insbesondere Art, Umfang, Durchführung, zu erwartende Folgen und Risiken der Maßnahme sowie ihre Notwendigkeit, Dringlichkeit, Eignung und Erfolgsaussichten im Hinblick auf die Diagnose oder die Therapie. [3]Bei der Aufklärung ist auch auf Alternativen zu Maßnahmen hinzuweisen, wenn mehrere medizinisch gleichermaßen indizierte und übliche Methoden zu wesentlich unterschiedlichen Belastungen, Risiken oder Heilungschancen führen können.

(2) [1]Die Aufklärung muss

1. mündlich durch den Behandelnden oder durch eine Person erfolgen, die über die zur Durchführung der Maßnahme notwendige Ausbildung verfügt; ergänzend kann auch auf Unterlagen Bezug genommen werden, die der Patient in Textform erhält,
2. so rechtzeitig erfolgen, dass der Patient seine Entscheidung über die Einwilligung wohlüberlegt treffen kann,
3. für den Patienten verständlich sein.

[2]Dem Patienten sind Abschriften von Unterlagen, die er im Zusammenhang mit der Aufklärung oder Einwilligung unterzeichnet hat, auszuhändigen.

(3) Der Aufklärung des Patienten bedarf es nicht, soweit diese ausnahmsweise aufgrund besonderer Umstände entbehrlich ist, insbesondere wenn die Maßnahme unaufschiebbar ist oder der Patient auf die Aufklärung ausdrücklich verzichtet hat.

(4) Ist nach § 630d Absatz 1 Satz 2 die Einwilligung eines hierzu Berechtigten einzuholen, ist dieser nach Maßgabe der Absätze 1 bis 3 aufzuklären.

(5) [1]Im Fall des § 630d Absatz 1 Satz 2 sind die wesentlichen Umstände nach Absatz 1 auch dem Patienten entsprechend seinem Verständnis zu erläutern, soweit dieser aufgrund seines Entwicklungsstandes und seiner Verständnismöglichkeiten in der Lage ist, die Erläuterung aufzunehmen, und soweit dies seinem Wohl nicht zuwiderläuft. [2]Absatz 3 gilt entsprechend.

§ 630f Dokumentation der Behandlung

(1) [1]Der Behandelnde ist verpflichtet, zum Zweck der Dokumentation in unmittelbarem zeitlichen Zusammenhang mit der Behandlung eine Patientenakte in Papierform oder elektronisch zu führen. [2]Berichtigungen und Änderungen von Eintragungen in der Patientenakte sind nur zulässig, wenn neben dem ursprünglichen Inhalt erkennbar bleibt, wann sie vorgenommen worden sind. [3]Dies ist auch für elektronisch geführte Patientenakten sicherzustellen.

(2) [1]Der Behandelnde ist verpflichtet, in der Patientenakte sämtliche aus fachlicher Sicht für die derzeitige und künftige Behandlung wesentlichen Maßnahmen und deren Ergebnisse aufzuzeichnen, insbesondere die Anamnese, Diagnosen, Untersuchungen, Untersuchungsergebnisse, Befunde, Therapien und ihre Wirkungen, Eingriffe und ihre Wirkungen, Einwilligungen und Aufklärungen. [2]Arztbriefe sind in die Patientenakte aufzunehmen.

(3) Der Behandelnde hat die Patientenakte für die Dauer von zehn Jahren nach Abschluss der Behandlung aufzubewahren, soweit nicht nach anderen Vorschriften andere Aufbewahrungsfristen bestehen.

§ 630g Einsichtnahme in die Patientenakte

(1) [1]Dem Patienten ist auf Verlangen unverzüglich Einsicht in die vollständige, ihn betreffende Patientenakte zu gewähren, soweit der Einsichtnahme nicht erhebliche therapeutische Gründe oder sonstige erhebliche Rechte Dritter entgegenstehen. [2]Die Ablehnung der Einsichtnahme ist zu begründen. [3]§ 811 ist entsprechend anzuwenden.

(2) [1]Der Patient kann auch elektronische Abschriften von der Patientenakte verlangen. [2]Er hat dem Behandelnden die entstandenen Kosten zu erstatten.

(3) [1]Im Fall des Todes des Patienten stehen die Rechte aus den Absätzen 1 und 2 zur Wahrnehmung der vermögensrechtlichen Interessen seinen Erben zu. [2]Gleiches gilt für die nächsten Angehörigen des Patienten, soweit sie immaterielle Interessen geltend machen. [3]Die Rechte sind ausgeschlossen, soweit der Einsichtnahme der ausdrückliche oder mutmaßliche Wille des Patienten entgegensteht.

§ 630h Beweislast bei Haftung für Behandlungs- und Aufklärungsfehler

(1) Ein Fehler des Behandelnden wird vermutet, wenn sich ein allgemeines Behandlungsrisiko verwirklicht hat, das für den Behandelnden voll beherrschbar war und das zur Verletzung des Lebens, des Körpers oder der Gesundheit des Patienten geführt hat.

(2) [1]Der Behandelnde hat zu beweisen, dass er eine Einwilligung gemäß § 630d eingeholt und entsprechend den Anforderungen des § 630e aufgeklärt hat. [2]Genügt die Aufklärung nicht den Anforderungen des §§ 630e, kann der Behandelnde sich darauf berufen, dass der Patient auch im Fall einer ordnungsgemäßen Aufklärung in die Maßnahme eingewilligt hätte.

(3) Hat der Behandelnde eine medizinisch gebotene wesentliche Maßnahme und ihr Ergebnis entgegen § 630f Absatz 1 oder Absatz 2 nicht in der Patientenakte aufgezeichnet oder hat er die Patientenakte entgegen § 630f Absatz 3 nicht aufbewahrt, wird vermutet, dass er diese Maßnahme nicht getroffen hat.

(4) War ein Behandelnder für die von ihm vorgenommene Behandlung nicht befähigt, wird vermutet, dass die mangelnde Befähigung für den Eintritt der Verletzung des Lebens, des Körpers oder der Gesundheit ursächlich war.

(5) [1]Liegt ein grober Behandlungsfehler vor und ist dieser grundsätzlich geeignet, eine Verletzung des Lebens, des Körpers oder der Gesundheit der tatsächlich eingetretenen Art herbeizuführen, wird vermutet, dass der Behandlungsfehler für diese Verletzung ursächlich war. [2]Dies gilt auch dann, wenn es der Behandelnde unterlassen hat, einen medizinisch gebotenen

Befund rechtzeitig zu erheben oder zu sichern, soweit der Befund mit hinreichender Wahrscheinlichkeit ein Ergebnis erbracht hätte, das Anlass zu weiteren Maßnahmen gegeben hätte, und wenn das Unterlassen solcher Maßnahmen grob fehlerhaft gewesen wäre.

...

Buch 4. Familienrecht

...

Abschnitt 3 Vormundschaft, Pflegschaft für Minderjährige, rechtliche Betreuung, sonstige Pflegschaft

...

Titel 3. Rechtliche Betreuung

Untertitel 1 Betreuerbestellung

§ 1814 Voraussetzungen

(1) Kann ein Volljähriger seine Angelegenheiten ganz oder teilweise rechtlich nicht besorgen und beruht dies auf einer Krankheit oder Behinderung, so bestellt das Betreuungsgericht für ihn einen rechtlichen Betreuer (Betreuer).

(2) Gegen den freien Willen des Volljährigen darf ein Betreuer nicht bestellt werden.

(3) Ein Betreuer darf nur bestellt werden, wenn dies erforderlich ist. Die Bestellung eines Betreuers ist insbesondere nicht erforderlich, soweit die Angelegenheiten des Volljährigen

1. durch einen Bevollmächtigten, der nicht zu den in § 1816 Absatz 6 bezeichneten Personen gehört, gleichermaßen besorgt werden können oder

2. durch andere Hilfen, bei denen kein gesetzlicher Vertreter bestellt wird, erledigt werden können, insbesondere durch solche Unterstützung, die auf sozialen Rechten oder anderen Vorschriften beruht.

(4) [1]Die Bestellung eines Betreuers erfolgt auf Antrag des Volljährigen oder von Amts wegen. [2]Soweit der Volljährige seine Angelegenheiten lediglich aufgrund einer körperlichen Krankheit oder Behinderung nicht besorgen kann, darf ein Betreuer nur auf Antrag des Volljährigen bestellt werden, es sei denn, dass dieser seinen Willen nicht kundtun kann.

(5) [1]Ein Betreuer kann auch für einen Minderjährigen, der das 17. Lebensjahr vollendet hat, bestellt werden, wenn anzunehmen ist, dass die Bestellung eines Betreuers bei Eintritt der Volljährigkeit erforderlich sein wird. [2]Die Bestellung des Betreuers wird erst mit dem Eintritt der Volljährigkeit wirksam.

§ 1815 Umfang der Betreuung

(1) [1]Der Aufgabenkreis eines Betreuers besteht aus einem oder mehreren Aufgabenbereichen. [2]Diese sind vom Betreuungsgericht im Einzelnen anzuordnen. [3]Ein Aufgabenbereich darf nur angeordnet werden, wenn und soweit dessen rechtliche Wahrnehmung durch einen Betreuer erforderlich ist.

(2) Folgende Entscheidungen darf der Betreuer nur treffen, wenn sie als Aufgabenbereich vom Betreuungsgericht ausdrücklich angeordnet worden sind:

1. eine mit Freiheitsentziehung verbundene Unterbringung des Betreuten nach § 1831 Absatz 1,
2. eine freiheitsentziehende Maßnahme im Sinne des § 1831 Absatz 4, unabhängig davon, wo der Betreute sich aufhält,
3. die Bestimmung des gewöhnlichen Aufenthalts des Betreuten im Ausland,
4. die Bestimmung des Umgangs des Betreuten,
5. die Entscheidung über die Telekommunikation des Betreuten einschließlich seiner elektronischen Kommunikation,
6. die Entscheidung über die Entgegennahme, das Öffnen und das Anhalten der Post des Betreuten.

(3) Einem Betreuer können unter den Voraussetzungen des § 1820 Absatz 3 auch die Aufgabenbereiche der Geltendmachung von Rechten des Betreuten gegenüber seinem Bevollmächtigten sowie zusätzlich der Geltendmachung von Auskunfts- und Rechenschaftsansprüchen des Betreuten gegenüber Dritten übertragen werden (Kontrollbetreuer).

§ 1816 Eignung und Auswahl des Betreuers; Berücksichtigung der Wünsche des Volljährigen

(1) Das Betreuungsgericht bestellt einen Betreuer, der geeignet ist, in dem gerichtlich angeordneten Aufgabenkreis die Angelegenheiten des Betreuten nach Maßgabe des § 1821 rechtlich zu besorgen und insbesondere in dem hierfür erforderlichen Umfang persönlichen Kontakt mit dem Betreuten zu halten.

(2) [1]Wünscht der Volljährige eine Person als Betreuer, so ist diesem Wunsch zu entsprechen, es sei denn, die gewünschte Person ist zur Führung der Betreuung nach Absatz 1 nicht geeignet. [2]Lehnt der Volljährige eine bestimmte Person als Betreuer ab, so ist diesem Wunsch zu entsprechen, es sei denn, die Ablehnung bezieht sich nicht auf die Person des Betreuers, sondern auf die Bestellung eines Betreuers als solche. [3]Die Sätze 1 und 2 gelten auch für Wünsche, die der Volljährige vor Einleitung des Betreuungsverfahrens geäußert hat, es sei denn, dass er an diesen erkennbar nicht festhalten will. [4]Wer von der Einleitung eines Verfahrens über die Bestellung eines Betreuers für einen Volljährigen Kenntnis erlangt und ein Dokument besitzt, in dem der Volljährige für den Fall, dass für ihn ein Betreuer bestellt werden muss, Wünsche zur Auswahl des Betreuers oder zur Wahrnehmung der Betreuung geäußert hat (Betreuungsverfügung), hat die Betreuungsverfügung dem Betreuungsgericht zu übermitteln.

(3) Schlägt der Volljährige niemanden vor, der zum Betreuer bestellt werden kann oder ist die gewünschte Person nicht geeignet, so sind bei der Auswahl des Betreuers die familiären Beziehungen des Volljährigen, insbesondere zum Ehegatten, zu Eltern und zu Kindern, seine persönlichen Bindungen sowie die Gefahr von Interessenkonflikten zu berücksichtigen.

(4) Eine Person, die keine familiäre Beziehung oder persönliche Bindung zu dem Volljährigen hat, soll nur dann zum ehrenamtlichen Betreuer bestellt werden, wenn sie mit einem nach § 14 des Betreuungsorganisations-

gesetzes anerkannten Betreuungsverein oder mit der zuständigen Behörde eine Vereinbarung über eine Begleitung und Unterstützung gemäß § 15 Absatz 1 Satz 1 Nummer 4 oder § 5 Absatz 2 Satz 3 des Betreuungsorganisationsgesetzes geschlossen hat.

(5) [1]Ein beruflicher Betreuer nach § 19 Absatz 2 des Betreuungsorganisationsgesetzes soll nur dann zum Betreuer bestellt werden, wenn keine geeignete Person für die ehrenamtliche Führung der Betreuung zur Verfügung steht. [2]Bei der Entscheidung, ob ein bestimmter beruflicher Betreuer bestellt wird, sind die Anzahl und der Umfang der bereits von diesem zu führenden Betreuungen zu berücksichtigen.

(6) [1]Eine Person, die zu einem Träger von Einrichtungen oder Diensten, der in der Versorgung des Volljährigen tätig ist, in einem Abhängigkeitsverhältnis oder in einer anderen engen Beziehung steht, darf nicht zum Betreuer bestellt werden. [2]Dies gilt nicht, wenn im Einzelfall die konkrete Gefahr einer Interessenkollision nicht besteht.

§ 1817 Mehrere Betreuer; Verhinderungsbetreuer; Ergänzungsbetreuer

(1) [1]Das Betreuungsgericht kann mehrere Betreuer bestellen, wenn die Angelegenheiten des Betreuten hierdurch besser besorgt werden können. [2]In diesem Falle bestimmt es, welcher Betreuer mit welchem Aufgabenbereich betraut wird. [3]Mehrere berufliche Betreuer werden außer in den in den Absätzen 2, 4 und 5 geregelten Fällen nicht bestellt.

(2) Für die Entscheidung über die Einwilligung in eine Sterilisation des Betreuten ist stets ein besonderer Betreuer zu bestellen (Sterilisationsbetreuer).

(3) Sofern mehrere Betreuer mit demselben Aufgabenbereich betraut werden, können sie diese Angelegenheiten des Betreuten nur gemeinsam besorgen, es sei denn, dass das Betreuungsgericht etwas anderes bestimmt hat oder mit dem Aufschub Gefahr verbunden ist.

(4) [1]Das Betreuungsgericht kann auch vorsorglich einen Verhinderungsbetreuer bestellen, der die Angelegenheiten des Betreuten zu besorgen hat, soweit der Betreuer aus tatsächlichen Gründen verhindert ist. [2]Für diesen Fall kann auch ein anerkannter Betreuungsverein zum Verhinderungsbetreuer bestellt werden, ohne dass die Voraussetzungen des § 1818 Absatz 1 Satz 1 vorliegen.

(5) Soweit ein Betreuer aus rechtlichen Gründen gehindert ist, einzelne Angelegenheiten des Betreuten zu besorgen, hat das Betreuungsgericht hierfür einen Ergänzungsbetreuer zu bestellen.

§ 1818 Betreuung durch Betreuungsverein oder Betreuungsbehörde

(1) [1]Das Betreuungsgericht bestellt einen anerkannten Betreuungsverein zum Betreuer, wenn der Volljährige dies wünscht, oder wenn er durch eine oder mehrere natürliche Personen nicht hinreichend betreut werden kann. [2]Die Bestellung bedarf der Einwilligung des Betreuungsvereins.

(2) [1]Der Betreuungsverein überträgt die Wahrnehmung der Betreuung einzelnen Personen. [2]Vorschlägen des Volljährigen hat er hierbei zu entsprechen, wenn nicht wichtige Gründe entgegenstehen. [3]Der Betreuungsverein teilt dem Betreuungsgericht alsbald, spätestens binnen zwei Wochen nach seiner Bestellung, mit, wem er die Wahrnehmung der Betreuung übertragen hat. [4]Die Sätze 2 und 3 gelten bei einem Wechsel der Person, die die Betreuung für den Betreuungsverein wahrnimmt, entsprechend.

(3) Werden dem Betreuungsverein Umstände bekannt, aus denen sich ergibt, dass der Volljährige durch eine oder mehrere natürliche Personen hinreichend betreut werden kann, so hat er dies dem Betreuungsgericht mitzuteilen.

(4) [1]Kann der Volljährige weder durch eine oder mehrere natürliche Personen noch durch einen Betreuungsverein hinreichend betreut werden, so bestellt das Betreuungsgericht die zuständige Betreuungsbehörde zum Betreuer. [2]Die Absätze 2 und 3 gelten entsprechend.

(5) Die Entscheidung über die Einwilligung in eine Sterilisation darf weder einem Betreuungsverein noch einer Betreuungsbehörde übertragen werden.

§ 1819 Übernahmepflicht; weitere Bestellungsvoraussetzungen

(1) Die vom Betreuungsgericht ausgewählte Person ist verpflichtet, die Betreuung zu übernehmen, wenn ihr die Übernahme unter Berücksichtigung ihrer familiären, beruflichen und sonstigen Verhältnisse zugemutet werden kann.

(2) Die ausgewählte Person darf erst dann zum Betreuer bestellt werden, wenn sie sich zur Übernahme der Betreuung bereit erklärt hat.

(3) [1]Ein Mitarbeiter eines anerkannten Betreuungsvereins, der dort ausschließlich oder teilweise als Betreuer tätig ist (Vereinsbetreuer), darf nur mit Einwilligung des Betreuungsvereins bestellt werden. [2]Entsprechendes gilt für den Mitarbeiter einer Betreuungsbehörde, der als Betreuer bestellt wird (Behördenbetreuer).

§ 1820 Vorsorgevollmacht und Kontrollbetreuung

(1) [1]Wer von der Einleitung eines Verfahrens über die Bestellung eines Betreuers für einen Volljährigen Kenntnis erlangt und ein Dokument besitzt, in dem der Volljährige eine andere Person mit der Wahrnehmung seiner Angelegenheiten bevollmächtigt hat, hat das Betreuungsgericht hierüber unverzüglich zu unterrichten. [2]Das Betreuungsgericht kann die Vorlage einer Abschrift verlangen.

(2) Folgende Maßnahmen eines Bevollmächtigten setzen voraus, dass die Vollmacht schriftlich erteilt ist und diese Maßnahmen ausdrücklich umfasst:

1. die Einwilligung sowie ihr Widerruf oder die Nichteinwilligung in Maßnahmen nach § 1829 Absatz 1 Satz 1 und Absatz 2,
2. die Unterbringung nach § 1831 und die Einwilligung in Maßnahmen nach § 1831 Absatz 4,
3. die Einwilligung in eine ärztliche Zwangsmaßnahme nach § 1832 und die Verbringung nach § 1832 Absatz 4.

(3) Das Betreuungsgericht bestellt einen Kontrollbetreuer, wenn die Bestellung erforderlich ist, weil

1. der Vollmachtgeber aufgrund einer Krankheit oder Behinderung nicht mehr in der Lage ist, seine Rechte gegenüber dem Bevollmächtigten auszuüben, und
2. aufgrund konkreter Anhaltspunkte davon auszugehen ist, dass der Bevollmächtigte die Angelegenheiten des Vollmachtgebers nicht entsprechend der Vereinbarung oder dem erklärten oder mutmaßlichen Willen des Vollmachtgebers besorgt.

(4) [1]Das Betreuungsgericht kann anordnen, dass der Bevollmächtigte die ihm erteilte Vollmacht nicht ausüben darf und die Vollmachtsurkunde an den Betreuer herauszugeben hat, wenn

1. die dringende Gefahr besteht, dass der Bevollmächtigte nicht den Wünschen des Vollmachtgebers entsprechend handelt und dadurch die Person des Vollmachtgebers oder dessen Vermögen erheblich gefährdet oder
2. der Bevollmächtigte den Betreuer bei der Wahrnehmung seiner Aufgaben behindert.

[2]Liegen die Voraussetzungen des Satzes 1 nicht mehr vor, hat das Betreuungsgericht die Anordnung aufzuheben und den Betreuer zu verpflichten, dem Bevollmächtigten die Vollmachtsurkunde herauszugeben, wenn die Vollmacht nicht erloschen ist.

(5) [1]Der Betreuer darf eine Vollmacht oder einen Teil einer Vollmacht, die den Bevollmächtigten zu Maßnahmen der Personensorge oder zu Maßnahmen in wesentlichen Bereichen der Vermögenssorge ermächtigt, nur widerrufen, wenn das Festhalten an der Vollmacht eine künftige Verletzung der Person oder des Vermögens des Betreuten mit hinreichender Wahrscheinlichkeit und in erheblicher Schwere befürchten lässt und mildere Maßnahmen nicht zur Abwehr eines Schadens für den Betreuten geeignet erscheinen. [2]Der Widerruf bedarf der Genehmigung des Betreuungsgerichts. [3]Mit der Genehmigung des Widerrufs einer Vollmacht kann das Betreuungsgericht die Herausgabe der Vollmachtsurkunde an den Betreuer anordnen.

Untertitel 2 Führung der Betreuung

Kapitel 1 Allgemeine Vorschriften

§ 1821 Pflichten des Betreuers; Wünsche des Betreuten

(1) [1]Der Betreuer nimmt alle Tätigkeiten vor, die erforderlich sind, um die Angelegenheiten des Betreuten rechtlich zu besorgen. [2]Er unterstützt den Betreuten dabei, seine Angelegenheiten rechtlich selbst zu besorgen, und macht von seiner Vertretungsmacht nach § 1823 nur Gebrauch, soweit dies erforderlich ist.

(2) [1]Der Betreuer hat die Angelegenheiten des Betreuten so zu besorgen, dass dieser im Rahmen seiner Möglichkeiten sein Leben nach seinen Wünschen gestalten kann. [2]Hierzu hat der Betreuer die Wünsche des Betreuten festzustellen. [3]Diesen hat der Betreuer vorbehaltlich des Absatzes 3 zu entsprechen und den Betreuten bei deren Umsetzung rechtlich zu unterstützen. [4]Dies gilt auch für die Wünsche, die der Betreute vor der Bestellung des Betreuers geäußert hat, es sei denn, dass er an diesen Wünschen erkennbar nicht festhalten will.

(3) Den Wünschen des Betreuten hat der Betreuer nicht zu entsprechen, soweit

1. die Person des Betreuten oder dessen Vermögen hierdurch erheblich gefährdet würde und der Betreute diese Gefahr aufgrund seiner Krankheit oder Behinderung nicht erkennen oder nicht nach dieser Einsicht handeln kann oder
2. dies dem Betreuer nicht zuzumuten ist.

(4) [1]Kann der Betreuer die Wünsche des Betreuten nicht feststellen oder darf er ihnen nach Absatz 3 Nummer 1 nicht entsprechen, hat er den mutmaßlichen Willen des Betreuten aufgrund konkreter Anhaltspunkte zu ermitteln und ihm Geltung zu verschaffen. [2]Zu berücksichtigen sind insbesondere frühere Äußerungen, ethische oder religiöse Überzeugungen und sonstige persönliche Wertvorstellungen des Betreuten. [3]Bei der Feststellung des mutmaßlichen Willens soll nahen Angehörigen und sonstigen Vertrauenspersonen des Betreuten Gelegenheit zur Äußerung gegeben werden.

(5) Der Betreuer hat den erforderlichen persönlichen Kontakt mit dem Betreuten zu halten, sich regelmäßig einen persönlichen Eindruck von ihm zu verschaffen und dessen Angelegenheiten mit ihm zu besprechen.

(6) Der Betreuer hat innerhalb seines Aufgabenkreises dazu beizutragen, dass Möglichkeiten genutzt werden, die Fähigkeit des Betreuten, seine eigenen Angelegenheiten zu besorgen, wiederherzustellen oder zu verbessern.

§ 1822 Auskunftspflicht gegenüber nahestehenden Angehörigen

Der Betreuer hat nahestehenden Angehörigen und sonstigen Vertrauenspersonen des Betreuten auf Verlangen Auskunft über dessen persönliche

Lebensumstände zu erteilen, soweit dies einem nach § 1821 Absatz 2 bis 4 zu beachtenden Wunsch oder dem mutmaßlichen Willen des Betreuten entspricht und dem Betreuer zuzumuten ist.

§ 1823 Vertretungsmacht des Betreuers

In seinem Aufgabenkreis kann der Betreuer den Betreuten gerichtlich und außergerichtlich vertreten.

§ 1824 Ausschluss der Vertretungsmacht

(1) Der Betreuer kann den Betreuten nicht vertreten:

1. bei einem Rechtsgeschäft zwischen seinem Ehegatten oder einem seiner Verwandten in gerader Linie einerseits und dem Betreuten andererseits, es sei denn, dass das Rechtsgeschäft ausschließlich in der Erfüllung einer Verbindlichkeit besteht,
2. bei einem Rechtsgeschäft, das die Übertragung oder Belastung einer durch Pfandrecht, Hypothek, Schiffshypothek oder Bürgschaft gesicherten Forderung des Betreuten gegen den Betreuer oder die Aufhebung oder Minderung dieser Sicherheit zum Gegenstand hat oder die Verpflichtung des Betreuten zu einer solchen Übertragung, Belastung, Aufhebung oder Minderung begründet,
3. bei einem Rechtsstreit zwischen den in Nummer 1 bezeichneten Personen sowie bei einem Rechtsstreit über eine Angelegenheit der in Nummer 2 bezeichneten Art.

(2) § 181 bleibt unberührt.

§ 1825 Einwilligungsvorbehalt

(1) [1]Soweit dies zur Abwendung einer erheblichen Gefahr für die Person oder das Vermögen des Betreuten erforderlich ist, ordnet das Betreuungsgericht an, dass der Betreute zu einer Willenserklärung, die einen Aufgabenbereich des Betreuers betrifft, dessen Einwilligung bedarf (Einwilligungsvorbehalt). [2]Gegen den freien Willen des Volljährigen darf ein Einwilligungsvorbehalt nicht angeordnet werden. Die §§ 108 bis 113, 131 Absatz 2 und § 210 gelten entsprechend.

(2) Ein Einwilligungsvorbehalt kann sich nicht erstrecken

1. auf Willenserklärungen, die auf Eingehung einer Ehe gerichtet sind,
2. auf Verfügungen von Todes wegen,
3. auf die Anfechtung eines Erbvertrags,
4. auf die Aufhebung eines Erbvertrags durch Vertrag und
5. auf Willenserklärungen, zu denen ein beschränkt Geschäftsfähiger nach den Vorschriften dieses Buches und des Buches 5 nicht der Zustimmung seines gesetzlichen Vertreters bedarf.

(3) [1]Ist ein Einwilligungsvorbehalt angeordnet, so bedarf der Betreute dennoch nicht der Einwilligung seines Betreuers, wenn die Willenserklärung dem Betreuten lediglich einen rechtlichen Vorteil bringt. [2]Soweit das Gericht nichts anderes anordnet, gilt dies auch, wenn die Willenserklärung eine geringfügige Angelegenheit des täglichen Lebens betrifft.

(4) Auch für einen Minderjährigen, der das 17. Lebensjahr vollendet hat, kann das Betreuungsgericht einen Einwilligungsvorbehalt anordnen, wenn anzunehmen ist, dass ein solcher bei Eintritt der Volljährigkeit erforderlich wird.

§ 1826 Haftung des Betreuers

(1) [1]Der Betreuer ist dem Betreuten für den aus einer Pflichtverletzung entstehenden Schaden verantwortlich. [2]Dies gilt nicht, wenn der Betreuer die Pflichtverletzung nicht zu vertreten hat.

(2) Sind für den Schaden mehrere Betreuer nebeneinander verantwortlich, so haften sie als Gesamtschuldner.

(3) Ist ein Betreuungsverein als Betreuer bestellt, so ist er dem Betreuten für ein Verschulden des Mitglieds oder des Mitarbeiters in gleicher Weise verantwortlich wie für ein Verschulden eines verfassungsmäßig berufenen Vertreters.

Kapitel 2 Personenangelegenheiten

§ 1827 Patientenverfügung; Behandlungswünsche oder mutmaßlicher Wille des Betreuten

(1) [1]Hat ein einwilligungsfähiger Volljähriger für den Fall seiner Einwilligungsunfähigkeit schriftlich festgelegt, ob er in bestimmte, zum Zeitpunkt der Festlegung noch nicht unmittelbar bevorstehende Untersuchungen seines Gesundheitszustands, Heilbehandlungen oder ärztliche Eingriffe einwilligt oder sie untersagt (Patientenverfügung), prüft der Betreuer, ob diese Festlegungen auf die aktuelle Lebens- und Behandlungssituation des Betreuten zutreffen. [2]Ist dies der Fall, hat der Betreuer dem Willen des Betreuten Ausdruck und Geltung zu verschaffen. [3]Eine Patientenverfügung kann jederzeit formlos widerrufen werden.

(2) [1]Liegt keine Patientenverfügung vor oder treffen die Festlegungen einer Patientenverfügung nicht auf die aktuelle Lebens- und Behandlungssituation des Betreuten zu, hat der Betreuer die Behandlungswünsche oder den mutmaßlichen Willen des Betreuten festzustellen und auf dieser Grundlage zu entscheiden, ob er in eine ärztliche Maßnahme nach Absatz 1 einwilligt oder sie untersagt. [2]Der mutmaßliche Wille ist aufgrund konkreter Anhaltspunkte zu ermitteln. [3]Zu berücksichtigen sind insbesondere frühere Äußerungen, ethische oder religiöse Überzeugungen und sonstige persönliche Wertvorstellungen des Betreuten.

(3) Die Absätze 1 und 2 gelten unabhängig von Art und Stadium einer Erkrankung des Betreuten.

(4) Der Betreuer soll den Betreuten in geeigneten Fällen auf die Möglichkeit einer Patientenverfügung hinweisen und ihn auf dessen Wunsch bei der Errichtung einer Patientenverfügung unterstützen.

(5) [1]Niemand kann zur Errichtung einer Patientenverfügung verpflichtet werden. [2]Die Errichtung oder Vorlage einer Patientenverfügung darf nicht zur Bedingung eines Vertragsschlusses gemacht werden.

(6) Die Absätze 1 bis 3 gelten für Bevollmächtigte entsprechend.

§ 1828 Gespräch zur Feststellung des Patientenwillens

(1) [1]Der behandelnde Arzt prüft, welche ärztliche Maßnahme im Hinblick auf den Gesamtzustand und die Prognose des Patienten indiziert ist. [2]Er und der Betreuer erörtern diese Maßnahme unter Berücksichtigung des Patientenwillens als Grundlage für die nach § 1827 zu treffende Entscheidung.

(2) Bei der Feststellung des Patientenwillens nach § 1827 Absatz 1 oder der Behandlungswünsche oder des mutmaßlichen Willens nach § 1827 Absatz 2 soll nahen Angehörigen und sonstigen Vertrauenspersonen des Betreuten Gelegenheit zur Äußerung gegeben werden, sofern dies ohne erhebliche Verzögerung möglich ist.

(3) Die Absätze 1 und 2 gelten für Bevollmächtigte entsprechend.

§ 1829 Genehmigung des Betreuungsgerichts bei ärztlichen Maßnahmen

(1) [1]Die Einwilligung des Betreuers in eine Untersuchung des Gesundheitszustands, eine Heilbehandlung oder einen ärztlichen Eingriff bedarf der Genehmigung des Betreuungsgerichts, wenn die begründete Gefahr besteht, dass der Betreute aufgrund der Maßnahme stirbt oder einen schweren und länger dauernden gesundheitlichen Schaden erleidet. [2]Ohne die Genehmigung darf die Maßnahme nur durchgeführt werden, wenn mit dem Aufschub Gefahr verbunden ist.

(2) Die Nichteinwilligung oder der Widerruf der Einwilligung des Betreuers in eine Untersuchung des Gesundheitszustands, eine Heilbehandlung oder einen ärztlichen Eingriff bedarf der Genehmigung des Betreuungsgerichts, wenn die Maßnahme medizinisch angezeigt ist und die begründete Gefahr besteht, dass der Betreute aufgrund des Unterbleibens oder des Abbruchs der Maßnahme stirbt oder einen schweren und länger dauernden gesundheitlichen Schaden erleidet.

(3) Die Genehmigung nach den Absätzen 1 und 2 ist zu erteilen, wenn die Einwilligung, die Nichteinwilligung oder der Widerruf der Einwilligung dem Willen des Betreuten entspricht.

(4) Eine Genehmigung nach den Absätzen 1 und 2 ist nicht erforderlich, wenn zwischen Betreuer und behandelndem Arzt Einvernehmen darüber besteht, dass die Erteilung, die Nichterteilung oder der Widerruf der Einwilligung dem nach § 1827 festgestellten Willen des Betreuten entspricht.

(5) Die Absätze 1 bis 4 gelten nach Maßgabe des § 1820 Absatz 2 Nummer 1 für einen Bevollmächtigten entsprechend.

§ 1830 Sterilisation

(1) Die Einwilligung eines Sterilisationsbetreuers in eine Sterilisation des Betreuten, in die dieser nicht selbst einwilligen kann, ist nur zulässig, wenn

1. die Sterilisation dem natürlichen Willen des Betreuten entspricht,
2. der Betreute auf Dauer einwilligungsunfähig bleiben wird,
3. anzunehmen ist, dass es ohne die Sterilisation zu einer Schwangerschaft kommen würde,
4. infolge dieser Schwangerschaft eine Gefahr für das Leben oder die Gefahr einer schwerwiegenden Beeinträchtigung des körperlichen oder seelischen Gesundheitszustands der Schwangeren zu erwarten wäre, die nicht auf zumutbare Weise abgewendet werden könnte, und
5. die Schwangerschaft nicht durch andere zumutbare Mittel verhindert werden kann.

(2) [1]Die Einwilligung bedarf der Genehmigung des Betreuungsgerichts. [2]Die Sterilisation darf erst zwei Wochen nach Wirksamkeit der Genehmigung durchgeführt werden. [3]Bei der Sterilisation ist stets der Methode der Vorzug zu geben, die eine Refertilisierung zulässt.

§ 1831 Freiheitsentziehende Unterbringung und freiheitsentziehende Maßnahmen

(1) Eine Unterbringung des Betreuten durch den Betreuer, die mit Freiheitsentziehung verbunden ist, ist nur zulässig, solange sie erforderlich ist, weil

1. aufgrund einer psychischen Krankheit oder geistigen oder seelischen Behinderung des Betreuten die Gefahr besteht, dass er sich selbst tötet oder erheblichen gesundheitlichen Schaden zufügt, oder
2. zur Abwendung eines drohenden erheblichen gesundheitlichen Schadens eine Untersuchung des Gesundheitszustands, eine Heilbehandlung oder ein ärztlicher Eingriff notwendig ist, die Maßnahme ohne die Unterbringung des Betreuten nicht durchgeführt werden kann und der Betreute aufgrund einer psychischen Krankheit oder geistigen oder

seelischen Behinderung die Notwendigkeit der Unterbringung nicht erkennen oder nicht nach dieser Einsicht handeln kann.

(2) [1]Die Unterbringung ist nur mit Genehmigung des Betreuungsgerichts zulässig. [2]Ohne die Genehmigung ist die Unterbringung nur zulässig, wenn mit dem Aufschub Gefahr verbunden ist; die Genehmigung ist unverzüglich nachzuholen.

(3) [1]Der Betreuer hat die Unterbringung zu beenden, wenn ihre Voraussetzungen weggefallen sind. [2]Er hat die Beendigung der Unterbringung dem Betreuungsgericht unverzüglich anzuzeigen.

(4) Die Absätze 1 bis 3 gelten entsprechend, wenn dem Betreuten, der sich in einem Krankenhaus, einem Heim oder einer sonstigen Einrichtung aufhält, durch mechanische Vorrichtungen, Medikamente oder auf andere Weise über einen längeren Zeitraum oder regelmäßig die Freiheit entzogen werden soll.

(5) Die Absätze 1 bis 4 gelten nach Maßgabe des § 1820 Absatz 2 Nummer 2 für einen Bevollmächtigten entsprechend.

§ 1832 Ärztliche Zwangsmaßnahmen

(1) [1]Widerspricht eine Untersuchung des Gesundheitszustands, eine Heilbehandlung oder ein ärztlicher Eingriff dem natürlichen Willen des Betreuten (ärztliche Zwangsmaßnahme), so kann der Betreuer in die ärztliche Zwangsmaßnahme nur einwilligen, wenn

1. die ärztliche Zwangsmaßnahme notwendig ist, um einen drohenden erheblichen gesundheitlichen Schaden vom Betreuten abzuwenden,
2. der Betreute aufgrund einer psychischen Krankheit oder einer geistigen oder seelischen Behinderung die Notwendigkeit der ärztlichen Maßnahme nicht erkennen oder nicht nach dieser Einsicht handeln kann,
3. die ärztliche Zwangsmaßnahme dem nach § 1827 zu beachtenden Willen des Betreuten entspricht,
4. zuvor ernsthaft, mit dem nötigen Zeitaufwand und ohne Ausübung unzulässigen Drucks versucht wurde, den Betreuten von der Notwendigkeit der ärztlichen Maßnahme zu überzeugen,

5. der drohende erhebliche gesundheitliche Schaden durch keine andere den Betreuten weniger belastende Maßnahme abgewendet werden kann,
6. der zu erwartende Nutzen der ärztlichen Zwangsmaßnahme die zu erwartenden Beeinträchtigungen deutlich überwiegt und
7. die ärztliche Zwangsmaßnahme im Rahmen eines stationären Aufenthalts in einem Krankenhaus, in dem die gebotene medizinische Versorgung des Betreuten einschließlich einer erforderlichen Nachbehandlung sichergestellt ist, durchgeführt wird.

[2]§ 1867 ist nur anwendbar, wenn der Betreuer an der Erfüllung seiner Pflichten verhindert ist.

(2) Die Einwilligung in die ärztliche Zwangsmaßnahme bedarf der Genehmigung des Betreuungsgerichts.

(3) [1]Der Betreuer hat die Einwilligung in die ärztliche Zwangsmaßnahme zu widerrufen, wenn ihre Voraussetzungen weggefallen sind. [2]Er hat den Widerruf dem Betreuungsgericht unverzüglich anzuzeigen.

(4) Kommt eine ärztliche Zwangsmaßnahme in Betracht, so gilt für die Verbringung des Betreuten gegen seinen natürlichen Willen zu einem stationären Aufenthalt in ein Krankenhaus § 1831 Absatz 1 Nummer 2, Absatz 2 und 3 Satz 1 entsprechend.

(5) Die Absätze 1 bis 4 gelten nach Maßgabe des § 1820 Absatz 2 Nummer 3 für einen Bevollmächtigten entsprechend.

§ 1833 Aufgabe von Wohnraum des Betreuten

(1) [1]Eine Aufgabe von Wohnraum, der vom Betreuten selbst genutzt wird, durch den Betreuer ist nur nach Maßgabe des § 1821 Absatz 2 bis 4 zulässig. [2]Eine Gefährdung im Sinne des § 1821 Absatz 3 Nummer 1 liegt insbesondere dann vor, wenn eine Finanzierung des Wohnraums trotz Ausschöpfung aller dem Betreuten zur Verfügung stehenden Ressourcen nicht möglich ist oder eine häusliche Versorgung trotz umfassender Zuhilfenahme aller ambulanten Dienste zu einer erheblichen gesundheitlichen Gefährdung des Betreuten führen würde.

(2) [2]Beabsichtigt der Betreuer, vom Betreuten selbst genutzten Wohnraum aufzugeben, so hat er dies unter Angabe der Gründe und der Sichtweise

des Betreuten dem Betreuungsgericht unverzüglich anzuzeigen. [2]Ist mit einer Aufgabe des Wohnraums aus anderen Gründen zu rechnen, so hat der Betreuer auch dies sowie die von ihm beabsichtigten Maßnahmen dem Betreuungsgericht unverzüglich anzuzeigen, wenn sein Aufgabenkreis die entsprechende Angelegenheit umfasst.

(3) [1]Der Betreuer bedarf bei vom Betreuten selbst genutzten Wohnraum der Genehmigung des Betreuungsgerichts

1. zur Kündigung des Mietverhältnisses,
2. zu einer Willenserklärung, die auf die Aufhebung des Mietverhältnisses gerichtet ist,
3. zur Vermietung solchen Wohnraums und
4. zur Verfügung über ein Grundstück oder über ein Recht an einem Grundstück, sofern dies mit der Aufgabe des Wohnraums verbunden ist.

[2]Die §§ 1855 bis 1858 gelten entsprechend.

§ 1834 Bestimmung des Umgangs und des Aufenthalts des Betreuten

(1) Den Umgang des Betreuten mit anderen Personen darf der Betreuer mit Wirkung für und gegen Dritte nur bestimmen, wenn der Betreute dies wünscht oder ihm eine konkrete Gefährdung im Sinne des § 1821 Absatz 3 Nummer 1 droht.

(2) Die Bestimmung des Aufenthalts umfasst das Recht, den Aufenthalt des Betreuten auch mit Wirkung für und gegen Dritte zu bestimmen und, falls erforderlich, die Herausgabe des Betreuten zu verlangen.

(3) Über Streitigkeiten, die eine Angelegenheit nach Absatz 1 oder 2 betreffen, entscheidet das Betreuungsgericht auf Antrag.

Kapitel 3 Vermögensangelegenheiten
Unterkapitel 1 Allgemeine Vorschriften

§ 1835 Vermögensverzeichnis

(1) [1]Soweit die Verwaltung des Vermögens des Betreuten zum Aufgabenkreis des Betreuers gehört, hat er zum Zeitpunkt seiner Bestellung ein Verzeichnis über das Vermögen des Betreuten zu erstellen und dieses dem Betreuungsgericht mit der Versicherung der Richtigkeit und Vollständigkeit einzureichen. [2]Das Vermögensverzeichnis soll auch Angaben zu den regelmäßigen Einnahmen und Ausgaben des Betreuten enthalten. [3]Der Betreuer hat das Vermögensverzeichnis um dasjenige Vermögen zu ergänzen, das der Betreute später hinzuerwirbt. [4]Mehrere Betreuer haben das Vermögensverzeichnis gemeinsam zu erstellen, soweit sie das Vermögen gemeinsam verwalten.

(2) Der Betreuer hat seine Angaben im Vermögensverzeichnis in geeigneter Weise zu belegen.

(3) Soweit es für die ordnungsgemäße Erstellung des Vermögensverzeichnisses erforderlich und mit Rücksicht auf das Vermögen des Betreuten angemessen ist, kann der Betreuer die zuständige Betreuungsbehörde, einen zuständigen Beamten, einen Notar oder einen Sachverständigen zur Erstellung des Verzeichnisses hinzuziehen.

(4) [1]Bestehen nach den Umständen des Einzelfalls konkrete Anhaltspunkte dafür, dass die Kontrolle der Richtigkeit und Vollständigkeit des Vermögensverzeichnisses durch eine dritte Person zum Schutz des Vermögens des Betreuten oder zur Vermeidung von Rechtsstreitigkeiten erforderlich ist, kann das Betreuungsgericht eine dritte Person als Zeuge bei der Erstellung des Vermögensverzeichnisses, insbesondere bei einer Inaugenscheinnahme von Vermögensgegenständen, hinzuziehen. [2]Für die Erstattung der Aufwendungen der dritten Person sind die Vorschriften über die Entschädigung von Zeugen nach dem Justizvergütungs- und -entschädigungsgesetz anzuwenden. [3]Der Betreuer hat der dritten Person die Wahrnehmung ihrer Aufgaben zu ermöglichen. [4]Die dritte Person hat dem Betreuungsgericht über die Erstellung des Vermögensverzeichnisses und insbesondere das Ergebnis der Inaugenscheinnahme zu berichten.

(5) Ist das eingereichte Vermögensverzeichnis ungenügend, so kann das Betreuungsgericht anordnen, dass das Vermögensverzeichnis durch die zuständige Betreuungsbehörde oder einen Notar aufgenommen wird.

(6) Das Betreuungsgericht hat das Vermögensverzeichnis dem Betreuten zur Kenntnis zu geben, es sei denn, dadurch sind erhebliche Nachteile für dessen Gesundheit zu besorgen oder er ist offensichtlich nicht in der Lage, das Vermögensverzeichnis zur Kenntnis zu nehmen.

§ 1836 Trennungsgebot; Verwendung des Vermögens für den Betreuer

(1) [1]Der Betreuer hat das Vermögen des Betreuten getrennt von seinem eigenen Vermögen zu halten. [2]Dies gilt nicht für das bei Bestellung des Betreuers bestehende und das während der Betreuung hinzukommende gemeinschaftliche Vermögen des Betreuers und des Betreuten, wenn das Betreuungsgericht nichts anderes anordnet.

(2) [1]Der Betreuer darf das Vermögen des Betreuten nicht für sich verwenden. [2]Dies gilt nicht, wenn die Betreuung ehrenamtlich geführt wird und zwischen dem Betreuten und dem Betreuer eine Vereinbarung über die Verwendung getroffen wurde. [3]Verwendungen nach Satz 2 sind unter Darlegung der Vereinbarung dem Betreuungsgericht anzuzeigen.

(3) Absatz 2 Satz 1 gilt nicht für Haushaltsgegenstände und das Verfügungsgeld im Sinne des § 1839, wenn der Betreuer mit dem Betreuten einen gemeinsamen Haushalt führt oder geführt hat und die Verwendung dem Wunsch oder mutmaßlichen Willen des Betreuten entspricht.

§ 1837 Vermögensverwaltung durch den Betreuer bei Erbschaft und Schenkung

(1) Der Betreuer hat das Vermögen des Betreuten, das dieser von Todes wegen erwirbt, das ihm unentgeltlich durch Zuwendung auf den Todesfall oder unter Lebenden von einem Dritten zugewendet wird, nach den Anordnungen des Erblassers oder des Zuwendenden, soweit diese sich an den Betreuer richten, zu verwalten, wenn die Anordnungen von dem Erblasser durch letztwillige Verfügung oder von dem Dritten bei der Zuwendung getroffen worden sind.

(2) [1]Das Betreuungsgericht kann die Anordnungen des Erblassers oder des Zuwendenden aufheben, wenn ihre Befolgung das Vermögen des Betreuten erheblich gefährden würde. [2]Solange der Zuwendende lebt, ist zu einer Abweichung von den Anordnungen seine Zustimmung erforderlich und genügend. [3]Ist er zur Abgabe einer Erklärung dauerhaft außerstande oder ist sein Aufenthalt dauerhaft unbekannt, so kann das Betreuungsgericht unter Beachtung der Voraussetzungen von Satz 1 die Zustimmung ersetzen.

Unterkapitel 2 Verwaltung von Geld, Wertpapieren und Wertgegenständen

§ 1838 Pflichten des Betreuers in Vermögensangelegenheiten

(1) [1]Der Betreuer hat die Vermögensangelegenheiten des Betreuten nach Maßgabe des § 1821 wahrzunehmen. [2]Es wird vermutet, dass eine Wahrnehmung der Vermögensangelegenheiten nach den §§ 1839 bis 1843 dem mutmaßlichen Willen des Betreuten nach § 1821 Absatz 4 entspricht, wenn keine hinreichenden konkreten Anhaltspunkte für einen hiervon abweichenden mutmaßlichen Willen bestehen.

(2) [1]Soweit die nach Absatz 1 Satz 1 gebotene Wahrnehmung der Vermögensangelegenheiten von den in den §§ 1839 bis 1843 festgelegten Grundsätzen abweicht, hat der Betreuer dies dem Betreuungsgericht unverzüglich unter Darlegung der Wünsche des Betreuten anzuzeigen. [2]Das Betreuungsgericht kann die Anwendung der §§ 1839 bis 1843 oder einzelner Vorschriften ausdrücklich anordnen, wenn andernfalls eine Gefährdung im Sinne des § 1821 Absatz 3 Nummer 1 zu besorgen wäre.

§ 1839 Bereithaltung von Verfügungsgeld

(1) [1]Geld des Betreuten, das der Betreuer für dessen Ausgaben benötigt (Verfügungsgeld), hat er auf einem Girokonto des Betreuten bei einem Kreditinstitut bereitzuhalten. [2]Ausgenommen ist Bargeld im Sinne von § 1840 Absatz 2.

(2) Absatz 1 steht einer Bereithaltung von Verfügungsgeld auf einem gesonderten zur verzinslichen Anlage geeigneten Konto des Betreuten im Sinne von § 1841 Absatz 2 nicht entgegen.

§ 1840 Bargeldloser Zahlungsverkehr

(1) Der Betreuer hat den Zahlungsverkehr für den Betreuten bargeldlos unter Verwendung des gemäß § 1839 Absatz 1 Satz 1 zu unterhaltenden Girokontos durchzuführen.

(2) Von Absatz 1 sind ausgenommen

1. im Geschäftsverkehr übliche Barzahlungen und
2. Auszahlungen an den Betreuten.

§ 1841 Anlagepflicht

(1) Geld des Betreuten, das nicht für Ausgaben nach § 1839 benötigt wird, hat der Betreuer anzulegen (Anlagegeld).

(2) Der Betreuer soll das Anlagegeld auf einem zur verzinslichen Anlage geeigneten Konto des Betreuten bei einem Kreditinstitut (Anlagekonto) anlegen.

§ 1842 Voraussetzungen für das Kreditinstitut

Das Kreditinstitut muss bei Anlagen nach den §§ 1839 und 1841 Absatz 2 einer für die jeweilige Anlage ausreichenden Sicherungseinrichtung angehören.

§ 1843 Depotverwahrung und Hinterlegung von Wertpapieren

(1) Der Betreuer hat Wertpapiere des Betreuten im Sinne des § 1 Absatz 1 und 2 des Depotgesetzes bei einem Kreditinstitut in Einzel- oder Sammelverwahrung verwahren zu lassen.

(2) Sonstige Wertpapiere des Betreuten hat der Betreuer in einem Schließfach eines Kreditinstituts zu hinterlegen.

(3) Die Pflicht zur Depotverwahrung oder zur Hinterlegung besteht nicht, wenn diese nach den Umständen des Einzelfalls unter Berücksichtigung der Art der Wertpapiere zur Sicherung des Vermögens des Betreuten nicht geboten ist.

§ 1844 Hinterlegung von Wertgegenständen auf Anordnung des Betreuungsgerichts

Das Betreuungsgericht kann anordnen, dass der Betreuer Wertgegenstände des Betreuten bei einer Hinterlegungsstelle oder einer anderen geeigneten Stelle hinterlegt, wenn dies zur Sicherung des Vermögens des Betreuten geboten ist.

§ 1845 Sperrvereinbarung

(1) [1]Für Geldanlagen des Betreuten im Sinne von § 1841 Absatz 2 hat der Betreuer mit dem Kreditinstitut zu vereinbaren, dass er über die Anlage nur mit Genehmigung des Betreuungsgerichts verfügen kann. [2]Anlagen von Verfügungsgeld gemäß § 1839 Absatz 2 bleiben unberührt.

(2) [1]Für Wertpapiere im Sinne von § 1843 Absatz 1 hat der Betreuer mit dem Verwahrer zu vereinbaren, dass er über die Wertpapiere und die Rechte aus dem Depotvertrag mit Ausnahme von Zinsen und Ausschüttungen nur mit Genehmigung des Betreuungsgerichts verfügen kann. [2]Der Betreuer hat mit dem Kreditinstitut zu vereinbaren, dass er die Öffnung des Schließfachs für Wertpapiere im Sinne des § 1843 Absatz 2 und die Herausgabe von nach § 1844 hinterlegten Wertgegenständen nur mit Genehmigung des Betreuungsgerichts verlangen kann.

(3) [1]Die Absätze 1 und 2 sind entsprechend anzuwenden, wenn ein Anlagekonto, ein Depot oder eine Hinterlegung des Betreuten bei der Bestellung des Betreuers unversperrt ist. [2]Der Betreuer hat dem Betreuungsgericht die Sperrvereinbarung anzuzeigen.

Unterkapitel 3 Anzeigepflichten

§ 1846 Anzeigepflichten bei der Geld- und Vermögensverwaltung

(1) Der Betreuer hat dem Betreuungsgericht unverzüglich anzuzeigen, wenn er

1. ein Girokonto für den Betreuten eröffnet,
2. ein Anlagekonto für den Betreuten eröffnet,
3. ein Depot eröffnet oder Wertpapiere des Betreuten hinterlegt,
4. Wertpapiere des Betreuten gemäß § 1843 Absatz 3 nicht in einem Depot verwahrt oder hinterlegt.

(2) Die Anzeige hat insbesondere Angaben zu enthalten

1. zur Höhe des Guthabens auf dem Girokonto nach Absatz 1 Nummer 1,
2. zu Höhe und Verzinsung der Anlage gemäß Absatz 1 Nummer 2 sowie ihrer Bestimmung als Anlage- oder Verfügungsgeld,
3. zu Art, Umfang und Wert der depotverwahrten oder hinterlegten Wertpapiere gemäß Absatz 1 Nummer 3 sowie zu den sich aus ihnen ergebenden Aufwendungen und Nutzungen,
4. zu den Gründen, aus denen der Betreuer die Depotverwahrung oder Hinterlegung gemäß Absatz 1 Nummer 4 für nicht geboten erachtet, und wie die Wertpapiere verwahrt werden sollen,
5. zur Sperrvereinbarung.

§ 1847 Anzeigepflicht für Erwerbsgeschäfte

Der Betreuer hat Beginn, Art und Umfang eines neuen Erwerbsgeschäfts im Namen des Betreuten und die Aufgabe eines bestehenden Erwerbsgeschäfts des Betreuten beim Betreuungsgericht anzuzeigen.

Unterkapitel 4 Genehmigungsbedürftige Rechtsgeschäfte

§ 1848 Genehmigung einer anderen Anlegung von Geld

Der Betreuer bedarf der Genehmigung des Betreuungsgerichts, wenn er Anlagegeld anders als auf einem Anlagekonto gemäß § 1841 Absatz 2 anlegt.

§ 1849 Genehmigung bei Verfügung über Rechte und Wertpapiere

(1) [1]Der Betreuer bedarf der Genehmigung des Betreuungsgerichts zu einer Verfügung über

1. ein Recht, kraft dessen der Betreute eine Geldleistung oder die Leistung eines Wertpapiers verlangen kann,
2. ein Wertpapier des Betreuten,
3. einen hinterlegten Wertgegenstand des Betreuten.

[2]Das gleiche gilt für die Eingehung der Verpflichtung zu einer solchen Verfügung.

(2) [1]Einer Genehmigung bedarf es nicht,

1. im Fall einer Geldleistung nach Absatz 1 Satz 1 Nummer 1, wenn der aus dem Recht folgende Zahlungsanspruch
   a) nicht mehr als 3.000 Euro beträgt,
   b) das Guthaben auf einem Girokonto des Betreuten betrifft,
   c) das Guthaben auf einem vom Betreuer für Verfügungsgeld ohne Sperrvereinbarung eröffneten Anlagekonto betrifft,
   d) zu den Nutzungen des Vermögens des Betreuten gehört oder
   e) auf Nebenleistungen gerichtet ist,
2. im Fall von Absatz 1 Satz 1 Nummer 2, wenn die Verfügung über das Wertpapier
   a) eine Nutzung des Vermögens des Betreuten darstellt,
   b) eine Umschreibung des Wertpapiers auf den Namen des Betreuten darstellt,
3. im Fall einer Verfügung nach Absatz 1 Satz 1, wenn die Eingehung der Verpflichtung zu einer solchen Verfügung bereits durch das Betreuungsgericht genehmigt worden ist.

[2]Satz 1 Nummer 2 gilt entsprechend für die Eingehung einer Verpflichtung zu einer solchen Verfügung.

(3) [1]Absatz 2 Nummer 1 Buchstabe a ist nicht anzuwenden auf eine Verfügung über einen sich aus einer Geldanlage ergebenden Zahlungsanspruch, soweit er einer Sperrvereinbarung unterliegt, sowie über den sich aus der Einlösung eines Wertpapiers ergebenden Zahlungsanspruch. [2]Absatz 2 Nummer 1 Buchstabe d ist nicht anzuwenden auf eine Verfügung über einen Zahlungsanspruch, der einer Sperrvereinbarung unterliegt und eine Kapitalnutzung betrifft.

(4) Die vorstehenden Absätze gelten entsprechend für die Annahme der Leistung.

§ 1850 Genehmigung für Rechtsgeschäfte über Grundstücke und Schiffe

Der Betreuer bedarf der Genehmigung des Betreuungsgerichts

1. zur Verfügung über ein Grundstück oder über ein Recht an einem Grundstück, sofern die Genehmigung nicht bereits nach § 1833 Absatz 3 Satz 1 Nummer 4 erforderlich ist,
2. zur Verfügung über eine Forderung, die auf Übertragung des Eigentums an einem Grundstück, auf Begründung oder Übertragung eines Rechts an einem Grundstück oder auf Befreiung eines Grundstücks von einem solchen Recht gerichtet ist,
3. zur Verfügung über ein eingetragenes Schiff oder Schiffsbauwerk oder über eine Forderung, die auf Übertragung des Eigentums an einem eingetragenen Schiff oder Schiffsbauwerk gerichtet ist,
4. zu einem Rechtsgeschäft, durch das der Betreute unentgeltlich Wohnungs- oder Teileigentum erwirbt,
5. zur Eingehung einer Verpflichtung zu einer der in den Nummern 1 bis 3 bezeichneten Verfügungen oder des in Nummer 4 bezeichneten Erwerbs sowie
6. zu einem Rechtsgeschäft, durch das der Betreute zum entgeltlichen Erwerb eines Grundstücks, eines eingetragenen Schiffes oder Schiffsbauwerks oder eines Rechts an einem Grundstück verpflichtet wird, sowie zur Verpflichtung zum entgeltlichen Erwerb einer Forderung auf Übertragung des Eigentums an einem Grundstück, an einem eingetra-

genen Schiff oder Schiffsbauwerk oder auf Übertragung eines Rechts an einem Grundstück.

§ 1851 Genehmigung für erbrechtliche Rechtsgeschäfte

Der Betreuer bedarf der Genehmigung des Betreuungsgerichts

1. zur Ausschlagung einer Erbschaft oder eines Vermächtnisses, zum Verzicht auf die Geltendmachung eines Vermächtnisses oder Pflichtteilsanspruchs sowie zu einem Auseinandersetzungsvertrag,
2. zu einem Rechtsgeschäft, durch das der Betreute zu einer Verfügung über eine ihm angefallene Erbschaft, über seinen künftigen gesetzlichen Erbteil oder seinen künftigen Pflichtteil verpflichtet wird,
3. zu einer Verfügung über den Anteil des Betreuten an einer Erbschaft oder zu einer Vereinbarung, mit der der Betreute aus der Erbengemeinschaft ausscheidet,
4. zu einer Anfechtung eines Erbvertrags für den geschäftsunfähigen Betreuten als Erblasser gemäß § 2282 Absatz 2,
5. zum Abschluss eines Vertrags mit dem Erblasser über die Aufhebung eines Erbvertrags oder einer einzelnen vertragsmäßigen Verfügung gemäß § 2290,
6. zu einer Zustimmung zur testamentarischen Aufhebung einer in einem Erbvertrag mit dem Erblasser geregelten vertragsmäßigen Anordnung eines Vermächtnisses, einer Auflage sowie einer Rechtswahl gemäß § 2291,
7. zur Aufhebung eines zwischen Ehegatten oder Lebenspartnern geschlossenen Erbvertrags durch gemeinschaftliches Testament der Ehegatten oder Lebenspartner gemäß § 2292,
8. zu einer Rücknahme eines mit dem Erblasser geschlossenen Erbvertrags, der nur Verfügungen von Todes wegen enthält, aus der amtlichen oder notariellen Verwahrung gemäß § 2300 Absatz 2,
9. zum Abschluss oder zur Aufhebung eines Erb- oder Pflichtteilsverzichtsvertrags gemäß den §§ 2346, 2351 sowie zum Abschluss eines Zuwendungsverzichtsvertrags gemäß § 2352.

§ 1852 Genehmigung für handels- und gesellschaftsrechtliche Rechtsgeschäfte

Der Betreuer bedarf der Genehmigung des Betreuungsgerichts

1. zu einer Verfügung und zur Eingehung der Verpflichtung zu einer solchen Verfügung, durch die der Betreute
   a) ein Erwerbsgeschäft oder
   b) einen Anteil an einer Personen- oder Kapitalgesellschaft, die ein Erwerbsgeschäft betreibt, erwirbt oder veräußert,
2. zu einem Gesellschaftsvertrag, der zum Betrieb eines Erwerbsgeschäfts eingegangen wird, und
3. zur Erteilung einer Prokura.

§ 1853 Genehmigung bei Verträgen über wiederkehrende Leistungen

[1]Der Betreuer bedarf der Genehmigung des Betreuungsgerichts

1. zum Abschluss eines Miet- oder Pachtvertrags oder zu einem anderen Vertrag, durch den der Betreute zu wiederkehrenden Leistungen verpflichtet wird, wenn das Vertragsverhältnis länger als vier Jahre dauern soll, und
2. zu einem Pachtvertrag über einen gewerblichen oder land- oder forstwirtschaftlichen Betrieb.

[2]Satz 1 Nummer 1 gilt nicht, wenn der Betreute das Vertragsverhältnis ohne eigene Nachteile vorzeitig kündigen kann.

§ 1854 Genehmigung für sonstige Rechtsgeschäfte

Der Betreuer bedarf der Genehmigung des Betreuungsgerichts

1. zu einem Rechtsgeschäft, durch das der Betreute zu einer Verfügung über sein Vermögen im Ganzen verpflichtet wird,
2. zur Aufnahme von Geld auf den Kredit des Betreuten mit Ausnahme einer eingeräumten Überziehungsmöglichkeit für das auf einem Girokonto des Betreuten bei einem Kreditinstitut bereitzuhaltende Verfügungsgeld (§ 1839 Absatz 1),
3. zur Ausstellung einer Schuldverschreibung auf den Inhaber oder zur Eingehung einer Verbindlichkeit aus einem Wechsel oder einem anderen Papier, das durch Indossament übertragen werden kann,

4. zu einem Rechtsgeschäft, das auf Übernahme einer fremden Verbindlichkeit gerichtet ist,
5. zur Eingehung einer Bürgschaft,
6. zu einem Vergleich oder einer auf ein Schiedsverfahren gerichteten Vereinbarung, es sei denn, dass der Gegenstand des Streites oder der Ungewissheit in Geld schätzbar ist und den Wert von 6.000 Euro nicht übersteigt oder der Vergleich einem schriftlichen oder protokollierten gerichtlichen Vergleichsvorschlag entspricht,
7. zu einem Rechtsgeschäft, durch das die für eine Forderung des Betreuten bestehende Sicherheit aufgehoben oder gemindert oder die Verpflichtung dazu begründet wird, und
8. zu einer Schenkung oder unentgeltlichen Zuwendung, es sei denn, diese ist nach den Lebensverhältnissen des Betreuten angemessen oder als Gelegenheitsgeschenk üblich.

Unterkapitel 5 Genehmigungserklärung

§ 1855 Erklärung der Genehmigung

Das Betreuungsgericht kann die Genehmigung zu einem Rechtsgeschäft nur dem Betreuer gegenüber erklären.

§ 1856 Nachträgliche Genehmigung

(1) [1]Schließt der Betreuer einen Vertrag ohne die erforderliche Genehmigung des Betreuungsgerichts, so hängt die Wirksamkeit des Vertrags von der nachträglichen Genehmigung des Betreuungsgerichts ab. [2]Die Genehmigung sowie deren Verweigerung wird dem anderen Teil gegenüber erst wirksam, wenn ihm die wirksam gewordene Genehmigung oder Verweigerung durch den Betreuer mitgeteilt wird.

(2) Fordert der andere Teil den Betreuer zur Mitteilung darüber auf, ob die Genehmigung erteilt sei, so kann die Mitteilung der Genehmigung nur bis zum Ablauf des zweiten Monats nach dem Empfang der Aufforderung erfolgen; wird die Genehmigung nicht mitgeteilt, so gilt sie als verweigert.

(3) Soweit die Betreuung aufgehoben oder beendet ist, tritt die Genehmigung des Betreuten an die Stelle der Genehmigung des Betreuungsgerichts.

§ 1857 Widerrufsrecht des Vertragspartners

Hat der Betreuer dem anderen Teil gegenüber wahrheitswidrig die Genehmigung des Betreuungsgerichts behauptet, so ist der andere Teil bis zur Mitteilung der nachträglichen Genehmigung des Betreuungsgerichts zum Widerruf berechtigt, es sei denn, dass ihm das Fehlen der Genehmigung bei dem Abschluss des Vertrags bekannt war.

§ 1858 Einseitiges Rechtsgeschäft

(1) Ein einseitiges Rechtsgeschäft, das der Betreuer ohne die erforderliche Genehmigung des Betreuungsgerichts vornimmt, ist unwirksam.

(2) Nimmt der Betreuer mit Genehmigung des Betreuungsgerichts ein einseitiges Rechtsgeschäft einem anderen gegenüber vor, so ist das Rechtsgeschäft unwirksam, wenn der Betreuer die Genehmigung nicht vorlegt und der andere das Rechtsgeschäft aus diesem Grunde unverzüglich zurückweist.

(3) [1]Nimmt der Betreuer ein einseitiges Rechtsgeschäft gegenüber einem Gericht oder einer Behörde ohne die erforderliche Genehmigung des Betreuungsgerichts vor, so hängt die Wirksamkeit des Rechtsgeschäfts von der nachträglichen Genehmigung des Betreuungsgerichts ab. [2]Das Rechtsgeschäft wird mit Rechtskraft der Genehmigung wirksam. [3]Der Ablauf einer gesetzlichen Frist wird während der Dauer des Genehmigungsverfahrens gehemmt. [4]Die Hemmung endet mit Rechtskraft des Beschlusses über die Erteilung der Genehmigung. [5]Das Betreuungsgericht teilt dem Gericht oder der Behörde nach Rechtskraft des Beschlusses die Erteilung oder Versagung der Genehmigung mit.

Unterkapitel 6 Befreiungen

§ 1859 Gesetzliche Befreiungen

(1) [1]Befreite Betreuer sind entbunden

1. von der Pflicht zur Sperrvereinbarung nach § 1845,
2. von den Beschränkungen nach § 1849 Absatz 1 Satz 1 Nummer 1 und 2, Satz 2 und
3. von der Pflicht zur Rechnungslegung nach § 1865.

[2]Sie haben dem Betreuungsgericht jährlich eine Übersicht über den Bestand des ihrer Verwaltung unterliegenden Vermögens des Betreuten (Vermögensübersicht) einzureichen. [3]Das Betreuungsgericht kann anordnen, dass die Vermögensübersicht in längeren, höchstens fünfjährigen Zeiträumen einzureichen ist.

(2) [1]Befreite Betreuer sind

1. Verwandte in gerader Linie,
2. Geschwister,
3. Ehegatten,
4. der Betreuungsverein oder ein Vereinsbetreuer,
5. die Betreuungsbehörde oder ein Behördenbetreuer.

[2]Das Betreuungsgericht kann andere als die in Satz 1 genannten Betreuer von den in Absatz 1 Satz 1 genannten Pflichten befreien, wenn der Betreute dies vor der Bestellung des Betreuers schriftlich verfügt hat. [3]Dies gilt nicht, wenn der Betreute erkennbar an diesem Wunsch nicht festhalten will.

(3) Das Betreuungsgericht hat die Befreiungen aufzuheben, wenn bei ihrer Fortgeltung eine Gefährdung im Sinne des § 1821 Absatz 3 Nummer 1 zu besorgen wäre.

§ 1860 Befreiungen auf Anordnung des Gerichts

(1) Das Betreuungsgericht kann den Betreuer auf dessen Antrag von den Beschränkungen nach den §§ 1841, 1845, 1848 und 1849 Absatz 1 Satz 1 Nummer 1 und 2 sowie Satz 2 ganz oder teilweise befreien, wenn der Wert des Vermögens des Betreuten ohne Berücksichtigung von Immobilien und Verbindlichkeiten 6.000 Euro nicht übersteigt.

(2) Das Betreuungsgericht kann den Betreuer auf dessen Antrag von den Beschränkungen nach den §§ 1848, 1849 Absatz 1 Satz 1 Nummer 1 und 2 sowie Satz 2 und nach § 1854 Nummer 2 bis 5 befreien, soweit mit der Vermögensverwaltung der Betrieb eines Erwerbsgeschäfts verbunden ist oder besondere Gründe der Vermögensverwaltung dies erfordern.

(3) Das Betreuungsgericht kann den Betreuer auf dessen Antrag von den Beschränkungen nach § 1845 Absatz 2, den §§ 1848 und 1849 Absatz 1 Satz 1 Nummer 1 und 2 sowie Satz 2 befreien, wenn ein Wertpapierdepot des Betreuten häufige Wertpapiergeschäfte erfordert und der Betreuer über hinreichende Kapitalmarktkenntnis und Erfahrung verfügt.

(4) Eine Befreiung gemäß den Absätzen 1 bis 3 kann das Betreuungsgericht nur anordnen, wenn eine Gefährdung im Sinne des § 1821 Absatz 3 Nummer 1 nicht zu besorgen ist.

(5) Das Betreuungsgericht hat eine Befreiung aufzuheben, wenn ihre Voraussetzungen nicht mehr vorliegen.

Untertitel 3 Beratung und Aufsicht durch das Betreuungsgericht

§ 1861 Beratung; Verpflichtung des Betreuers

(1) Das Betreuungsgericht berät den Betreuer über dessen Rechte und Pflichten bei der Wahrnehmung seiner Aufgaben.

(2) [1]Der ehrenamtliche Betreuer wird alsbald nach seiner Bestellung mündlich verpflichtet, über seine Aufgaben unterrichtet und auf Beratungs- und Unterstützungsangebote hingewiesen. [2]Das gilt nicht für solche ehrenamtlichen Betreuer, die mehr als eine Betreuung führen oder in den letzten zwei Jahren geführt haben.

§ 1862 Aufsicht durch das Betreuungsgericht

(1) [1]Das Betreuungsgericht führt über die gesamte Tätigkeit des Betreuers die Aufsicht. [2]Es hat dabei auf die Einhaltung der Pflichten des Betreuers zu achten und insbesondere bei Anordnungen nach Absatz 3, der Erteilung

von Genehmigungen und einstweiligen Maßnahmen nach § 1867 den in § 1821 Absatz 2 bis 4 festgelegten Maßstab zu beachten.

(2) Das Betreuungsgericht hat den Betreuten persönlich anzuhören, wenn Anhaltspunkte dafür bestehen, dass der Betreuer pflichtwidrig den Wünschen des Betreuten nicht oder nicht in geeigneter Weise entspricht oder seinen Pflichten gegenüber dem Betreuten in anderer Weise nicht nachkommt, es sei denn, die persönliche Anhörung ist nicht geeignet oder nicht erforderlich, um die Pflichtwidrigkeit aufzuklären.

(3) [1]Das Betreuungsgericht hat gegen Pflichtwidrigkeiten des Betreuers durch geeignete Gebote und Verbote einzuschreiten. [2]Zur Befolgung seiner Anordnungen kann es den Betreuer durch die Festsetzung von Zwangsgeld anhalten. [3]Gegen die Betreuungsbehörde, einen Behördenbetreuer oder einen Betreuungsverein wird kein Zwangsgeld festgesetzt.

(4) Durch Landesrecht kann bestimmt werden, dass Vorschriften, welche die Aufsicht des Betreuungsgerichts in vermögensrechtlicher Hinsicht sowie beim Abschluss von Ausbildungs-, Dienst- oder Arbeitsverträgen betreffen, gegenüber der Betreuungsbehörde außer Anwendung bleiben.

§ 1863 Berichte über die persönlichen Verhältnisse des Betreuten

(1) [1]Mit Übernahme der Betreuung hat der Betreuer einen Bericht über die persönlichen Verhältnisse (Anfangsbericht) zu erstellen. [2]Der Anfangsbericht hat insbesondere Angaben zu folgenden Sachverhalten zu enthalten:

1. persönliche Situation des Betreuten,
2. Ziele der Betreuung, bereits durchgeführte und beabsichtigte Maßnahmen, insbesondere im Hinblick auf § 1821 Absatz 6, und
3. Wünsche des Betreuten hinsichtlich der Betreuung.

[3]Sofern ein Vermögensverzeichnis gemäß § 1835 zu erstellen ist, ist dieses dem Anfangsbericht beizufügen. [4]Der Anfangsbericht soll dem Betreuungsgericht innerhalb von drei Monaten nach Bestellung des Betreuers übersandt werden. [5]Das Betreuungsgericht kann den Anfangsbericht mit dem Betreuten und dem Betreuer in einem persönlichen Gespräch erörtern.

(2) [1]Absatz 1 gilt nicht, wenn die Betreuung ehrenamtlich von einer Person mit einer familiären Beziehung oder persönlichen Bindung zum Betreuten geführt wird. [2]In diesem Fall führt das Betreuungsgericht mit dem Betreuten

auf dessen Wunsch oder in anderen geeigneten Fällen ein Anfangsgespräch zur Ermittlung der Sachverhalte nach Absatz 1 Satz 2. [3]Der ehrenamtliche Betreuer soll an dem Gespräch teilnehmen. [4]Die Pflicht zur Erstellung eines Vermögensverzeichnisses gemäß § 1835 bleibt unberührt.

(3) [1]Der Betreuer hat dem Betreuungsgericht über die persönlichen Verhältnisse des Betreuten mindestens einmal jährlich zu berichten (Jahresbericht). [2]Er hat den Jahresbericht mit dem Betreuten zu besprechen, es sei denn, davon sind erhebliche Nachteile für die Gesundheit des Betreuten zu besorgen oder dieser ist offensichtlich nicht in der Lage, den Inhalt des Jahresberichts zur Kenntnis zu nehmen. [3]Der Jahresbericht hat insbesondere Angaben zu folgenden Sachverhalten zu enthalten:

1. Art, Umfang und Anlass der persönlichen Kontakte zum Betreuten und der persönliche Eindruck vom Betreuten,
2. Umsetzung der bisherigen Betreuungsziele und Darstellung der bereits durchgeführten und beabsichtigten Maßnahmen, insbesondere solcher gegen den Willen des Betreuten,
3. Gründe für die weitere Erforderlichkeit der Betreuung und des Einwilligungsvorbehalts, insbesondere auch hinsichtlich des Umfangs,
4. bei einer beruflich geführten Betreuung die Mitteilung, ob die Betreuung zukünftig ehrenamtlich geführt werden kann, und
5. die Sichtweise des Betreuten zu den Sachverhalten nach den Nummern 1 bis 4.

(4) [1]Nach Beendigung der Betreuung hat der Betreuer einen abschließenden Bericht (Schlussbericht) zu erstellen, in dem die seit dem letzten Jahresbericht eingetretenen Änderungen der persönlichen Verhältnisse mitzuteilen sind. [2]Der Schlussbericht ist dem Betreuungsgericht zu übersenden. [3]Er hat Angaben zur Herausgabe des der Verwaltung des Betreuers unterliegenden Vermögens des Betreuten und aller im Rahmen der Betreuung erlangten Unterlagen zu enthalten.

§ 1864 Auskunfts- und Mitteilungspflichten des Betreuers

(1) Der Betreuer hat dem Betreuungsgericht auf dessen Verlangen jederzeit über die Führung der Betreuung und über die persönlichen und wirtschaftlichen Verhältnisse des Betreuten Auskunft zu erteilen.

(2) Der Betreuer hat dem Betreuungsgericht wesentliche Änderungen der persönlichen und wirtschaftlichen Verhältnisse des Betreuten unverzüglich mitzuteilen. Dies gilt auch für solche Umstände,

1. die eine Aufhebung der Betreuung oder des Einwilligungsvorbehalts ermöglichen,
2. die eine Einschränkung des Aufgabenkreises des Betreuers ermöglichen,
3. die die Erweiterung des Aufgabenkreises des Betreuers erfordern,
4. die die Bestellung eines weiteren Betreuers erfordern,
5. die die Anordnung eines Einwilligungsvorbehalts erfordern und
6. aus denen sich bei einer beruflich geführten Betreuung ergibt, dass die Betreuung zukünftig ehrenamtlich geführt werden kann.

§ 1865 Rechnungslegung

(1) Der Betreuer hat dem Betreuungsgericht über die Vermögensverwaltung Rechnung zu legen, soweit sein Aufgabenkreis die Vermögensverwaltung umfasst.

(2) [1]Die Rechnung ist jährlich zu legen. [2]Das Rechnungsjahr wird vom Betreuungsgericht bestimmt.

(3) [1]Die Rechnung soll eine geordnete Zusammenstellung der Einnahmen und Ausgaben enthalten und über den Ab- und Zugang des vom Betreuer verwalteten Vermögens Auskunft geben. [2]Das Betreuungsgericht kann Einzelheiten zur Erstellung der geordneten Zusammenstellung nach Satz 1 bestimmen. [3]Es kann in geeigneten Fällen auf die Vorlage von Belegen verzichten. [4]Verwaltet der Betreute im Rahmen des dem Betreuer übertragenen Aufgabenkreises einen Teil seines Vermögens selbst, so hat der Betreuer dies dem Betreuungsgericht mitzuteilen. [5]Der Betreuer hat die Richtigkeit dieser Mitteilung durch eine Erklärung des Betreuten nachzuweisen oder, falls eine solche nicht beigebracht werden kann, die Richtigkeit an Eides statt zu versichern.

(4) [1]Wird vom Betreuten ein Erwerbsgeschäft mit kaufmännischer Buchführung betrieben, so genügt als Rechnung ein aus den Büchern gezogener Jahresabschluss. [2]Das Betreuungsgericht kann Vorlage der Bücher und sonstigen Belege verlangen.

§ 1866 Prüfung der Rechnung durch das Betreuungsgericht

(1) Das Betreuungsgericht hat die Rechnung sachlich und rechnerisch zu prüfen und, soweit erforderlich, ihre Berichtigung und Ergänzung durch den Betreuer herbeizuführen.

(2) [1]Die Möglichkeit der Geltendmachung streitig gebliebener Ansprüche zwischen Betreuer und Betreutem im Rechtsweg bleibt unberührt. [2]Die Ansprüche können schon vor der Beendigung der Betreuung geltend gemacht werden.

§ 1867 Einstweilige Maßnahmen des Betreuungsgerichts

Bestehen dringende Gründe für die Annahme, dass die Voraussetzungen für die Bestellung eines Betreuers gegeben sind, und konnte ein Betreuer noch nicht bestellt werden oder ist der Betreuer an der Erfüllung seiner Pflichten gehindert, so hat das Betreuungsgericht die dringend erforderlichen Maßnahmen zu treffen.

Untertitel 4 Beendigung, Aufhebung oder Änderung von Betreuung und Einwilligungsvorbehalt

§ 1868 Entlassung des Betreuers

(1) [1]Das Betreuungsgericht hat den Betreuer zu entlassen, wenn dessen Eignung, die Angelegenheiten des Betreuten zu besorgen, nicht oder nicht mehr gewährleistet ist oder ein anderer wichtiger Grund für die Entlassung vorliegt. [2]Ein wichtiger Grund liegt auch vor, wenn der Betreuer eine erforderliche Abrechnung vorsätzlich falsch erteilt oder den erforderlichen persönlichen Kontakt zum Betreuten nicht gehalten hat.

(2) Das Betreuungsgericht hat den beruflichen Betreuer zu entlassen, wenn dessen Registrierung nach § 27 Absatz 1 und 2 des Betreuungsorganisationsgesetzes widerrufen oder zurückgenommen wurde.

(3) Das Betreuungsgericht soll den beruflichen Betreuer, den Betreuungsverein, den Behördenbetreuer oder die Betreuungsbehörde entlassen, wenn der Betreute zukünftig ehrenamtlich betreut werden kann.

(4) Das Betreuungsgericht entlässt den Betreuer auf dessen Verlangen, wenn nach dessen Bestellung Umstände eingetreten sind, aufgrund derer ihm die Führung der Betreuung nicht mehr zugemutet werden kann.

(5) Das Betreuungsgericht kann den Betreuer entlassen, wenn der Betreute eine mindestens gleich geeignete Person, die zur Übernahme der Betreuung bereit ist, als neuen Betreuer vorschlägt.

(6) [1]Der Vereinsbetreuer ist auch dann zu entlassen, wenn der Betreuungsverein dies beantragt. [2]Wünscht der Betreute die Fortführung der Betreuung durch den bisherigen Vereinsbetreuer, so kann das Betreuungsgericht statt der Entlassung des Vereinsbetreuers mit dessen Einverständnis feststellen, dass dieser die Betreuung künftig als Privatperson weiterführt. [3]Die Sätze 1 und 2 gelten für den Behördenbetreuer entsprechend.

(7) [1]Der Betreuungsverein oder die Betreuungsbehörde ist als Betreuer zu entlassen, sobald der Betreute durch eine oder mehrere natürliche Personen hinreichend betreut werden kann. [2]Dies gilt für den Betreuungsverein nicht, wenn der Wunsch des Betreuten dem entgegensteht.

§ 1869 Bestellung eines neuen Betreuers

Mit der Entlassung des Betreuers oder nach dessen Tod ist ein neuer Betreuer zu bestellen.

§ 1870 Ende der Betreuung

Die Betreuung endet mit der Aufhebung der Betreuung durch das Betreuungsgericht oder mit dem Tod des Betreuten.

§ 1871 Aufhebung oder Änderung von Betreuung und Einwilligungsvorbehalt

(1) [1]Die Betreuung ist aufzuheben, wenn ihre Voraussetzungen wegfallen. [2]Fallen die Voraussetzungen nur für einen Teil der Aufgabenbereiche des Betreuers weg, so ist dessen Aufgabenkreis einzuschränken.

(2) [1]Ist der Betreuer auf Antrag des Betreuten bestellt, so ist die Betreuung auf dessen Antrag wieder aufzuheben, es sei denn, die Aufrechterhaltung der Betreuung ist auch unter Berücksichtigung von § 1814 Absatz 2 erfor-

derlich. [2]Dies gilt für die Einschränkung des Aufgabenkreises des Betreuers entsprechend.

(3) [1]Der Aufgabenkreis des Betreuers ist zu erweitern, wenn dies erforderlich wird. [2]Die Vorschriften über die Bestellung des Betreuers gelten hierfür entsprechend.

(4) Für den Einwilligungsvorbehalt gelten die Absätze 1 und 3 entsprechend.

§ 1872 Herausgabe von Vermögen und Unterlagen; Schlussrechnungslegung

(1) Endet die Betreuung, hat der Betreuer das seiner Verwaltung unterliegende Vermögen und alle im Rahmen der Betreuung erlangten Unterlagen an den Betreuten, dessen Erben oder sonstigen Berechtigten herauszugeben.

(2) [1]Eine Schlussrechnung über die Vermögensverwaltung hat der Betreuer nur zu erstellen, wenn der Berechtigte nach Absatz 1 dies verlangt. [2]Auf dieses Recht ist der Berechtigte durch den Betreuer vor Herausgabe der Unterlagen hinzuweisen. [3]Die Frist zur Geltendmachung des Anspruchs beträgt sechs Wochen nach Zugang des Hinweises. [4]Der Berechtigte hat dem Betreuungsgericht sein Verlangen gegenüber dem Betreuer mitzuteilen.

(3) Ist der Betreute sechs Monate nach Ende der Betreuung unbekannten Aufenthalts oder sind dessen Erben nach Ablauf dieser Frist unbekannt oder unbekannten Aufenthalts und ist auch kein sonstiger Berechtigter vorhanden, hat der Betreuer abweichend von Absatz 2 eine Schlussrechnung zu erstellen.

(4) [1]Bei einem Wechsel des Betreuers hat der bisherige Betreuer das seiner Verwaltung unterliegende Vermögen und alle im Rahmen der Betreuung erlangten Unterlagen an den neuen Betreuer herauszugeben. [2]Über die Verwaltung seit der letzten beim Betreuungsgericht eingereichten Rechnungslegung hat er Rechenschaft durch eine Schlussrechnung abzulegen.

(5) [1]War der Betreuer bei Beendigung seines Amtes gemäß § 1859 befreit, genügt zur Erfüllung der Verpflichtungen aus den Absätzen 2 und 4 Satz 2 die Erstellung einer Vermögensübersicht mit einer Übersicht über die Einnahmen und Ausgaben seit der letzten Vermögensübersicht. [2]Die

Richtigkeit und Vollständigkeit der Vermögensübersicht ist an Eides statt zu versichern.

§ 1873 Rechnungsprüfung

(1) [1]Der Betreuer hat eine nach § 1872 von ihm zu erstellende Schlussrechnung oder Vermögensübersicht beim Betreuungsgericht einzureichen. [2]Das Betreuungsgericht übersendet diese an den Berechtigten, soweit dieser bekannt ist oder rechtlich vertreten wird und kein Fall des § 1872 Absatz 3 vorliegt.

(2) [1]Das Betreuungsgericht hat die Schlussrechnung oder die Vermögensübersicht sachlich und rechnerisch zu prüfen und, soweit erforderlich, ihre Ergänzung herbeizuführen. [2]Das Betreuungsgericht übersendet das Ergebnis seiner Prüfung nach Satz 1 an den Berechtigten.

(3) [1]Endet die Betreuung und liegt kein Fall des § 1872 Absatz 3 vor, so gilt Absatz 2 nur dann, wenn der Berechtigte binnen sechs Wochen nach Zugang der Schlussrechnung oder der Vermögensübersicht deren Prüfung verlangt. [2]Über dieses Recht ist der Berechtigte bei der Übersendung nach Absatz 1 Satz 2 zu belehren. [3]Nach Ablauf der Frist kann eine Prüfung durch das Betreuungsgericht nicht mehr verlangt werden.

§ 1874 Besorgung der Angelegenheiten des Betreuten nach Beendigung der Betreuung

(1) [1]Der Betreuer darf die Besorgung der Angelegenheiten des Betreuten fortführen, bis er von der Beendigung der Betreuung Kenntnis erlangt oder diese kennen muss. [2]Ein Dritter kann sich auf diese Befugnis nicht berufen, wenn er bei der Vornahme des Rechtsgeschäfts die Beendigung kennt oder kennen muss.

(2) Endet die Betreuung durch den Tod des Betreuten, so hat der Betreuer im Rahmen des ihm übertragenen Aufgabenkreises die Angelegenheiten, die keinen Aufschub dulden, zu besorgen, bis der Erbe diese besorgen kann.

Untertitel 5 Vergütung und Aufwendungsersatz

§ 1875 Vergütung und Aufwendungsersatz

(1) Vergütung und Aufwendungsersatz des ehrenamtlichen Betreuers bestimmen sich nach den Vorschriften dieses Untertitels.

(2) Vergütung und Aufwendungsersatz des beruflichen Betreuers, des Betreuungsvereins, des Behördenbetreuers und der Betreuungsbehörde bestimmen sich nach dem Vormünder- und Betreuervergütungsgesetz.

§ 1876 Vergütung

[1]Dem ehrenamtlichen Betreuer steht grundsätzlich kein Anspruch auf Vergütung zu. [2]Das Betreuungsgericht kann ihm abweichend von Satz 1 eine angemessene Vergütung bewilligen, wenn

1. der Umfang oder die Schwierigkeit der Wahrnehmung der Angelegenheiten des Betreuten dies rechtfertigen und
2. der Betreute nicht mittellos ist.

§ 1877 Aufwendungsersatz

(1) [1]Macht der Betreuer zur Führung der Betreuung Aufwendungen, so kann er nach den für den Auftrag geltenden Vorschriften der §§ 669 und 670 vom Betreuten Vorschuss oder Ersatz verlangen. [2]Für den Ersatz von Fahrtkosten des Betreuers gilt die in § 5 des Justizvergütungs- und -entschädigungsgesetzes für Sachverständige getroffene Regelung entsprechend.

(2) [1]Zu den Aufwendungen gehören auch die Kosten einer angemessenen Versicherung gegen Schäden, die

1. dem Betreuten durch den Betreuer zugefügt werden können oder
2. dem Betreuer dadurch entstehen können, dass er einem Dritten zum Ersatz eines durch die Führung der Betreuung verursachten Schadens verpflichtet ist.

[2]Kosten für die Haftpflichtversicherung des Halters eines Kraftfahrzeugs gehören nicht zu diesen Aufwendungen.

(3) Als Aufwendungen gelten auch solche Dienste des Betreuers, die zu seinem Gewerbe oder Beruf gehören.

(4) [1]Der Anspruch auf Aufwendungsersatz erlischt, wenn er nicht binnen 15 Monaten nach seiner Entstehung gerichtlich geltend gemacht wird. [2]Die Geltendmachung beim Betreuungsgericht gilt als Geltendmachung gegen den Betreuten. [3]Die Geltendmachung gegen den Betreuten gilt auch als Geltendmachung gegen die Staatskasse.

(5) [1]Das Betreuungsgericht kann eine von Absatz 4 Satz 1 abweichende kürzere oder längere Frist für das Erlöschen des Anspruchs bestimmen sowie diese gesetzte Frist auf Antrag verlängern. [2]Mit der Fristbestimmung ist über das Erlöschen des Ersatzanspruchs bei Versäumung der Frist zu belehren. [3]Der Anspruch ist innerhalb der Frist zu beziffern.

§ 1878 Aufwandspauschale

(1) [1]Zur Abgeltung seines Anspruchs auf Aufwendungsersatz kann der Betreuer für die Führung jeder Betreuung, für die er keine Vergütung erhält, vom Betreuten einen pauschalen Geldbetrag verlangen (Aufwandspauschale). [2]Dieser entspricht für ein Jahr dem 17fachen dessen, was einem Zeugen als Höchstbetrag der Entschädigung für eine Stunde versäumter Arbeitszeit (§ 22 des Justizvergütungs- und -entschädigungsgesetzes) gewährt werden kann. [3]Hat der Betreuer für solche Aufwendungen bereits Vorschuss oder Ersatz erhalten, so verringert sich die Aufwandspauschale entsprechend.

(2) [1]Sind mehrere Betreuer bestellt, kann jeder Betreuer den Anspruch auf Aufwandspauschale geltend machen. [2]In den Fällen der Bestellung eines Verhinderungsbetreuers nach § 1817 Absatz 4 kann jeder Betreuer den Anspruch auf Aufwandspauschale nur für den Zeitraum geltend machen, in dem er tatsächlich tätig geworden ist.

(3) [1]Die Aufwandspauschale ist jährlich zu zahlen, erstmals ein Jahr nach Bestellung des Betreuers. [2]Endet das Amt des Betreuers, ist die Aufwandspauschale anteilig nach den Monaten des bis zur Beendigung des Amtes laufenden Betreuungsjahres zu zahlen; ein angefangener Monat gilt als voller Monat.

(4) [1]Der Anspruch erlischt, wenn er nicht binnen sechs Monaten nach Ablauf des Jahres, in dem der Anspruch entstanden ist, gerichtlich geltend

gemacht wird. [2]§ 1877 Absatz 4 Satz 2 und 3 gilt entsprechend. [3]Ist der Anspruch einmalig ausdrücklich gerichtlich geltend gemacht worden, so gilt in den Folgejahren die Einreichung des Jahresberichts jeweils als Antrag, es sei denn, der Betreuer verzichtet ausdrücklich auf eine weitere Geltendmachung.

§ 1879 Zahlung aus der Staatskasse

Gilt der Betreute als mittellos im Sinne von § 1880, so kann der Betreuer den Vorschuss, den Aufwendungsersatz nach § 1877 oder die Aufwandspauschale nach § 1878 aus der Staatskasse verlangen.

§ 1880 Mittellosigkeit des Betreuten

(1) Der Betreute gilt als mittellos, wenn er den Vorschuss, den Aufwendungsersatz oder die Aufwandspauschale aus seinem einzusetzenden Vermögen nicht, nur zum Teil oder nur in Raten aufbringen kann.

(2) Der Betreute hat sein Vermögen nach Maßgabe des § 90 des Zwölften Buches Sozialgesetzbuch einzusetzen.

§ 1881 Gesetzlicher Forderungsübergang

[1]Soweit die Staatskasse den Betreuer befriedigt, gehen Ansprüche des Betreuers gegen den Betreuten auf die Staatskasse über. [2]Nach dem Tode des Betreuten haftet sein Erbe nur mit dem Wert des im Zeitpunkt des Erbfalls vorhandenen Nachlasses; § 102 Absatz 3 und 4 des Zwölften Buches Sozialgesetzbuch gilt entsprechend, § 1880 Absatz 2 ist auf den Erben nicht anzuwenden.

Titel 4 Sonstige Pflegschaft

§ 1882 Pflegschaft für unbekannte Beteiligte

[1]Ist unbekannt oder ungewiss, wer bei einer Angelegenheit der Beteiligte ist, so kann dem Beteiligten für diese Angelegenheit, soweit eine Fürsorge erforderlich ist, ein Pfleger bestellt werden. [2]Insbesondere kann für ei-

nen Nacherben, der noch nicht gezeugt ist oder dessen Persönlichkeit erst durch ein künftiges Ereignis bestimmt wird, für die Zeit bis zum Eintritt der Nacherbfolge ein Pfleger bestellt werden.

§ 1883 Pflegschaft für gesammeltes Vermögen

Ist durch öffentliche Sammlung Vermögen für einen vorübergehenden Zweck zusammengebracht worden, so kann zum Zwecke der Verwaltung und Verwendung des Vermögens ein Pfleger bestellt werden, wenn die zu der Verwaltung und Verwendung berufenen Personen weggefallen sind.

§ 1884 Abwesenheitspflegschaft

(1) [1]Ein abwesender Volljähriger, dessen Aufenthalt unbekannt ist, erhält für seine Vermögensangelegenheiten, soweit sie der Fürsorge bedürfen, einen Abwesenheitspfleger. [2]Ein solcher Abwesenheitspfleger ist ihm insbesondere auch dann zu bestellen, wenn er durch Erteilung eines Auftrags oder einer Vollmacht Fürsorge getroffen hat, aber Umstände eingetreten sind, die zum Widerruf des Auftrags oder der Vollmacht Anlass geben.

(2) Das Gleiche gilt für einen Abwesenden, dessen Aufenthalt bekannt, der aber an der Rückkehr und der Besorgung seiner Vermögensangelegenheiten verhindert ist.

§ 1885 Bestellung des sonstigen Pflegers

Das Betreuungsgericht oder im Falle der Nachlasspflegschaft das Nachlassgericht ordnet die Pflegschaft an, wählt einen geeigneten Pfleger aus und bestellt ihn, nachdem er sich zur Übernahme des Amtes bereit erklärt hat.

§ 1886 Aufhebung der Pflegschaft

(1) Die Pflegschaft für einen Abwesenden ist aufzuheben,

1. wenn der Abwesende an der Besorgung seiner Vermögensangelegenheiten nicht mehr verhindert ist,
2. wenn der Abwesende stirbt.

(2) Im Übrigen ist eine Pflegschaft aufzuheben, wenn der Grund für ihre Anordnung weggefallen ist.

§ 1887 Ende der Pflegschaft kraft Gesetzes

(1) Wird der Abwesende für tot erklärt oder wird seine Todeszeit nach den Vorschriften des Verschollenheitsgesetzes festgestellt, so endet die Pflegschaft mit der Rechtskraft des Beschlusses über die Todeserklärung oder die Feststellung der Todeszeit.

(2) Im Übrigen endet die Pflegschaft zur Besorgung einer einzelnen Angelegenheit mit deren Erledigung.

§ 1888 Anwendung des Betreuungsrechts

(1) Die Vorschriften des Betreuungsrechts sind auf sonstige Pflegschaften entsprechend anwendbar, soweit sich nicht aus dem Gesetz ein anderes ergibt.

(2) [1]Die Ansprüche des berufsmäßig tätigen Pflegers auf Vergütung und Aufwendungsersatz richten sich nach den §§ 1 bis 6 des Vormünder- und Betreuervergütungsgesetzes. [2]Sofern der Pflegling nicht mittellos ist, bestimmt sich die Höhe des Stundensatzes des Pflegers jedoch nach den für die Führung der Pflegschaftsgeschäfte nutzbaren Fachkenntnissen des Pflegers sowie nach dem Umfang und der Schwierigkeit der Pflegschaftsgeschäfte.

...

IV. Personenstandsgesetz (PStG)

In der Fassung des Gesetzes zur Reform des Personenstandsrechts vom 19. Februar 2007 (BGBl. I S. 122), zuletzt geändert durch Art. 4 des Gesetzes zum Schutz Minderjähriger bei Auslandsehen vom 24. Juni 2024 (BGBl. I Nr. 212)

– Auszug –

...

§ 12 Anmeldung der Eheschließung

(1) [1]Die Eheschließenden haben die beabsichtigte Eheschließung mündlich oder schriftlich bei einem Standesamt, in dessen Zuständigkeitsbereich einer der Eheschließenden seinen Wohnsitz oder seinen gewöhnlichen Aufenthalt hat, anzumelden. [2]Hat keiner der Eheschließenden Wohnsitz oder gewöhnlichen Aufenthalt im Inland, so ist das Standesamt, vor dem die Ehe geschlossen werden soll, für die Entgegennahme der Anmeldung zuständig.

(2) [1]Die Eheschließenden haben bei der Anmeldung der Eheschließung durch öffentliche Urkunden nachzuweisen

1. ihren Personenstand,
2. ihren Wohnsitz oder gewöhnlichen Aufenthalt,
3. ihre Staatsangehörigkeit,
4. wenn sie schon verheiratet waren oder eine Lebenspartnerschaft begründet hatten, die letzte Eheschließung oder Begründung der Lebenspartnerschaft sowie die Auflösung dieser Ehe oder Lebenspartnerschaft.

[2]Ist die letzte Ehe oder Lebenspartnerschaft nicht bei einem deutschen Standesamt geschlossen worden, so ist auch die Auflösung etwaiger weiterer Vorehen oder Lebenspartnerschaften nachzuweisen, wenn eine entsprechende Prüfung nicht bereits von einem deutschen Standesamt bei

einer früheren Eheschließung oder Begründung einer Lebenspartnerschaft durchgeführt worden ist.

(3) [1]Das Standesamt hat einen Antrag auf Befreiung von der Beibringung des Ehefähigkeitszeugnisses aufzunehmen und die Entscheidung vorzubereiten; hierfür haben die Eheschließenden auch die Nachweise zu erbringen, die für die Prüfung der Zulässigkeit der Ehe nach anzuwendendem ausländischen Recht erforderlich sind. [2]§ 9 gilt entsprechend.

§ 12a Anmeldung der erneuten Eheschließung nach § 1305 Absatz 2 des Bürgerlichen Gesetzbuchs

[1]§ 12 Absatz 1 und 2 gelten für die Anmeldung einer erneuten Eheschließung nach § 1305 Absatz 2 des Bürgerlichen Gesetzbuchs mit der Maßgabe, dass die im Ausland erfolgte Eheschließung mit einer Person, die zu diesem Zeitpunkt das 16. Lebensjahr nicht vollendet hatte, durch öffentliche Urkunden nachzuweisen ist. [2]§ 12 Absatz 3 ist nicht anzuwenden.

...

V. Einführungsgesetz zum Bürgerlichen Gesetzbuche (EGBGB)

In der Fassung der Bekanntmachung vom 21. September 1994 (BGBl. I S. 2494, berichtigt durch BGBl. 1997 I S. 1061), zuletzt geändert durch Art. 15 des Vierten Bürokratieentlastungsgesetzes vom 23. Oktober 2024 (BGBl. I Nr. 323)

– Auszug –

Erster Teil. Allgemeine Vorschriften

...

Art. 7 Rechts- und Geschäftsfähigkeit

(1) [1]Die Rechtsfähigkeit einer Person unterliegt dem Recht des Staates, dem die Person angehört. [2]Die einmal erlangte Rechtsfähigkeit wird durch Erwerb oder Verlust einer Staatsangehörigkeit nicht beeinträchtigt.

(2) [1]Die Geschäftsfähigkeit einer Person unterliegt dem Recht des Staates, in dem die Person ihren gewöhnlichen Aufenthalt hat. [2]Dies gilt auch, soweit die Geschäftsfähigkeit durch Eheschließung erweitert wird. [3]Die einmal erlangte Geschäftsfähigkeit wird durch einen Wechsel des gewöhnlichen Aufenthalts nicht beeinträchtigt.

...

Art. 15 Gegenseitige Vertretung von Ehegatten

In Angelegenheiten der Gesundheitssorge, die im Inland wahrgenommen werden, ist § 1358 des Bürgerlichen Gesetzbuchs auch dann anzuwenden, wenn nach anderen Vorschriften insoweit ausländisches Recht anwendbar wäre.

...

Art. 24 Vormundschaft, Betreuung und Pflegschaft

(1) Die Entstehung, die Ausübung, die Änderung und das Ende eines Fürsorgeverhältnisses (Vormundschaft, Betreuung, Pflegschaft), das kraft Gesetzes oder durch Rechtsgeschäft begründet wird, unterliegen dem Recht des Staates, in dem der Fürsorgebedürftige seinen gewöhnlichen Aufenthalt hat.

(2) [1]Maßnahmen, die im Inland in Bezug auf ein Fürsorgeverhältnis angeordnet werden, und die Ausübung dieses Fürsorgeverhältnisses unterliegen deutschem Recht. [2]Besteht mit dem Recht eines anderen Staates eine wesentlich engere Verbindung als mit dem deutschen Recht, so kann jenes Recht angewendet werden.

(3) Die Ausübung eines Fürsorgeverhältnisses aufgrund einer anzuerkennenden ausländischen Entscheidung richtet sich im Inland nach deutschem Recht.

VI. Betreuungsorganisationsgesetz (BtOG)

Vom 4. Mai 2021 (BGBl. I S. 882, 917), zuletzt geändert durch Art. 2 des Gesetzes zur Regelung einer Inflationsausgleichs-Sonderzahlung für berufliche Betreuer, Betreuungsvereine und ehrenamtliche Betreuer und zur Änderung weiterer Gesetze vom 20. Dezember 2023 (BGBl. I Nr. 391)

Abschnitt 1 Betreuungsbehörde

Titel 1 Allgemeine Vorschriften

§ 1 Sachliche Zuständigkeit und Durchführung überörtlicher Aufgaben

(1) [1]Welche Behörde auf örtlicher Ebene in Betreuungsangelegenheiten sachlich zuständig ist, bestimmt sich nach Landesrecht. [2]Diese Behörde ist auch in Unterbringungssachen nach § 312 Nummer 1 bis 3 des Gesetzes über das Verfahren in Familiensachen und in den Angelegenheiten der freiwilligen Gerichtsbarkeit zuständig.

(2) Zur Durchführung überörtlicher Aufgaben oder zur Erfüllung einzelner Aufgaben der örtlichen Behörde nach Absatz 1 können nach Landesrecht weitere Behörden vorgesehen werden.

§ 2 Örtliche Zuständigkeit

(1) [1]Örtlich zuständig ist vorbehaltlich der Sätze 2 und 3 und des Absatzes 4 diejenige nach Landesrecht in Betreuungsangelegenheiten zuständige Behörde, in deren Bezirk der Betroffene seinen gewöhnlichen Aufenthalt hat. [2]Hat der Betroffene keinen gewöhnlichen Aufenthalt im Geltungsbereich dieses Gesetzes, ist ein solcher nicht feststellbar oder betrifft die behördliche Maßnahme keine Einzelperson, so ist die Behörde zuständig, in deren Bezirk das Bedürfnis für die behördliche Maßnahme hervortritt. [3]Gleiches gilt, wenn mit dem Aufschub einer Maßnahme Gefahr verbunden ist.

(2) Ändern sich die für die örtliche Zuständigkeit nach Absatz 1 maßgebenden Umstände im Laufe eines gerichtlichen Betreuungs- oder Unterbringungsverfahrens, so bleibt für dieses Verfahren die zuletzt durch das

Betreuungsgericht angehörte Behörde allein zuständig, bis die nunmehr nach Absatz 1 zuständige Behörde dem Betreuungsgericht den Wechsel der Zuständigkeit schriftlich anzeigt.

(3) Beglaubigungen nach § 7 Absatz 1 Satz 1 kann abweichend von Absatz 1 jede nach Landesrecht in Betreuungsangelegenheiten zuständige Behörde vornehmen.

(4) [1]Für die Registrierung eines beruflichen Betreuers nach § 24 und die weiteren behördlichen Maßnahmen nach Abschnitt 3 Titel 3 ist diejenige nach Landesrecht in Betreuungsangelegenheiten zuständige Behörde örtlich zuständig, in deren Zuständigkeitsbereich sich der Sitz des beruflichen Betreuers befindet oder errichtet werden soll (Stammbehörde). [2]Ist ein Sitz des beruflichen Betreuers nicht vorhanden und soll ein solcher auch nicht errichtet werden, so richtet sich die örtliche Zuständigkeit nach dem Wohnsitz des beruflichen Betreuers. [3]Für einen beruflichen Betreuer, der weder seinen Sitz noch seinen Wohnsitz im Geltungsbereich dieses Gesetzes hat, ist Stammbehörde diejenige Behörde, in deren Zuständigkeitsbereich der Schwerpunkt der beruflichen Tätigkeit des Betreuers liegt. [4]Verlegt der berufliche Betreuer seinen Sitz oder Wohnsitz in den Zuständigkeitsbereich einer anderen Behörde, so wird diese zur neuen Stammbehörde. [5]Verlegt der berufliche Betreuer seinen Sitz oder Wohnsitz ins Ausland, bleibt die bisherige Stammbehörde örtlich zuständig.

§ 3 Fachkräfte

Zur Durchführung der Aufgaben der Behörde werden Personen beschäftigt, die sich hierfür nach ihrer Persönlichkeit eignen und die in der Regel entweder eine ihren Aufgaben entsprechende Ausbildung erhalten haben (Fachkräfte) oder über vergleichbare Erfahrungen verfügen.

§ 4 Verarbeitung personenbezogener Daten durch die Behörde

(1) [1]Die Verarbeitung personenbezogener Daten des Betroffenen und solcher Personen, auf die es bei der Aufgabenerfüllung ankommt, einschließlich besonderer Kategorien personenbezogener Daten nach Artikel 9 der Verordnung (EU) 2016/679 des Europäischen Parlaments und des Rates vom 27. April 2016 zum Schutz natürlicher Personen bei der Verarbeitung personenbezogener Daten, zum freien Datenverkehr und zur Aufhebung

der Richtlinie 95/46/EG (Datenschutz-Grundverordnung) (ABl. L 119 vom 4.5.2016, S. 1; L 314 vom 22.11.2016, S. 72; L 127 vom 23.5.2018, S. 2) durch die Behörde ist zulässig, soweit sie zur Erfüllung der ihr nach Abschnitt 1 Titel 2 obliegenden Aufgaben erforderlich ist. [2]Die für diesen Zweck erforderlichen Daten sind grundsätzlich bei der betroffenen Person zu erheben. [3]Ohne ihre Mitwirkung dürfen sie nur erhoben werden, wenn keine Anhaltspunkte dafür bestehen, dass überwiegende schutzwürdige Interessen der betroffenen Person beeinträchtigt werden, und

1. die von der Behörde nach Abschnitt 1 Titel 2 zu erfüllenden Aufgaben ihrer Art nach eine Erhebung bei Dritten erforderlich machen oder
2. die Erhebung bei der betroffenen Person einen unverhältnismäßigen Aufwand erfordern würde.

(2) Die Pflicht zur Information der betroffenen Person gemäß Artikel 13 Absatz 1 bis 3 und Artikel 14 Absatz 1, 2 und 4 der Verordnung (EU) 2016/679 besteht ergänzend zu den in Artikel 13 Absatz 4 und Artikel 14 Absatz 5 der Verordnung (EU) 2016/679 genannten Ausnahmen nicht,

1. soweit die Erteilung der Information die ordnungsgemäße Erfüllung der der Behörde nach Abschnitt 1 Titel 2 obliegenden Aufgaben gefährden würde oder
2. soweit zum Schutz der betroffenen Person ein Absehen von der Informationserteilung erforderlich ist, was insbesondere dann der Fall ist, wenn hiervon erhebliche Nachteile für ihre Gesundheit zu besorgen sind oder die betroffene Person aufgrund einer Krankheit oder Behinderung offensichtlich nicht in der Lage ist, die Informationen zur Kenntnis zu nehmen.

Titel 2 Aufgaben der örtlichen Behörde

§ 5 Informations- und Beratungspflichten

(1) Die Behörde informiert und berät über allgemeine betreuungsrechtliche Fragen, über Vorsorgevollmachten und über andere Hilfen, bei denen kein gesetzlicher Vertreter bestellt wird.

(2) [1]Die Behörde berät und unterstützt Betreuer und Bevollmächtigte auf deren Wunsch bei der Wahrnehmung von deren Aufgaben. [2]Sie unterstützt ehrenamtliche Betreuer beim Abschluss einer Vereinbarung über eine Begleitung und Unterstützung nach § 15 Absatz 1 Satz 1 Nummer 4 mit einem gemäß § 14 anerkannten Betreuungsverein. [3]Die Behörde hat die Begleitung und Unterstützung des ehrenamtlichen Betreuers mittels einer Vereinbarung nach § 15 Absatz 1 Satz 1 Nummer 4 und Absatz 2 selbst zu gewährleisten, wenn in ihrem Zuständigkeitsbereich kein anerkannter Betreuungsverein zur Verfügung steht.

§ 6 Förderungsaufgaben

(1) Die Behörde sorgt dafür, dass in ihrem Zuständigkeitsbereich ein ausreichendes Angebot zur Einführung der Betreuer und der Bevollmächtigten in ihre Aufgaben und zu ihrer Fortbildung vorhanden ist.

(2) Die Behörde regt die Tätigkeit einzelner Personen sowie von gemeinnützigen und freien Organisationen zugunsten Betreuungsbedürftiger an und fördert diese.

(3) Die Behörde fördert die Aufklärung und Beratung über Vorsorgevollmachten, Betreuungsverfügungen und Patientenverfügungen.

§ 7 Öffentliche Beglaubigung; Verordnungsermächtigung

(1) [1]Die Urkundsperson bei der Behörde ist befugt, Unterschriften oder Handzeichen auf Betreuungsverfügungen und auf Vollmachten, soweit sie von natürlichen Personen erteilt werden, öffentlich zu beglaubigen. [2]Die Wirkung der Beglaubigung endet bei einer Vollmacht mit dem Tod des Vollmachtgebers. [3]Die Zuständigkeit der Notare, anderer Personen oder sonstiger Stellen für öffentliche Beurkundungen und Beglaubigungen bleibt unberührt. [4]Die Behörde soll auf die Möglichkeit der Registrierung bei dem

Zentralen Vorsorgeregister nach § 78a Absatz 2 der Bundesnotarordnung hinweisen, wenn sie eine Vollmacht oder eine Betreuungsverfügung nach Satz 1 beglaubigt hat.

(2) [1]Die Urkundsperson bei der Behörde darf die Beglaubigung einer Vollmacht nach Absatz 1 Satz 1 nur vornehmen, wenn diese zu dem Zweck erteilt wird, die Bestellung eines Betreuers zu vermeiden. [2]Sie darf eine Beglaubigung nicht vornehmen:

1. von Unterschriften oder Handzeichen ohne dazugehörigen Text oder
2. wenn ihr in der betreffenden Angelegenheit die Vertretung eines Beteiligten obliegt.

(3) [1]Die Behörde hat geeignete Beamte und Angestellte zur Wahrnehmung der Aufgaben nach Absatz 1 Satz 1 zu ermächtigen. [2]Die Länder können Näheres hinsichtlich der fachlichen Anforderungen an diese Personen regeln.

(4) [1]Für jede Beglaubigung nach Absatz 1 Satz 1 wird eine Gebühr in Höhe von 10 Euro erhoben. [2]Auslagen werden gesondert nicht erhoben. [3]Aus Gründen der Billigkeit kann von der Erhebung der Gebühr im Einzelfall abgesehen werden.

(5) [1]Die Landesregierungen werden ermächtigt, durch Rechtsverordnung die Gebühren und Auslagen für die Beglaubigung abweichend von Absatz 4 zu regeln. [2]Die Landesregierungen können die Ermächtigung nach Satz 1 durch Rechtsverordnung auf die Landesjustizverwaltungen übertragen.

§ 8 Beratungs- und Unterstützungsangebot, Vermittlung geeigneter Hilfen und erweiterte Unterstützung

(1) [1]Wenn im Einzelfall Anhaltspunkte für einen Betreuungsbedarf nach § 1814 Absatz 1 des Bürgerlichen Gesetzbuchs bestehen, soll die Behörde dem Betroffenen zur Vermeidung der Bestellung eines Betreuers ein Beratungs- und Unterstützungsangebot unterbreiten. [2]Die Beratung und Unterstützung umfasst auch die Pflicht, andere Hilfen nach § 5 Absatz 1, bei denen kein Betreuer bestellt wird, mit Zustimmung des Betroffenen zu vermitteln. [3]Insbesondere ist ein Kontakt zwischen dem Betroffenen und dem Beratungs- und Unterstützungsangebot des sozialen Hilfesystems

herzustellen. [4]Bei antragsabhängigen Leistungen ist der Betroffene dabei zu unterstützen, die notwendigen Anträge selbst zu stellen. [5]Die Behörde arbeitet zur Vermittlung geeigneter Hilfen zur Betreuungsvermeidung mit den zuständigen Sozialleistungsträgern zusammen.

(2) [1]Die Beratung und Unterstützung der Behörde nach Absatz 1 kann darüber hinaus in geeigneten Fällen mit Zustimmung des Betroffenen im Wege einer erweiterten Unterstützung durchgeführt werden. [2]Diese umfasst weitere, über Absatz 1 hinausgehende Maßnahmen, die geeignet sind, die Bestellung eines Betreuers zu vermeiden, und die keine rechtliche Vertretung des Betroffenen durch die Behörde erfordern.

(3) Beratungs- und Unterstützungspflichten nach dem Sozialgesetzbuch bleiben unberührt.

(4) [1]Die Behörde kann mit der Wahrnehmung der erweiterten Unterstützung nach Absatz 2 auch einen anerkannten Betreuungsverein oder einen selbständigen beruflichen Betreuer beauftragen. [2]Dabei ist sicherzustellen, dass die Durchführung durch einen für den konkreten Fall geeigneten Betreuer erfolgt. [3]Die Beauftragung erfolgt durch einen Vertrag, der auch die Finanzierung der übertragenen Aufgaben regeln soll.

§ 9 Mitteilungen an das Betreuungsgericht und die Stammbehörde

(1) Die Behörde kann dem zuständigen Betreuungsgericht Umstände mitteilen, die die Bestellung eines Betreuers oder eine andere Maßnahme in Betreuungssachen erforderlich machen, soweit dies unter Beachtung der berechtigten Interessen des Betroffenen nach den Erkenntnissen der Behörde erforderlich ist, um eine erhebliche Gefahr im Sinne des § 1821 Absatz 3 Nummer 1 des Bürgerlichen Gesetzbuchs von dem Betroffenen abzuwenden.

(2) [1]Hat die Behörde Kenntnis von Umständen, die an der Eignung eines Betreuers nach § 1816 Absatz 1 des Bürgerlichen Gesetzbuchs im Rahmen einer von ihm geführten Betreuung Zweifel aufkommen lassen, hat sie das für das Betreuungsverfahren zuständige Betreuungsgericht und die zuständige Stammbehörde hierüber zu informieren. [2]Die Behörde unterrichtet zugleich den Betreuer über die Mitteilung und deren Inhalt. [3]Die Unterrichtung des Betreuers unterbleibt, solange der Zweck der Mitteilung

hierdurch gefährdet würde. [4]Sie ist nachzuholen, sobald die Gründe nach Satz 3 entfallen sind.

(3) Der Inhalt der Mitteilungen nach den Absätzen 1 und 2, die Art und Weise ihrer Übermittlung und der Empfänger sind aktenkundig zu machen.

§ 10 Mitteilung an Betreuungsvereine

[1]Die Behörde teilt Name und Anschrift der ehrenamtlichen Betreuer, von deren Bestellung sie durch die Bekanntgabe des Betreuungsgerichts nach § 288 Absatz 2 Satz 1 des Gesetzes über das Verfahren in Familiensachen und in den Angelegenheiten der freiwilligen Gerichtsbarkeit Kenntnis erlangt hat, unverzüglich einem am Wohnsitz des ehrenamtlichen Betreuers anerkannten Betreuungsverein mit, um dem Verein eine Kontaktaufnahme zu ermöglichen. [2]Dies gilt nicht für ehrenamtliche Betreuer, die keine familiäre Beziehung oder persönliche Bindung zu dem Betroffenen haben.

§ 11 Aufgaben im gerichtlichen Verfahren

(1) [1]Die Behörde unterstützt das Betreuungsgericht. [2]Dies umfasst insbesondere folgende Maßnahmen:

1. die Erstellung eines Berichts im Rahmen der gerichtlichen Anhörung nach § 279 Absatz 2 des Gesetzes über das Verfahren in Familiensachen und in den Angelegenheiten der freiwilligen Gerichtsbarkeit (Sozialbericht),
2. den Vorschlag eines geeigneten Betreuers,
3. die Aufklärung, Mitteilung und gegebenenfalls fachliche Beurteilung des Sachverhalts im Rahmen sonstiger Anhörungen der Behörde durch das Betreuungsgericht oder im Rahmen eines gerichtlichen Ersuchens um eine über Nummer 1 hinausgehende Sachverhaltsklärung,
4. die Prüfung der weiteren Erforderlichkeit der Betreuung in geeigneten Fällen, sobald die Behörde durch das Betreuungsgericht nach § 7 Absatz 4 Satz 1 des Gesetzes über das Verfahren in Familiensachen und in den Angelegenheiten der freiwilligen Gerichtsbarkeit über das Verfahren zur Verlängerung einer Betreuung benachrichtigt worden ist, und
5. auf Aufforderung des Betreuungsgerichts den Vorschlag eines geeigneten Verfahrenspflegers.

(2) Der Sozialbericht soll sich insbesondere auf folgende Kriterien beziehen:

1. die persönliche, gesundheitliche und soziale Situation des Betroffenen,
2. die Erforderlichkeit der Betreuung einschließlich geeigneter anderer Hilfen (§ 1814 Absatz 3 Satz 2 Nummer 2 des Bürgerlichen Gesetzbuchs) und
3. die diesbezügliche Sichtweise des Betroffenen.

(3) [1]Im Rahmen der Erstellung des Sozialberichts hat die Behörde zu prüfen, ob zur Vermeidung einer Betreuung eine erweiterte Unterstützung nach § 8 Absatz 2 in Betracht kommt. [2]In geeigneten Fällen hat die Behörde mit Zustimmung des Betroffenen eine erweiterte Unterstützung durchzuführen; § 8 Absatz 4 gilt entsprechend. [3]Die Behörde hat das Betreuungsgericht über die Durchführung und die voraussichtliche Dauer von Maßnahmen nach § 8 Absatz 2 zu informieren. [4]Während der Durchführung der erweiterten Unterstützung ist die Pflicht der Behörde zur Erstellung eines Sozialberichts ausgesetzt. [5]Das Ergebnis der Prüfung nach Satz 1 und bei Durchführung einer erweiterten Unterstützung deren Ergebnis sind im Sozialbericht darzulegen.

(4) [1]Auf Aufforderung des Betreuungsgerichts hat die Behörde auch unabhängig von der Erstellung eines Sozialberichts zu prüfen, ob die Durchführung einer erweiterten Unterstützung zur Vermeidung einer Betreuung führen kann. [2]Absatz 3 Satz 2, 3 und 5 gilt entsprechend.

(5) Die Länder können durch Gesetz die Aufgabenzuweisung nach den Absätzen 3 und 4 im Rahmen von Modellprojekten auf einzelne Behörden innerhalb eines Landes beschränken.

§ 12 Betreuervorschlag

(1) [1]Die Behörde schlägt mit dem Sozialbericht oder auf Anforderung des Betreuungsgerichts eine Person vor, die sich im konkreten Einzelfall zum Betreuer eignet. [2]Die Behörde soll diesen Vorschlag begründen und die diesbezügliche Sichtweise des Betroffenen darlegen. [3]Eine Person, die keine familiäre Beziehung oder persönliche Bindung zu dem Betroffenen hat, soll nur als ehrenamtlicher Betreuer vorgeschlagen werden, wenn sie sich zum Abschluss einer Vereinbarung über eine Begleitung und Unterstützung

nach § 15 Absatz 1 Satz 1 Nummer 4 mit einem anerkannten Betreuungsverein oder einer Betreuungsbehörde nach § 5 Absatz 2 Satz 3 bereit erklärt. [4]Steht keine geeignete Person für eine ehrenamtliche Betreuung zur Verfügung, schlägt die Behörde dem Betreuungsgericht einen beruflichen Betreuer vor. [5]Unter den Voraussetzungen des § 1818 des Bürgerlichen Gesetzbuchs kann die Behörde auch einen anerkannten Betreuungsverein oder sich selbst als Betreuer vorschlagen. [6]Die Behörde soll in geeigneten Fällen einen weiteren Betreuer vorschlagen, der nach § 1817 Absatz 4 des Bürgerlichen Gesetzbuchs bestellt werden kann.

(2) Auf Wunsch des Betroffenen kann die Behörde ein persönliches Kennenlernen zwischen dem Betroffenen und dem vorgesehenen Betreuer vermitteln.

(3) [1]Der Vorschlag nach Absatz 1 hat Angaben zur persönlichen Eignung zu enthalten. [2]Bei einem ehrenamtlichen Betreuer hat die Behörde dem Betreuungsgericht das Ergebnis der Auskünfte nach § 21 Absatz 2 Satz 1 mitzuteilen. [3]Bei einem beruflichen Betreuer sind die Anzahl und der Umfang der von ihm bereits zu führenden Betreuungen, die für ihn zuständige Stammbehörde sowie der zeitliche Gesamtumfang und die Organisationsstruktur seiner Betreuertätigkeit mitzuteilen.

§ 13 Weitere Aufgaben

[1]Die Aufgaben, die der Behörde nach anderen Vorschriften obliegen, bleiben unberührt. [2]Zuständige Behörde im Sinne dieser Vorschriften ist die örtliche Behörde.

Abschnitt 2 Anerkannte Betreuungsvereine

§ 14 Anerkennung

(1) Ein rechtsfähiger Verein kann als Betreuungsverein anerkannt werden, wenn er gewährleistet, dass er

1. die Aufgaben nach den §§ 15 und 16 wahrnehmen wird,
2. eine ausreichende Zahl geeigneter Mitarbeiter hat und diese beaufsichtigen, weiterbilden und gegen Schäden, die diese anderen im

Rahmen ihrer Tätigkeit zufügen können, angemessen versichern wird, und
3. einen Erfahrungsaustausch zwischen den Mitarbeitern ermöglicht.

(2) [1]Die Anerkennung gilt für das jeweilige Land; sie kann auf einzelne Landesteile beschränkt werden. [2]Sie kann unter Auflagen erteilt werden und ist widerruflich.

(3) [1]Das Nähere regelt das Landesrecht. [2]Es kann auch weitere Voraussetzungen für die Anerkennung vorsehen.

§ 15 Aufgaben kraft Gesetzes

(1) [1]Ein anerkannter Betreuungsverein hat

1. planmäßig über allgemeine betreuungsrechtliche Fragen, Vorsorgevollmachten, Betreuungsverfügungen und Patientenverfügungen zu informieren,
2. sich planmäßig um die Gewinnung ehrenamtlicher Betreuer zu bemühen,
3. vom Betreuungsgericht bestellte ehrenamtliche Betreuer in ihre Aufgaben einzuführen, sie fortzubilden und sie bei der Wahrnehmung ihrer Aufgaben zu beraten und zu unterstützen,
4. mit ehrenamtlichen Betreuern eine Vereinbarung über eine Begleitung und Unterstützung im Sinne von Nummer 3 abzuschließen, sofern eine solche Vereinbarung nach § 22 Absatz 2 in Verbindung mit § 1816 Absatz 4 des Bürgerlichen Gesetzbuchs erforderlich ist oder von dem ehrenamtlichen Betreuer gewünscht wird, und
5. Bevollmächtigte bei der Wahrnehmung ihrer Aufgaben zu beraten und zu unterstützen.

[2]Der Betreuungsverein erteilt dem ehrenamtlichen Betreuer auf dessen Aufforderung Nachweise über die Teilnahme an Einführungs- und Fortbildungsveranstaltungen nach Satz 1 Nummer 3.

(2) Eine Vereinbarung nach Absatz 1 Satz 1 Nummer 4 hat mindestens zu umfassen:

1. die Verpflichtung des ehrenamtlichen Betreuers zur Teilnahme an einer Einführung über die Grundlagen der Betreuungsführung,

2. die Verpflichtung des ehrenamtlichen Betreuers zur regelmäßigen Teilnahme an Fortbildungen,
3. die Benennung eines Mitarbeiters des Betreuungsvereins als festen Ansprechpartner und
4. die Erklärung der Bereitschaft des Betreuungsvereins zur Übernahme einer Verhinderungsbetreuung nach § 1817 Absatz 4 des Bürgerlichen Gesetzbuchs.

(3) [1]Anerkannte Betreuungsvereine können im Einzelfall Betroffene, Angehörige und sonstige Personen zu allgemeinen betreuungsrechtlichen Fragen, zu Vorsorgevollmachten und über andere Hilfen nach § 5 Absatz 1, bei denen kein Betreuer bestellt wird, beraten. [2]Dies umfasst auch eine Beratung bei der Errichtung einer Vorsorgevollmacht oder Betreuungsverfügung.

§ 16 Aufgaben kraft gerichtlicher Bestellung

Ein anerkannter Betreuungsverein ist verpflichtet, Mitarbeiter zu beschäftigen, die für die Übernahme von Betreuungen zur Verfügung stehen.

§ 17 Finanzielle Ausstattung

[1]Anerkannte Betreuungsvereine haben Anspruch auf eine bedarfsgerechte finanzielle Ausstattung mit öffentlichen Mitteln zur Wahrnehmung der ihnen nach § 15 Absatz 1 obliegenden Aufgaben. [2]Das Nähere regelt das Landesrecht.

§ 18 Verarbeitung personenbezogener Daten durch den Verein

(1) Die Verarbeitung personenbezogener Daten einschließlich besonderer Kategorien personenbezogener Daten nach Artikel 9 der Verordnung (EU) 2016/679 durch den anerkannten Betreuungsverein ist zulässig, soweit sie zur Erfüllung der ihm nach § 15 Absatz 1 und § 16 obliegenden Aufgaben erforderlich ist.

(2) § 4 Absatz 1 Satz 2 und 3 sowie Absatz 2 gilt entsprechend.

Abschnitt 3 Rechtliche Betreuer

Titel 1 Allgemeine Vorschriften

§ 19 Begriffsbestimmung

(1) [1]Ehrenamtliche Betreuer sind natürliche Personen, die außerhalb einer beruflichen Tätigkeit rechtliche Betreuungen führen. [2]Ehrenamtliche Betreuer können sowohl Personen, die familiäre Beziehungen oder persönliche Bindungen zum Betroffenen haben, als auch andere Personen sein.

(2) Berufliche Betreuer sind natürliche Personen, die selbständig oder als Mitarbeiter eines anerkannten Betreuungsvereins rechtliche Betreuungen führen und nach § 24 registriert sind oder nach § 32 Absatz 1 Satz 6 als vorläufig registriert gelten.

§ 20 Verarbeitung personenbezogener Daten durch den Betreuer

(1) Die Verarbeitung personenbezogener Daten einschließlich besonderer Kategorien personenbezogener Daten nach Artikel 9 der Verordnung (EU) 2016/679 durch den Betreuer ist zulässig, soweit sie zur Erfüllung seiner Aufgaben nach den §§ 1814 bis 1881 des Bürgerlichen Gesetzbuchs erforderlich ist.

(2) § 4 Absatz 1 Satz 2 und 3 sowie Absatz 2 gilt entsprechend.

(3) Die Absätze 1 und 2 gelten auch für Personen, denen der anerkannte Betreuungsverein oder die Behörde die Wahrnehmung der Betreuung nach § 1818 Absatz 2 und 4 Satz 2 des Bürgerlichen Gesetzbuchs übertragen hat.

Titel 2 Ehrenamtliche Betreuer

§ 21 Voraussetzung für eine ehrenamtliche Tätigkeit

(1) [1]Voraussetzung für die Führung einer Betreuung als ehrenamtlicher Betreuer ist die persönliche Eignung und Zuverlässigkeit. [2]§ 23 Absatz 2 Nummer 1, 2 und 4 gilt entsprechend.

(2) [1]Eine Person, die erstmalig zum ehrenamtlichen Betreuer bestellt werden soll, hat vor ihrer Bestellung zur Feststellung ihrer persönlichen Eignung und Zuverlässigkeit der zuständigen Behörde ein Führungszeugnis nach § 30 Absatz 5 des Bundeszentralregistergesetzes und eine Auskunft aus dem zentralen Schuldnerverzeichnis nach § 882b der Zivilprozessordnung vorzulegen, die jeweils nicht älter als drei Monate sein sollen. [2]Die Pflicht zur Vorlage einer Auskunft aus dem zentralen Schuldnerverzeichnis entfällt, wenn die zuständige Behörde die Auskunft nach § 882f Absatz 1 Satz 1 Nummer 2 der Zivilprozessordnung selbst einholt. [3]Satz 1 gilt nicht, sofern die Person im Wege der einstweiligen Anordnung nach den §§ 300 und 301 des Gesetzes über das Verfahren in Familiensachen und in den Angelegenheiten der freiwilligen Gerichtsbarkeit zum vorläufigen Betreuer bestellt wird.

(3) Absatz 2 gilt entsprechend, wenn eine Person, die bereits als ehrenamtlicher Betreuer bestellt ist oder war, in einem oder mehreren weiteren Verfahren zum ehrenamtlichen Betreuer bestellt werden soll und das Führungszeugnis und die Auskunft aus dem zentralen Schuldnerverzeichnis nach Absatz 2 Satz 1 zum Zeitpunkt des Betreuervorschlags nach § 12 Absatz 1 älter als drei Jahre sind.

§ 22 Abschluss einer Vereinbarung über Begleitung und Unterstützung

(1) Ein ehrenamtlicher Betreuer kann eine Vereinbarung über eine Begleitung und Unterstützung nach § 15 Absatz 1 Satz 1 Nummer 4 mit einem anerkannten Betreuungsverein oder hilfsweise nach § 5 Absatz 2 Satz 3 mit der zuständigen Behörde abschließen.

(2) Eine Person, die ehrenamtlich Betreuungen führen möchte und keine familiäre Beziehung oder persönliche Bindung zum Betroffenen hat, soll vor ihrer ersten Bestellung als ehrenamtlicher Betreuer eine Vereinbarung nach Absatz 1 abschließen.

Titel 3 Berufliche Betreuer

§ 23 Registrierungsvoraussetzungen; Verordnungsermächtigung

(1) Voraussetzungen für eine Registrierung als beruflicher Betreuer sind:

1. die persönliche Eignung und Zuverlässigkeit,
2. eine ausreichende Sachkunde für die Tätigkeit als beruflicher Betreuer und
3. eine Berufshaftpflichtversicherung zur Deckung der sich aus der Berufstätigkeit ergebenden Haftpflichtgefahren für Vermögensschäden mit einer Mindestversicherungssumme von 250.000 Euro für jeden Versicherungsfall und von 1 Million Euro für alle Versicherungsfälle eines Versicherungsjahres.

(2) Die nach Absatz 1 Nummer 1 erforderliche Zuverlässigkeit fehlt in der Regel, wenn

1. die Person hinsichtlich der Tätigkeit als beruflicher Betreuer einem Berufsverbot nach § 70 des Strafgesetzbuchs oder einem vorläufigen Berufsverbot nach § 132a der Strafprozessordnung unterliegt,
2. die Person in den letzten drei Jahren vor Stellung des Registrierungsantrags wegen eines Verbrechens oder eines vorsätzlich begangenen, für die Führung einer Betreuung relevanten Vergehens rechtskräftig verurteilt worden ist,
3. in den letzten drei Jahren vor der Antragstellung eine Registrierung nach § 27 widerrufen worden ist oder
4. die Vermögensverhältnisse der Person ungeordnet sind, was in der Regel der Fall ist, wenn über das Vermögen der Person das Insolvenzverfahren eröffnet worden oder sie in das vom zentralen Vollstreckungsgericht zu führende Schuldnerverzeichnis (§ 882b der Zivilprozessordnung) eingetragen ist.

(3) [1]Die nach Absatz 1 Nummer 2 erforderliche Sachkunde ist gegenüber der Stammbehörde durch Unterlagen nachzuweisen. [2]Sie hat zu umfassen:

1. Kenntnisse des Betreuungs- und Unterbringungsrechts, des dazugehörigen Verfahrensrechts sowie auf den Gebieten der Personen- und Vermögenssorge,

2. Kenntnisse des sozialrechtlichen Unterstützungssystems und
3. Kenntnisse der Kommunikation mit Personen mit Erkrankungen und Behinderungen und von Methoden zur Unterstützung bei der Entscheidungsfindung.

(4) [1]Ist die Person, die eine Registrierung als beruflicher Betreuer beantragt, Mitarbeiter eines nach § 14 anerkannten Betreuungsvereins oder legt sie eine Anstellungszusage eines anerkannten Betreuungsvereins vor und kann sie zum Zeitpunkt der Antragstellung das Vorliegen der Sachkunde nicht vollständig, aber in wesentlichen Teilen nachweisen, kann die Stammbehörde die Person als beruflicher Betreuer registrieren, wenn

1. die Voraussetzungen für die Registrierung nach Absatz 1 Nummer 1 und 3 vorliegen und
2. der Betreuungsverein sicherstellt, dass die Person bis zum vollständigen Nachweis ihrer Sachkunde durch einen Mitarbeiter, der als beruflicher Betreuer registriert ist, bei den von ihr geführten Betreuungen angeleitet und kontrolliert wird.

[2]Die Sachkunde ist gegenüber der Stammbehörde bis zum Ablauf eines Jahres ab Registrierung vollständig nachzuweisen. [3]Die Behörde kann die Frist für die Erbringung des Nachweises verlängern, wenn die registrierte Person nachweist, dass sie ohne ihr Verschulden verhindert ist, die Frist einzuhalten.

(5) Das Bundesministerium der Justiz bestimmt durch Rechtsverordnung mit Zustimmung des Bundesrates Einzelheiten zu den Voraussetzungen der Registrierung nach den Absätzen 1 bis 4, insbesondere die Anforderungen an die Sachkunde und ihren Nachweis einschließlich der Anerkennung und Zertifizierung von Anbietern von Sachkundelehrgängen und betreuungsspezifischen Studien-, Aus- oder Weiterbildungsgängen, an die Anerkennung ausländischer Berufsqualifikationen sowie, auch abweichend von den Vorschriften des Versicherungsvertragsgesetzes für die Pflichtversicherung, an Inhalt und Ausgestaltung der Berufshaftpflichtversicherung einschließlich möglicher Gründe für den Ausschluss der Haftung, die den Zweck der Haftpflichtversicherung nicht gefährden, und der Bestimmung der zuständigen Stelle im Sinne des § 117 Absatz 2 des Versicherungsvertragsgesetzes.

§ 24 Registrierungsverfahren; Verordnungsermächtigung; Registrierungsgebühr

(1) [1]Die Registrierung erfolgt auf Antrag, der bei der Stammbehörde zu stellen ist. [2]Mit dem Antrag sind beizubringen:

1. ein Führungszeugnis nach § 30 Absatz 5 des Bundeszentralregistergesetzes, das nicht älter als drei Monate sein soll,
2. eine Auskunft aus dem zentralen Schuldnerverzeichnis nach § 882b der Zivilprozessordnung, die nicht älter als drei Monate sein soll,
3. eine Erklärung, ob ein Insolvenz-, Ermittlungs- oder Strafverfahren anhängig ist,
4. eine Erklärung, ob in den letzten drei Jahren vor Antragstellung eine Registrierung als Berufsbetreuer versagt, zurückgenommen oder widerrufen wurde, und
5. geeignete Nachweise über den Erwerb der nach § 23 Absatz 1 Nummer 2 und Absatz 3 erforderlichen Sachkunde.

[3]Zudem hat der Antragsteller der Stammbehörde den beabsichtigten zeitlichen Gesamtumfang und die Organisationsstruktur seiner beruflichen Betreuertätigkeit mitzuteilen.

(2) Zur Feststellung der persönlichen Eignung nach § 23 Absatz 1 Nummer 1 hat die Stammbehörde mit dem Antragsteller ein persönliches Gespräch zu führen.

(3) [1]Über den Antrag ist innerhalb von drei Monaten durch Verwaltungsakt zu entscheiden. [2]Die Frist beginnt mit Eingang der vollständigen Unterlagen. [3]Sie kann einmal angemessen verlängert werden, wenn dies wegen der Schwierigkeit der Angelegenheit gerechtfertigt ist. [4]Die Fristverlängerung ist zu begründen und dem Antragsteller rechtzeitig mitzuteilen. [5]Wenn die Voraussetzungen des § 23 Absatz 1 Nummer 1 und 2 vorliegen, fordert die Stammbehörde den Antragsteller vor Ablauf der Frist nach Satz 1 auf, den Nachweis über die Berufshaftpflichtversicherung nach § 23 Absatz 1 Nummer 3 zu erbringen. [6]Sobald sämtliche Voraussetzungen nach § 23 Absatz 1 nachgewiesen sind, nimmt die Stammbehörde die Registrierung vor. [7]Die Registrierung gilt bundesweit.

(4) Das Bundesministerium der Justiz bestimmt durch Rechtsverordnung mit Zustimmung des Bundesrates die Einzelheiten des Registrierungsverfahrens, darunter auch Aufbewahrungs- und Löschungsfristen.

(5) [1]Für jede Registrierung wird eine Gebühr von 200 Euro erhoben. [2]Auslagen werden nicht gesondert erhoben. [3]Im Einzelfall kann aus Gründen der Billigkeit von der Erhebung der Gebühr abgesehen werden. [4]Folgende Registrierungen erfolgen immer gebührenfrei:

1. Registrierungen nach § 28 Absatz 2,
2. Registrierungen nach § 32 Absatz 1 Satz 1 sowie
3. unbefristete Registrierungen für Antragsteller, die nach § 33 vorläufig registriert sind.

§ 25 Mitteilungs- und Nachweispflichten beruflicher Betreuer

(1) [1]Der berufliche Betreuer teilt der Stammbehörde alle Änderungen im Bestand der von ihm geführten Betreuungen alle sechs Monate sowie alle Änderungen, die sich auf die Registrierung auswirken können, unverzüglich mit. [2]Mitzuteilen sind auch Änderungen des zeitlichen Gesamtumfangs und der Organisationsstruktur seiner beruflichen Betreuertätigkeit sowie der Wechsel des Sitzes oder Wohnsitzes des beruflichen Betreuers.

(2) Der berufliche Betreuer hat der Stammbehörde ab der Registrierung alle drei Jahre unaufgefordert ein aktuelles Führungszeugnis nach § 30 Absatz 5 des Bundeszentralregistergesetzes und eine aktuelle Auskunft aus dem zentralen Schuldnerverzeichnis nach § 882b der Zivilprozessordnung vorzulegen sowie die Erklärung nach § 24 Absatz 1 Satz 2 Nummer 3 abzugeben.

(3) Der berufliche Betreuer teilt der Stammbehörde unaufgefordert das Ergebnis des Feststellungsverfahrens nach § 8 Absatz 3 des Vormünder- und Betreuervergütungsgesetzes mit.

§ 26 Umgang mit den für die Registrierung relevanten Daten

(1) Die Stammbehörde verarbeitet die bei der Durchführung ihrer Aufgaben nach diesem Titel erhaltenen Daten einschließlich personenbezogener Daten, soweit dies hierfür erforderlich ist.

(2) Die Stammbehörde ist berechtigt und auf Verlangen des Betreuungsgerichts verpflichtet, diesem die bei ihr über einen beruflichen Betreuer vorhandenen Daten zu übermitteln, soweit dies für die Erfüllung der gesetzlichen Aufgaben des Betreuungsgerichts erforderlich ist.

(3) Die Stammbehörde darf anderen Betreuungsbehörden Daten übermitteln, die sie bei der Durchführung ihrer Aufgaben nach diesem Titel erhalten hat, soweit die Kenntnis dieser Daten zur Erfüllung der Aufgaben der Behörde, an die die Daten übermittelt werden, erforderlich ist.

(4) [1]Gerichte und Behörden dürfen der Stammbehörde personenbezogene Daten übermitteln, soweit deren Kenntnis für die Registrierung oder die Rücknahme oder den Widerruf der Registrierung erforderlich ist. [2]Satz 1 gilt nur, soweit durch die Übermittlung der Daten schutzwürdige Interessen der betroffenen Person nicht beeinträchtigt werden oder soweit das öffentliche Interesse das Geheimhaltungsinteresse der betroffenen Person überwiegt.

§ 27 Widerruf, Rücknahme und Löschung der Registrierung

(1) Die Stammbehörde widerruft die Registrierung unbeschadet der landesrechtlichen Vorschriften, die § 49 des Verwaltungsverfahrensgesetzes entsprechen, wenn

1. begründete Tatsachen die Annahme rechtfertigen, dass der berufliche Betreuer die persönliche Eignung oder Zuverlässigkeit nicht mehr besitzt; dies ist in der Regel der Fall, wenn einer der in § 23 Absatz 2 genannten Gründe nachträglich eintritt, der berufliche Betreuer gegen das Verbot nach § 30 oder beharrlich gegen die Pflichten nach § 25 verstößt,
2. der berufliche Betreuer keine Berufshaftpflichtversicherung nach § 23 Absatz 1 Nummer 3 mehr unterhält,
3. begründete Tatsachen die Annahme rechtfertigen, dass der berufliche Betreuer die Betreuungen dauerhaft unqualifiziert führt; dies ist in der Regel der Fall, wenn der berufliche Betreuer mehrfach wegen fehlender Eignung aus dem Betreuerverhältnis entlassen worden ist, oder
4. der als Mitarbeiter eines nach § 14 anerkannten Betreuungsvereins registrierte berufliche Betreuer den vollständigen Nachweis seiner Sachkunde nicht bis zum Ablauf eines Jahres ab Registrierung oder bis zum Ablauf der verlängerten Frist erbringt (§ 23 Absatz 4 Satz 2 und 3).

(2) Hat der berufliche Betreuer im Registrierungsantrag in wesentlichen Punkten vorsätzlich unrichtige Angaben gemacht oder für die Registrierung relevante Umstände pflichtwidrig verschwiegen und beruht die Registrierung auf diesen Angaben, hat die Stammbehörde die Registrierung unbe-

schadet der landesrechtlichen Vorschriften, die § 48 des Verwaltungsverfahrensgesetzes entsprechen, zurückzunehmen.

(3) Auf Antrag des beruflichen Betreuers oder nach seinem Tod hat die Stammbehörde seine Registrierung zu löschen.

(4) [1]Der Widerruf, die Rücknahme oder die Löschung der Registrierung gelten bundesweit. [2]Den Widerruf, die Rücknahme oder die Löschung der Registrierung hat die Stammbehörde sämtlichen Betreuungsgerichten, bei welchen der berufliche Betreuer Betreuungen führt, sowie den jeweils für den Gerichtsbezirk zuständigen Betreuungsbehörden mitzuteilen.

§ 28 Wechsel des Sitzes oder Wohnsitzes

(1) Ändert der berufliche Betreuer seinen Sitz oder Wohnsitz und ist deshalb eine andere Stammbehörde örtlich zuständig, hat er dies der neuen Stammbehörde unverzüglich anzuzeigen.

(2) [1]Die neue Stammbehörde hat den beruflichen Betreuer zu registrieren. [2]Eine erneute Prüfung der Registrierungsvoraussetzungen findet anlässlich des Zuständigkeitswechsels nicht statt. [3]Die bisher zuständige Stammbehörde hat sämtliche Unterlagen und Daten, die den beruflichen Betreuer betreffen, an die neue Stammbehörde zu übermitteln.

§ 29 Fortbildung

[1]Der berufliche Betreuer stellt in eigener Verantwortung seine regelmäßige berufsbezogene Fortbildung sicher. [2]Nachweise über die erfolgte Fortbildung sind der Stammbehörde vorzulegen.

§ 30 Leistungen an berufliche Betreuer

(1) [1]Einem beruflichen Betreuer ist es untersagt, von dem von ihm Betreuten Geld oder geldwerte Leistungen anzunehmen. [2]Dies gilt auch für Zuwendungen im Rahmen einer Verfügung von Todes wegen. [3]Die gesetzliche Betreuervergütung bleibt hiervon unberührt.

(2) Absatz 1 Satz 1 und 2 gilt nicht, wenn

1. andere als die mit der Betreuervergütung abgegoltenen Leistungen vergütet werden, insbesondere durch die Zahlung von Aufwendungsersatz nach § 1877 Absatz 3 des Bürgerlichen Gesetzbuchs, oder
2. geringwertige Aufmerksamkeiten versprochen oder gewährt werden.

(3) [1]Das Betreuungsgericht kann auf Antrag des Betreuers im Einzelfall Ausnahmen von dem Verbot des Absatzes 1 Satz 1 und 2 zulassen, soweit der Schutz des Betreuten dem nicht entgegensteht. [2]Entscheidungen nach Satz 1 sind der für den beruflichen Betreuer zuständigen Stammbehörde mitzuteilen.

Abschnitt 4 Offenbarungsbefugnisse für Geheimnisträger

§ 31 Beratung und Übermittlung von Informationen durch Geheimnisträger bei Gefährdung von Betreuten

(1) Werden

1. Ärzten oder Angehörigen eines anderen Heilberufes, der für die Berufsausübung oder die Führung der Berufsbezeichnung eine staatlich geregelte Ausbildung erfordert,
2. Berufspsychologen mit staatlich anerkannter wissenschaftlicher Abschlussprüfung,
3. Beratern für Suchtfragen in einer Beratungsstelle, die von einer Behörde oder Körperschaft, Anstalt oder Stiftung des öffentlichen Rechts anerkannt ist, oder
4. staatlich anerkannten Sozialarbeitern oder staatlich anerkannten Sozialpädagogen

in Ausübung ihrer beruflichen Tätigkeit gewichtige Anhaltspunkte für eine Gefährdung der Person des Betreuten bekannt, so sollen sie dies mit diesem und dem Betreuer erörtern und, soweit erforderlich, auf die Inanspruchnahme von Hilfen hinwirken, soweit hierdurch der wirksame Schutz des Betreuten nicht in Frage gestellt wird.

(2) [1]Die in Absatz 1 Nummer 1 bis 4 genannten Personen haben gegenüber der Betreuungsbehörde zur Einschätzung einer Gefährdung der Person des Betreuten Anspruch auf Beratung durch eine Fachkraft. [2]Sie sind zu diesem

Zweck befugt, dieser Fachkraft die zur Einschätzung einer Gefährdung erforderlichen Daten zu übermitteln; vor der Übermittlung sind diese Daten zu pseudonymisieren.

(3) [1]Kann eine Gefährdung des Betreuten durch eine Erörterung nach Absatz 1 nicht abgewendet werden oder ist die Erörterung erfolglos geblieben und halten die in Absatz 1 Nummer 1 bis 4 genannten Personen ein Tätigwerden des Betreuungsgerichts für erforderlich, um eine Gefährdung der Person des Betreuten abzuwenden, so sind sie befugt, das Betreuungsgericht zu informieren. [2]Auf die Möglichkeit einer solchen Information ist der Betreuer vorab hinzuweisen, es sei denn, dass damit der wirksame Schutz des Betreuten in Frage gestellt wird. [3]Zum Zweck der Information des Betreuungsgerichts sind die in Absatz 1 Nummer 1 bis 4 genannten Personen befugt, diesem die erforderlichen Daten zu übermitteln.

Abschnitt 5 Übergangsvorschriften

§ 32 Registrierung von bereits tätigen beruflichen Betreuern; vorläufige Registrierung

(1) [1]Betreuer, die bereits vor dem 1. Januar 2023 berufsmäßig Betreuungen geführt haben und weiterhin führen, werden auf ihren Antrag von der zuständigen Stammbehörde ohne Überprüfung der Voraussetzungen des § 23 Absatz 1 Nummer 1 und 2 registriert. [2]Zum Nachweis der berufsmäßigen Führung von Betreuungen ist dem Antrag ein Beschluss nach § 286 Absatz 1 Nummer 2 oder 4 des Gesetzes über das Verfahren in Familiensachen und in den Angelegenheiten der freiwilligen Gerichtsbarkeit über eine vom Antragsteller aktuell geführte Betreuung beizufügen. [3]Mit dem Antrag sind außerdem ein Nachweis über eine Berufshaftpflichtversicherung nach § 23 Absatz 1 Nummer 3 sowie die Unterlagen nach § 24 Absatz 1 Nummer 1 und 2 beizubringen. [4]Zudem sind der zeitliche Gesamtumfang, die Organisationsstruktur der beruflichen Betreuertätigkeit und die Aktenzeichen der gerichtlichen Betreuungsverfahren zu den aktuell geführten Betreuungen mitzuteilen. [5]Der Antrag ist innerhalb von sechs Monaten nach dem 1. Januar 2023 zu stellen. [6]Ab dem 1. Januar 2023 bis zur Entscheidung über den Antrag nach Satz 5 gelten die in Satz 1 genannten Betreuer als vorläufig registriert. [7]Wird kein Antrag nach Satz 5 gestellt, endet die vor-

läufige Registrierung mit Ablauf des 30. Juni 2023. [8]§ 27 Absatz 4 Satz 2 gilt entsprechend.

(2) [1]Bei Personen, die zum 1. Januar 2023 bereits seit mindestens drei Jahren berufsmäßig Betreuungen geführt haben, ist davon auszugehen, dass sie über die nach § 23 Absatz 1 Nummer 2 erforderliche Sachkunde verfügen. [2]Alle übrigen bereits vor dem 1. Januar 2023 beruflich tätigen Betreuer haben bis zum 30. Juni 2025 ihre Sachkunde nach § 24 Absatz 1 Satz 2 Nummer 5 nachzuweisen. [3]Erfolgt dieser Nachweis nicht, hat die Behörde die Registrierung entsprechend § 27 zu widerrufen.

§ 33 Vorläufige Registrierung

[1]Antragsteller, die die Voraussetzungen für eine Registrierung nach § 23 Absatz 1 Nummer 1 und 3 erfüllen, kann die zuständige Stammbehörde vorläufig registrieren, wenn sie

1. die nach § 23 Absatz 1 Nummer 2 erforderliche Sachkunde teilweise nachweisen können und
2. den vollständigen Nachweis der Sachkunde nach § 24 Absatz 1 Satz 2 Nummer 5 nur noch nicht erbringen können, weil die hierfür notwendigen Studien-, Aus- oder Weiterbildungsangebote nicht verfügbar sind.

[2]Mit der vorläufigen Registrierung werden die Antragsteller berufliche Betreuer. [3]Die vorläufige Registrierung endet spätestens mit Ablauf des 30. Juni 2025. [4]§ 27 Absatz 4 Satz 2 gilt entsprechend.

§ 34 Anwendungsvorschrift zu § 7

§ 7 Absatz 1 Satz 2 ist nur auf Vollmachten anzuwenden, die seit dem 1. Januar 2023 durch die Behörde nach § 7 Absatz 1 Satz 1 öffentlich beglaubigt worden sind.

VII. Verordnung über die Registrierung von beruflichen Betreuern (Betreuerregistrierungsverordnung – BtRegV)

Vom 13. Juli 2022 (BGBl. I S. 1154).

Eingangsformel

Auf Grund des § 23 Absatz 4 und des § 24 Absatz 4 des Betreuungsorganisationsgesetzes, von denen § 23 Absatz 4 durch Artikel 6 Nummer 1 Buchstabe b des Gesetzes vom 24. Juni 2022 (BGBl. I S. 959) neu gefasst und § 24 Absatz 4 durch Artikel 6 Nummer 2 des Gesetzes vom 24. Juni 2022 (BGBl. I S. 959) geändert worden ist, verordnet das Bundesministerium der Justiz:

§ 1 Anwendungsbereich

(1) Diese Verordnung dient der Sicherung der Qualität in der rechtlichen Betreuung und soll gewährleisten, dass berufliche Betreuer befähigt sind, ihre Aufgabe gegenüber den von ihnen betreuten Menschen verantwortungsvoll auszuüben.

(2) Diese Verordnung regelt die Einzelheiten

1. der nach § 23 Absatz 1 Nummer 1 des Betreuungsorganisationsgesetzes für die Registrierung als beruflicher Betreuer erforderlichen persönlichen Eignung,
2. der nach § 23 Absatz 1 Nummer 2 des Betreuungsorganisationsgesetzes für die Registrierung als beruflicher Betreuer erforderlichen Sachkunde sowie ihren Nachweis,
3. der Anforderungen an einen Sachkundelehrgang und dessen Anerkennung,
4. der Anerkennung ausländischer Berufsqualifikationen und
5. des Registrierungsverfahrens.

§ 2 Persönliche Eignung

Der Antragsteller muss die Gewähr dafür bieten, seine Aufgaben als rechtlicher Betreuer, insbesondere diejenigen, die sich aus § 1821 des Bürgerlichen Gesetzbuchs ergeben, erfüllen zu können.

§ 3 Sachkunde

(1) Die nach § 23 Absatz 3 Satz 2 Nummer 1 des Betreuungsorganisationsgesetzes erforderliche Sachkunde umfasst folgende Kenntnisse einschließlich der Fähigkeit zu ihrer praktischen Anwendung:

1. Kenntnisse über die gesetzlichen Voraussetzungen der Betreuerbestellung und der Anordnung eines Einwilligungsvorbehalts, die rechtlichen Grundlagen der Betreuungsführung, insbesondere die Pflichten des Betreuers gegenüber dem Betreuten und dem Betreuungsgericht, sowie über die gesetzlichen Voraussetzungen für Freiheitsentziehungen und ärztliche Zwangsmaßnahmen, jeweils einschließlich des dazugehörigen Verfahrensrechts,
2. Kenntnisse auf dem Gebiet der Personensorge, insbesondere Grundkenntnisse über typische betreuungsrelevante Erkrankungen und Behinderungen, deren Auswirkungen, Gefahren und Behandlungsmöglichkeiten, Patientenrechte, Einwilligungsfähigkeit, Anforderungen an und Rechtsfolgen von Patientenverfügungen, Möglichkeiten der Vermeidung von Freiheitsentziehungen und ärztlichen Zwangsmaßnahmen und
3. Kenntnisse auf dem Gebiet der Vermögenssorge, insbesondere über die Grundlagen der Rechtsgeschäftslehre, des Miet- und Kaufvertragsrechts, der Haftung, der Vermögensverwaltung und der Schuldenregulierung.

(2) Die nach § 23 Absatz 3 Satz 2 Nummer 2 des Betreuungsorganisationsgesetzes erforderliche Sachkunde umfasst folgende Kenntnisse:

1. Kenntnisse des Sozialrechts, insbesondere zu
   a) Grundlagen und Umfang der Leistungen zur Sicherung des Lebensunterhalts einschließlich der Kosten der Unterkunft, vor allem nach dem Zweiten und Zwölften Buch Sozialgesetzbuch,
   b) Sozialleistungsansprüchen nach dem Fünften, Sechsten und Elften Buch Sozialgesetzbuch,

   c) Ermittlung, Geltendmachung und Durchsetzung von sozialrechtlichen Ansprüchen unter Beachtung sozialrechtlicher Mitwirkungspflichten und
2. Kenntnisse zu Sozial- und Hilfestrukturen in der Praxis, insbesondere zu
   a) Teilhabeleistungen vor allem nach dem Neunten Buch Sozialgesetzbuch,
   b) Pflegeleistungen in Kombination mit anderen Leistungen nach dem Sozialgesetzbuch und
   c) Methoden zur fallbezogenen Erschließung und Nutzung von Sozial- und Hilfestrukturen sowie von Netzwerken.

(3) Die nach § 23 Absatz 3 Satz 2 Nummer 3 des Betreuungsorganisationsgesetzes erforderliche Sachkunde umfasst folgende Kenntnisse:

1. Grundlagen der Kommunikation und Umsetzung in der Praxis und
2. betreuungsspezifische Kommunikation und Methoden zur Unterstützung bei der Entscheidungsfindung.

(4) Die Einzelheiten der inhaltlichen Anforderungen an die Sachkunde nach den Absätzen 1 bis 3 ergeben sich aus den in der Anlage bestimmten Modulen.

§ 4 Nachweis der Sachkunde

Die erforderliche Sachkunde ist wie folgt nachzuweisen:

1. durch ein Zeugnis über den erfolgreichen Abschluss eines anerkannten Studien-, Aus- oder Weiterbildungsgangs nach § 5,
2. durch ein Zeugnis über den erfolgreichen Abschluss eines anerkannten Sachkundelehrgangs nach § 6 oder
3. durch anderweitige Nachweise nach § 7.

§ 5 Nachweis der Sachkunde durch betreuungsspezifische Studien-, Aus- oder Weiterbildungsgänge

(1) Die erforderliche Sachkunde kann durch ein Zeugnis über den erfolgreichen Abschluss eines nach Absatz 2 Satz 1 anerkannten Studiengangs nachgewiesen werden.

(2) [1]Auf Antrag der Hochschule erteilt die nach Landesrecht zuständige Behörde für einen im jeweiligen Land von der Hochschule angebotenen Studiengang die Anerkennung, wenn dieser alle für den Nachweis der Sachkunde erforderlichen Kenntnisse nach § 3 Absatz 1 bis 3 vermittelt. [2]Eine nach Satz 1 erteilte Anerkennung gilt bundesweit.

(3) Die Absätze 1 und 2 gelten entsprechend für Aus- und Weiterbildungsgänge, die von oder in Kooperation mit Hochschulen angeboten werden und die alle Kenntnisse nach § 3 einschließlich der in der Anlage konkretisierten Inhalte vermitteln.

§ 6 Nachweis der Sachkunde durch Sachkundelehrgang

(1) Die erforderliche Sachkunde kann durch ein Zeugnis über den erfolgreichen Abschluss eines nach § 8 Absatz 1 anerkannten Sachkundelehrgangs nachgewiesen werden.

(2) [1]Ein Sachkundelehrgang besteht aus den in der Anlage bestimmten Modulen. [2]Die Vermittlung der in den Modulen vorgesehenen Inhalte hat auch praktische Übungen zu umfassen. [3]Der Umfang eines gesamten Sachkundelehrgangs beträgt mindestens 270 Zeitstunden einschließlich Vor- und Nachbereitungszeit. [4]Die einzelnen Module müssen mindestens die in Spalte 3 der Anlage aufgeführten Zeitstunden umfassen.

(3) Jedes Modul endet mit einer Prüfung, deren Bestehen den erfolgreichen Abschluss des Moduls nachweist.

§ 7 Anderweitiger Nachweis der Sachkunde

(1) [1]Die erforderliche Sachkunde kann auch durch Zeugnisse oder sonstige Leistungsnachweise über nicht nach § 5 Absatz 2 und 3 anerkannte Studien-, Aus- oder Weiterbildungsgänge nachgewiesen werden, wenn diese den Erwerb aller Kenntnisse nach § 3 belegen. [2]Zeugnisse und sonstige Leistungsnachweise können, soweit erforderlich, durch weitere Unterlagen ergänzt werden.

(2) Kann der Antragsteller Teilbereiche der Kenntnisse nach § 3 anderweitig nachweisen, hat er im Übrigen seine Sachkunde durch den erfolgreichen Abschluss eines oder mehrerer Module eines nach § 8 Absatz 1 anerkann-

ten Sachkundelehrgangs oder eines nach § 5 anerkannten Studien-, Aus- oder Weiterbildungsgangs nachzuweisen.

(3) [1]Ein anderweitiger Nachweis ist nur geführt, soweit die nachgewiesenen Kenntnisse nach Inhalt und Umfang den Anforderungen gemäß § 6 Absatz 2 einschließlich der Anlage im Wesentlichen gleichwertig sind. [2]Hierzu kann die Stammbehörde in Zweifelsfällen eine Stellungnahme der nach Landesrecht für die Anerkennung nach § 8 Absatz 1 zuständigen Behörde einholen.

(4) Auf Antrag entscheidet die Stammbehörde bereits vor Einleitung des Registrierungsverfahrens durch gesonderten Bescheid, ob und inwieweit der anderweitige Nachweis durch die vorgelegten Unterlagen erbracht werden kann.

(5) [1]Kann der Antragsteller Teilbereiche der Kenntnisse nach § 3 anderweitig nachweisen und verfügt er über eine mehrjährige für die Führung der Betreuung nutzbare Berufserfahrung, die einem Nachweis nach Absatz 2 im Wesentlichen gleichwertig ist, oder eine entsprechende mehrjährige Erfahrung als ehrenamtlicher Betreuer, kann die Stammbehörde auf Antrag im Einzelfall entscheiden, dass seine Sachkunde im Übrigen vermutet wird. [2]Diese Entscheidung ist bezogen auf den Einzelfall zu begründen.

(6) Die für die Registrierung erforderliche Sachkunde gilt bei Antragstellern mit der Befähigung zum Richteramt und denjenigen, die ein Studium der Sozialpädagogik oder der Sozialen Arbeit erfolgreich abgeschlossen haben, als nachgewiesen.

§ 8 Anerkennung von Sachkundelehrgängen

(1) [1]Ein Sachkundelehrgang ist auf Antrag des Anbieters von der nach Landesrecht zuständigen Behörde anzuerkennen, wenn

1. der Sachkundelehrgang die Voraussetzungen des § 6 Absatz 2 erfüllt,
2. der Anbieter für die Vermittlung der in der Anlage vorgesehenen Inhalte Lehrkräfte einsetzt, die
   a) über einen Abschluss eines Hochschulstudiums oder einer Berufsausbildung verfügen und

b) über die jeweils erforderlichen fachlichen Kenntnisse verfügen, um die in der Anlage aufgeführten Inhalte, für die sie jeweils eingesetzt werden, zu vermitteln,
3. der Anbieter die Gewähr für eine ordnungsgemäße Durchführung des Lehrbetriebs und des Prüfungsverfahrens bietet,
4. der Anbieter eine Prüfungsordnung zur Gewährleistung eines transparenten und nachprüfbaren Verfahrens für die Durchführung der Modulprüfungen nachweist,
5. der Anbieter eine Finanzierungsplanung für den Sachkundelehrgang vorlegt, die den Bestand des Lehrgangs für die Dauer der Anerkennung finanziell gesichert erscheinen lässt, und
6. der Anbieter die teilnehmerbezogenen Lehrgangskosten nachvollziehbar darlegt.

[2]Für die Anerkennung örtlich zuständig ist die nach Landesrecht bestimmte Behörde, in deren Zuständigkeitsbereich sich der Hauptsitz des Anbieters befindet.

(2) [1]Die Anerkennung gilt bundesweit. [2]Sie ist auf fünf Jahre befristet. [3]Die Anerkennung kann auch nachträglich mit Nebenbestimmungen verbunden werden.

(3) [1]Die Anerkennung ist unbeschadet der landesrechtlichen Vorschriften, die § 48 des Verwaltungsverfahrensgesetzes entsprechen, zurückzunehmen, wenn der Anbieter die Anerkennung wie folgt erwirkt hat:

1. durch arglistige Täuschung, Drohung oder Bestechung oder
2. vorsätzlich oder grob fahrlässig durch Angaben, die im Wesentlichen unrichtig oder unvollständig waren.

[2]Die Rücknahme hat keine Auswirkungen auf vor ihrer Bestandskraft erteilte Abschlusszeugnisse.

(4) Die Anerkennung ist unbeschadet der landesrechtlichen Vorschriften, die § 49 des Verwaltungsverfahrensgesetzes entsprechen, zu widerrufen, wenn der Anbieter die Voraussetzungen nach Absatz 1 ganz oder teilweise nicht mehr erfüllt.

(5) Die Anerkennung wird auf Antrag um jeweils fünf Jahre verlängert, wenn die Voraussetzungen des Absatzes 1 weiter vorliegen.

(6) Die Absätze 1 bis 5 gelten entsprechend für die Anerkennung einzelner in der Anlage aufgeführter Module.

§ 9 Anerkennung im Ausland erworbener Berufsqualifikationen; Anzeige der grenzüberschreitenden Erbringung von Dienstleistungen als beruflicher Betreuer[1]

(1) Als Nachweis der erforderlichen Sachkunde durch einen Staatsangehörigen eines Mitgliedstaates der Europäischen Union oder eines Vertragsstaates des Abkommens über den Europäischen Wirtschaftsraum werden in einem anderen Mitgliedstaat erworbene Befähigungs- oder Ausbildungsnachweise, falls notwendig auch in Verbindung mit weiteren Unterlagen, anerkannt, sofern

1. der in einem anderen Mitgliedstaat erworbene Befähigungs- oder Ausbildungsnachweis die Befähigung zu einer vergleichbaren beruflichen Tätigkeit belegt wie das entsprechende inländische Abschlusszeugnis oder der entsprechende inländische sonstige Leistungsnachweis,
2. der Befähigungs- oder Ausbildungsnachweis in dem anderen Mitgliedstaat erforderlich ist, um in dessen Hoheitsgebiet die Erlaubnis zur Aufnahme und Ausübung dieses Berufs zu erhalten,
3. der Antragsteller zur Ausübung dieser beruflichen Tätigkeit in dem anderen Mitgliedstaat berechtigt ist und
4. zwischen den nachgewiesenen ausländischen Berufsqualifikationen und der entsprechenden inländischen Berufsbildung keine wesentlichen Unterschiede bestehen.

(2) [1]Als Nachweis der erforderlichen Sachkunde durch einen Staatsangehörigen eines Mitgliedstaates der Europäischen Union oder eines Vertragsstaates des Abkommens über den Europäischen Wirtschaftsraum werden in einem anderen Mitgliedstaat erworbene Befähigungs- oder Ausbildungsnachweise, falls notwendig auch in Verbindung mit weiteren Unterlagen, auch dann anerkannt, sofern

1 § 9 dieser Verordnung dient der Umsetzung der Richtlinie 2005/36/EG des Europäischen Parlaments und des Rates vom 7. September 2005 über die Anerkennung von Berufsqualifikationen (ABl. L 255 vom 30. September 2005, S. 22; L 271 vom 16. Oktober 2007, S. 18; L 93 vom 4. April 2008, S. 28; L 33 vom 3. Februar 2009, S. 49; L 305 vom 24. Oktober 2014, S. 115), die zuletzt durch den Delegierten Beschluss (EU) 2021/2183 (ABl. L 444 vom 10. Oktober 2021, S. 16) geändert worden ist.

1. die Tätigkeit des beruflichen Betreuers in dem anderen Mitgliedstaat nicht reglementiert ist,
2. die Befähigungs- und Ausbildungsnachweise in dem anderen Mitgliedstaat von einer entsprechend dessen Rechts- und Verwaltungsvorschriften benannten zuständigen Behörde ausgestellt worden sind,
3. diese bescheinigen, dass der Inhaber auf die Ausübung des betreffenden Berufs vorbereitet wurde und
4. der Antragsteller den Beruf in diesem Mitgliedstaat in den vorangegangenen zehn Jahren mindestens ein Jahr lang in Vollzeit oder während einer entsprechenden Gesamtdauer in Teilzeit ausgeübt hat.

[2]Die mindestens einjährige Berufserfahrung darf nicht verlangt werden, wenn durch den Ausbildungsnachweis, über den der Antragsteller verfügt, ein reglementierter Ausbildungsgang belegt wird.

(3) [1]Unterscheiden sich die von einem Antragsteller nach Absatz 1 oder 2 durch ausländische Berufsqualifikationen nachgewiesenen Kenntnisse hinsichtlich der zugrundeliegenden Sachgebiete nach Inhalt und Umfang wesentlich von den in § 6 Absatz 2 vorgesehenen Anforderungen an den Sachkundelehrgang, stellt die Stammbehörde auf Grundlage der in der Anlage bestimmten Module des Sachkundelehrgangs durch gesonderten Bescheid fest, in welchen der in den Modulen aufgeführten Sachgebieten keine ausreichenden Kenntnisse nachgewiesen wurden. [2]Die Registrierung des Antragstellers als beruflicher Betreuer kann in diesen Fällen nur erfolgen, wenn der Antragsteller ein Zeugnis über die erfolgreiche Teilnahme an den durch gesonderten Bescheid benannten Modulen (Eignungsprüfung) vorlegt.

(4) Will ein Staatsangehöriger eines Mitgliedstaates der Europäischen Union oder eines Vertragsstaates des Abkommens über den Europäischen Wirtschaftsraum die Tätigkeit als beruflicher Betreuer, zu deren Ausübung er in einem dieser Staaten rechtmäßig niedergelassen ist, im Inland nur vorübergehend und gelegentlich ausüben, ist § 13a der Gewerbeordnung mit den Maßgaben entsprechend anzuwenden, dass

1. die nach § 2 Absatz 4 Satz 3 des Betreuungsorganisationsgesetzes örtlich zuständige Stammbehörde die für die Anerkennung der Berufsqualifikation zuständige öffentliche Stelle ist und
2. der Dienstleistungserbringer den Nachweis nach § 13a Absatz 5 Satz 1 Nummer 3 der Gewerbeordnung zu übermitteln hat.

§ 10 Berufshaftpflichtversicherung

(1) Von der Berufshaftpflichtversicherung nach § 23 Absatz 1 Nummer 3 des Betreuungsorganisationsgesetzes kann insbesondere die Haftung für Ersatzansprüche wegen wissentlicher Pflichtverletzung ausgeschlossen werden.

(2) [1]Die Vereinbarung eines Selbstbehalts bis zu einem Prozent der Mindestversicherungssumme ist zulässig. [2]Ein Selbstbehalt des Versicherungsnehmers kann dem Dritten nicht entgegengehalten und gegenüber einer mitversicherten Person nicht geltend gemacht werden.

(3) [1]Im Versicherungsvertrag ist der Versicherer zu verpflichten, der für die Registrierung des Betreuers zuständigen Stammbehörde die Beendigung oder Kündigung des Versicherungsvertrages sowie jede Änderung des Versicherungsvertrages, die den vorgeschriebenen Versicherungsschutz beeinträchtigt, unverzüglich anzuzeigen. [2]Die für die Registrierung des Betreuers zuständige Stammbehörde hat dem Versicherer das Datum des Eingangs der Anzeige mitzuteilen. [3]Sie erteilt Dritten zur Geltendmachung von Schadensersatzansprüchen auf Antrag Auskunft über den Namen und die Adresse der Berufshaftpflichtversicherung des Betreuers sowie die Versicherungsnummer, soweit das Auskunftsinteresse das schutzwürdige Interesse des Betreuers an der Nichterteilung dieser Auskunft überwiegt. [4]Die für die Registrierung des Betreuers zuständige Stammbehörde ist zuständige Stelle im Sinne des § 117 Absatz 2 des Versicherungsvertragsgesetzes.

(4) Der Mitarbeiter eines nach § 14 des Betreuungsorganisationsgesetzes anerkannten Betreuungsvereins kann die nach § 23 Absatz 1 Nummer 3 des Betreuungsorganisationsgesetzes erforderliche Berufshaftpflichtversicherung durch Vorlage einer dem anerkannten Betreuungsverein ausgestellten Bescheinigung nach § 113 Absatz 2 des Versicherungsvertragsgesetzes nachweisen, aus der sich das Bestehen eines den Anforderungen des § 23 Absatz 1 Nummer 3 des Betreuungsorganisationsgesetzes in Verbindung mit den Absätzen 1 bis 3 entsprechenden Versicherungsschutzes für diesen Mitarbeiter ergibt.

§ 11 Mitteilung der Organisationsstruktur

Die Mitteilung der beabsichtigten Organisationsstruktur der beruflichen Betreuertätigkeit nach § 24 Absatz 1 Satz 3 des Betreuungsorganisationsgesetzes hat mindestens folgende Angaben zu umfassen:

1. Vorhandensein, Anzahl und Beschäftigungsumfang von Mitarbeitern,
2. Art und Umfang der Räumlichkeiten, in denen die Tätigkeit ausgeübt wird, und
3. Art und Umfang der Erreichbarkeit.

§ 12 Gespräch zur Feststellung der persönlichen Eignung

(1) [1]Die Stammbehörde soll das Gespräch mit dem Antragsteller zur Feststellung der persönlichen Eignung nach § 24 Absatz 2 des Betreuungsorganisationsgesetzes mit mindestens zwei Mitarbeitern der Stammbehörde führen, von denen mindestens einer über Berufserfahrung auf dem Gebiet der rechtlichen Betreuung verfügt. [2]Die Stammbehörde kann anstelle eines eigenen Mitarbeiters auch einen Mitarbeiter einer anderen Behörde hinzuziehen.

(2) Das Gespräch ist zu protokollieren.

§ 13 Registrierungsverfahren

(1) Anträge nach § 24 Absatz 1 Satz 1 des Betreuungsorganisationsgesetzes sind in Textform zu stellen.

(2) [1]Ist der Antragsteller oder der registrierte berufliche Betreuer Mitarbeiter eines nach § 14 des Betreuungsorganisationsgesetzes anerkannten Betreuungsvereins, teilt die Stammbehörde Entscheidungen, die diesen betreffen, auch dem Betreuungsverein mit. [2]Der Betreuungsverein teilt der Stammbehörde das Ausscheiden eines als beruflicher Betreuer tätigen Mitarbeiters aus dem Beschäftigungsverhältnis unverzüglich mit.

(3) Von Zeugnissen und Nachweisen, die nicht in deutscher Sprache ausgestellt sind, kann die Vorlage einer Übersetzung in die deutsche Sprache verlangt werden.

§ 14 Aufbewahrungsfrist

Folgende Akten und elektronische Akten sind für einen Zeitraum von zehn Jahren nach der Beendigung des Verfahrens aufzubewahren:

1. Akten, in denen eine beantragte Registrierung bestandskräftig abgelehnt worden ist, und
2. Akten, in denen eine Registrierung bestandskräftig widerrufen oder zurückgenommen worden ist.

§ 15 Übergangsvorschrift zu § 32 Absatz 2 Satz 2 des Betreuungsorganisationsgesetzes

Abweichend von § 7 kann die Stammbehörde Antragsteller nach § 32 Absatz 2 Satz 2 des Betreuungsorganisationsgesetzes auch dann registrieren, wenn diese ihre Sachkunde durch die Vorlage von Unterlagen nachweisen können, die den Erwerb von Kenntnissen belegen, die nach Inhalt und Umfang den in § 6 Absatz 2 in Verbindung mit den in der Anlage vorgesehenen Modulen genannten Voraussetzungen des Sachkundelehrgangs im Wesentlichen entsprechen.

§ 16 Inkrafttreten

Diese Verordnung tritt am 1. Januar 2023 in Kraft.

Anlage zu § 3 Absatz 4
Inhaltliche Anforderungen an die Sachkunde (Module)

Vorbemerkung: Die Inhalte der Module werden grundsätzlich in Lehrveranstaltungen vermittelt, die in Präsenz oder online durchgeführt werden und praktische Übungen umfassen. Prüfungszeiten sind in den vorgeschriebenen Zeitstunden enthalten. Antragsteller, die über einen Hochschulabschluss verfügen, können bis zu 50 Prozent der Zeitstunden des jeweiligen Moduls mit Ausnahme der Module 10 und 11 in Selbstlernphasen absolvieren. Alle übrigen Antragsteller können bis zu 15 Prozent der Zeitstunden des jeweiligen Moduls mit Ausnahme der Module 10 und 11 in Selbstlernphasen absolvieren.

Modul 1 Betreuerbestellung und Zusammenarbeit mit dem Betreuungsgericht

Zu Absatz 1 Nummer 1:

Unterrichtsinhalte: Betreuerbestellung: Voraussetzungen, Verfahren, Sachverhaltsermittlung

Anordnung eines Einwilligungsvorbehalts: Voraussetzungen,Grenzen

Verfahren

Aufgabenbereiche

Aufsicht durch das Betreuungsgericht

Berichts-, Auskunfts- und Mitteilungspflichten

Genehmigungsvorbehalte einschließlich Verfahren

Gesamter Zeitaufwand in Zeitstunden: 15

Modul 2 Betreuungsführung

Zu Absatz 1 Nummer 1:

Unterrichtsinhalte: UN-Behindertenrechtskonvention, insbesondere Artikel 12: Unterstützung bei der Ausübung der Rechts- und Handlungsfähigkeit, Bedeutung der Grundrechte

Ermittlung der Wohn- und Lebenslage des Betreuten

Erarbeitung der Betreuungsziele

Vorrang der Unterstützung und Willensvorrang nach § 1821 BGB

Wille, Wünsche, Präferenzen

Erforderlichkeitsgrundsatz im Innenverhältnis Schutzpflichten

Gesamter Zeitaufwand in Zeitstunden: 30

Modul 3 Recht der Unterbringung und der ärztlichen Zwangsmaßnahmen

Zu Absatz 1 Nummer 1:

Unterrichtsinhalte: Freiheitsentziehende Unterbringung und sonstige freiheitsentziehende Maßnahmen nach Betreuungsrecht und nach öffentlichem Recht: Voraussetzungen und Verfahren

Einwilligung in ärztliche Zwangsmaßnahmen: Voraussetzungen und Verfahren

Aufgaben des Betreuers während des Vollzugs einer freiheitsentziehenden Unterbringung, sonstiger freiheitsentziehender Maßnahmen und ärztlicher Zwangsmaßnahmen
Gesamter Zeitaufwand in Zeitstunden: 15

Modul 4 Personensorge 1

Zu Absatz 1 Nummer 2:

Unterrichtsinhalte: Grundkenntnisse über typische betreuungsrelevante Erkrankungen und Behinderungen, deren Auswirkungen, Gefahren und Behandlungsmöglichkeiten
Möglichkeiten der Vermeidung einer freiheitsentziehenden Unterbringung, sonstiger freiheitsentziehender Maßnahmen und ärztlicher Zwangsmaßnahmen
Gesamter Zeitaufwand in Zeitstunden: 15

Modul 5 Personensorge 2

Zu Absatz 1 Nummer 2:

Unterrichtsinhalte: Behandlungsvertragsrecht, Einwilligungsfähigkeit und Patientenrechte
Behandlungswünsche, Patientenverfügung, Sterbewunsch
Einwilligung des Betreuers bei gefährlichen ärztlichen Maßnahmen: Voraussetzungen und Verfahren
Aufgabe von Wohnraum
Umgangs- und Aufenthaltsbestimmung
Gesamter Zeitaufwand in Zeitstunden: 15

Modul 6 Vermögenssorge 1

Zu Absatz 1 Nummer 3:

Unterrichtsinhalte: Grundkenntnisse über Geschäftsfähigkeit
Recht der Stellvertretung
allgemeines Schuldrecht einschließlich Haftungsfragen
Kaufvertragsrecht

Schuldenregulierung, Mahn- und Vollstreckungsbescheid, Zwangsvollstreckung, Insolvenzverfahren
Gesamter Zeitaufwand in Zeitstunden: 15

Modul 7 Vermögenssorge 2

Zu Absatz 1 Nummer 3:

Unterrichtsinhalte: Vermögensverwaltung und Verfügungen über das Betreutenvermögen
Vermögensverzeichnis, Rechnungslegung und Genehmigungsvorbehalte
Betreuungsrelevante Aspekte des Miet- und Heimrechts
Betreuungsrelevante Aspekte des Erb- und Familienrechts
Gesamter Zeitaufwand in Zeitstunden: 15

Modul 8 Sozialrecht 1: Kenntnisse des Sozialrechts

Zu Absatz 2 Nummer 1:

Unterrichtsinhalte: Das Sozialrecht (SGB und SGG) im Überblick, insbesondere Leistungen zur Sicherung des Lebensunterhalts einschließlich der Kosten der Unterkunft, vor allem nach dem SGB II und XII
Sozialleistungsansprüche nach dem SGB V, VI und XI
Ermittlung, Geltendmachung und Durchsetzung von sozialrechtlichen Ansprüchen sowie sozialrechtliche Mitwirkungspflichten
Gesamter Zeitaufwand in Zeitstunden: 30

Modul 9 Sozialrecht 2: Sozial- und Hilfestrukturen in der Praxis

Zu Absatz 2 Nummer 2:

Unterrichtsinhalte: Teilhabeleistungen vor allem nach SGB IX
Teilhabe- und Gesamtplanverfahren
Rehabilitations- und Teilhabeleistungen der verschiedenen Rehabilitationsträger
Leistungsformen der Eingliederungshilfe (z. B. Teilhabe am Arbeitsleben, medizinische Rehabilitation, Teilhabe an Bildung und Leistungen zur sozialen Teilhabe)
Besondere Wohnformen und ambulant betreute Wohngemeinschaften

Pflegeleistungen in Kombination mit anderen SGB-Leistungen
Leistungen der Pflegeversicherung einschließlich Aufklärung, Auskunft und Pflegeberatung nach den §§ 7 ff. SGB XI sowie das Verhältnis zu anderen Sozialleistungen nach § 13 SGB XI
Leistungen der Hilfe zur Pflege nach SGB XII
Leistungen der gesetzlichen Krankenversicherung im Pflegefall (z. B. häusliche Krankenpflege und weitere Leistungen nach den §§ 37 ff. SGB V, medizinische Rehabilitation)
Leistungen der Eingliederungshilfe im Pflegefall
Methoden zur fallbezogenen Erschließung und Nutzung von Beratungs-, Sozial- und Hilfestrukturen sowie von Netzwerken
Gesamter Zeitaufwand in Zeitstunden: 45

Modul 10 Grundlagen der Kommunikation und Praxistransfer
Zu Absatz 3:

Unterrichtsinhalte: Theoretische Konzepte und Methoden der Kommunikation
Grundhaltungen und Techniken der Kommunikation
Diversitätssensible Kommunikation
Ressourcenorientierte Kommunikation
Konfliktmanagement in der Kommunikation
Selbst- und Machtreflexion
Gesamter Zeitaufwand in Zeitstunden: 30

Modul 11 Betreuungsspezifische Kommunikation/Methoden der unterstützten Entscheidungsfindung
Zu Absatz 3:

Unterrichtsinhalte: Auswirkungen spezifischer krankheits- bzw. beeinträchtigungsbedingter Einschränkungen auf die Fähigkeit der Kommunikation und der Entscheidungsfindung
Bedeutung sozialer und umweltbedingter Einflussfaktoren auf Autonomie und Entscheidungsfindung von betreuten Menschen
Methoden zur kommunikativen Verhinderung von Ausschlussmechanismen
Barrierefreie Kommunikation, leichte Sprache

Drei- oder Mehrparteien-Interaktion mit betreuten Menschen
Erkennen und Ermitteln von Wunsch, Wille und Präferenzen von betreuten Menschen in der Kommunikation einschließlich biographischer Aspekte und Werthaltungen
Methoden der Unterstützung bei der Entscheidungsfindung betreuter Menschen und praktische Erprobung
Gesamter Zeitaufwand in Zeitstunden: 45

VIII. Gesetz über die Vergütung von Vormündern und Betreuern (Vormünder- und Betreuervergütungsgesetz – VBVG)

In der Fassung vom 4. Mai 2021 (BGBl. I S. 882, 925), zuletzt geändert durch Art. 8 des Gesetzes zur Durchführung der EU-Verordnungen über grenzüberschreitende Zustellungen und grenzüberschreitende Beweisaufnahmen in Zivil- oder Handelssachen, zur Änderung der Zivilrechtshilfe, des Vormundschafts- und Betreuungsrechts, zur Anpassung von Rechtsvorschriften zum Verbraucherschutz und zur Verbraucherrechtsdurchsetzung sowie zur Änderung sonstiger Vorschriften vom 24. Juni 2022 (BGBl. I S. 959)

Abschnitt 1 Vergütung und Aufwendungsersatz des Vormunds

§ 1 Berufsmäßigkeit; Vergütung und Aufwendungsersatz

(1) [1]Das Familiengericht stellt die Berufsmäßigkeit im Sinne von § 1808 Absatz 3 des Bürgerlichen Gesetzbuchs fest, wenn dem Vormund in einem solchen Umfang Vormundschaften übertragen sind, dass er sie nur im Rahmen seiner Berufsausübung führen kann, oder wenn zu erwarten ist, dass ihm in absehbarer Zeit in einem solchen Umfang Vormundschaften übertragen sein werden. [2]Berufsmäßigkeit liegt im Regelfall vor, wenn der Vormund mehr als zehn Vormundschaften führt oder für die Führung der Vormundschaft voraussichtlich mindestens 20 Wochenstunden erforderlich sind.

(2) Unabhängig von den Voraussetzungen nach Absatz 1 liegt Berufsmäßigkeit vor, wenn ein Vereinsvormund oder das Jugendamt als Vormund oder ein Vormundschaftsverein oder das Jugendamt als vorläufiger Vormund bestellt wird.

(3) [1]Stellt das Familiengericht die Berufsmäßigkeit nach Absatz 1 Satz 1 fest oder liegt Berufsmäßigkeit gemäß Absatz 2 vor, kann der Vormund vom

Mündel Vergütung und Aufwendungsersatz nach Maßgabe der nachstehenden Bestimmungen verlangen. [2]Das Gericht hat die Zahlung zu bewilligen.

§ 2 Zahlung aus der Staatskasse und Rückgriff, Erlöschen und Geltendmachung der Ansprüche

(1) Ist der Mündel mittellos im Sinne von § 1880 des Bürgerlichen Gesetzbuchs, so kann der Vormund Vergütung sowie Vorschuss oder Ersatz der Aufwendungen aus der Staatskasse verlangen.

(2) [1]Die Ansprüche auf Vergütung und Aufwendungsersatz erlöschen, wenn sie nicht binnen 15 Monaten nach ihrer Entstehung gerichtlich geltend gemacht werden. [2]§ 1877 Absatz 4 Satz 2 und 3 sowie Absatz 5 des Bürgerlichen Gesetzbuchs gilt entsprechend.

§ 3 Stundensatz des Vormunds

(1) [1]Die dem Vormund nach § 1 Absatz 3 zu bewilligende Vergütung beträgt für jede Stunde der für die Führung der Vormundschaft aufgewandten und erforderlichen Zeit 23 Euro. [2]Verfügt der Vormund über besondere Kenntnisse, die für die Führung der Vormundschaft nutzbar sind, so erhöht sich der Stundensatz

1. auf 29,50 Euro, wenn diese Kenntnisse durch eine abgeschlossene Lehre oder eine vergleichbare abgeschlossene Ausbildung erworben sind;
2. auf 39 Euro, wenn diese Kenntnisse durch eine abgeschlossene Ausbildung an einer Hochschule oder durch eine vergleichbare abgeschlossene Ausbildung erworben sind.

[3]Eine auf die Vergütung anfallende Umsatzsteuer wird, soweit sie nicht nach § 19 Absatz 1 des Umsatzsteuergesetzes unerhoben bleibt, zusätzlich ersetzt.

(2) [1]Bestellt das Familiengericht einen Vormund, der über besondere Kenntnisse verfügt, die für die Führung der Vormundschaft allgemein nutzbar und durch eine Ausbildung im Sinne des Absatzes 1 Satz 2 erworben sind, so wird vermutet, dass diese Kenntnisse auch für die Führung der dem Vormund übertragenen Vormundschaft nutzbar sind. [2]Dies gilt nicht, wenn das

Familiengericht aus besonderen Gründen bei der Bestellung des Vormunds etwas anderes bestimmt.

(3) [1]Soweit die besondere Schwierigkeit der vormundschaftlichen Angelegenheiten dies ausnahmsweise rechtfertigt, kann das Familiengericht einen höheren als den in Absatz 1 vorgesehenen Stundensatz der Vergütung bewilligen. [2]Dies gilt nicht, wenn der Mündel mittellos ist.

(4) Der Vormund kann Abschlagszahlungen verlangen.

§ 4 Aufwendungsersatz des Vormunds

(1) Für seine anlässlich der Führung der Vormundschaft erforderlichen Aufwendungen kann der Berufsvormund Vorschuss oder Ersatz in entsprechender Anwendung des § 1877 Absatz 1 des Bürgerlichen Gesetzbuchs verlangen.

(2) Für solche Dienste, die zu seinem Gewerbe oder seinem Beruf gehören, kann der Berufsvormund anstelle der Vergütung nach § 1 Absatz 3 als Aufwendung Ersatz in entsprechender Anwendung des § 1877 Absatz 3 des Bürgerlichen Gesetzbuchs verlangen.

§ 5 Vergütung und Aufwendungsersatz für Vormundschaftsvereine

(1) [1]Ist ein Vereinsvormund bestellt oder führt der Verein eine Beistandschaft, so ist dem Verein eine Vergütung in entsprechender Anwendung von § 3 zu bewilligen. [2]Ist der Verein als vorläufiger Vormund bestellt, ist ihm eine Vergütung nach § 3 Absatz 1 Nummer 2 zu bewilligen. [3]Zusätzlich zu der Vergütung nach Satz 1 oder Satz 2 kann der Verein Vorschuss oder Ersatz der Aufwendungen in entsprechender Anwendung von § 1877 Absatz 1 des Bürgerlichen Gesetzbuchs verlangen; § 4 Absatz 2 ist nicht anwendbar. [4]Allgemeine Verwaltungskosten werden nicht ersetzt.

(2) Der Vereinsvormund selbst kann keine Vergütung und keinen Aufwendungsersatz geltend machen.

§ 6 Vergütung und Aufwendungsersatz für das Jugendamt

(1) Dem Jugendamt als Vormund steht keine Vergütung zu.

(2) [1]Für seine Aufwendungen kann das Jugendamt keinen Vorschuss verlangen. [2]Es kann in entsprechender Anwendung von § 1877 Absatz 1 des Bürgerlichen Gesetzbuchs Ersatz nur insoweit verlangen, als der Mündel nicht mittellos im Sinne von § 1880 des Bürgerlichen Gesetzbuchs ist. [3]Allgemeine Verwaltungskosten werden nicht ersetzt.

Abschnitt 2 Vergütung und Aufwendungsersatz des Betreuers

§ 7 Vergütung und Aufwendungsersatz des beruflichen Betreuers

(1) Ein beruflicher Betreuer nach § 19 Absatz 2 des Betreuungsorganisationsgesetzes, der selbständig rechtliche Betreuungen führt, kann vom Betreuten Vergütung und Aufwendungsersatz nach Maßgabe der §§ 8 bis 12, 15 und 16 verlangen.

(2) [1]Ist ein beruflicher Betreuer nach § 19 Absatz 2 des Betreuungsorganisationsgesetzes, der als Mitarbeiter eines anerkannten Betreuungsvereins rechtliche Betreuungen führt, als Vereinsbetreuer bestellt, kann der Betreuungsverein vom Betreuten Vergütung und Aufwendungsersatz nach Maßgabe der §§ 8 bis 12, 15 und 16 verlangen. [2]Der Vereinsbetreuer selbst kann keine Vergütung und keinen Aufwendungsersatz geltend machen.

(3) Die Bewilligung der Zahlung erfolgt durch das Betreuungsgericht nach § 292 des Gesetzes über das Verfahren in Familiensachen und in den Angelegenheiten der freiwilligen Gerichtsbarkeit.

§ 8 Höhe der Vergütung; Verordnungsermächtigung

(1) Die dem beruflichen Betreuer nach § 7 zu bewilligende Vergütung bestimmt sich nach monatlichen Fallpauschalen, die in den Vergütungstabellen A bis C der Anlage festgelegt sind.

(2) Die Vergütung des beruflichen Betreuers richtet sich nach

1. Vergütungstabelle A, sofern der Betreuer weder über eine abgeschlossene Lehre noch über eine abgeschlossene Ausbildung an einer Hochschule oder eine vergleichbare Ausbildung verfügt;

2. Vergütungstabelle B, wenn der Betreuer über eine abgeschlossene Lehre oder eine vergleichbare abgeschlossene Ausbildung verfügt;
3. Vergütungstabelle C, wenn der Betreuer über eine abgeschlossene Ausbildung an einer Hochschule oder eine vergleichbare abgeschlossene Ausbildung verfügt.

(3) [1]Der Vorstand des am Sitz oder hilfsweise am Wohnsitz des beruflichen Betreuers zuständigen Amtsgerichts stellt auf Antrag des Betreuers nach dessen Registrierung fest, nach welcher Vergütungstabelle sich die von diesem zu beanspruchenden Vergütungen richten. [2]Die Feststellung nach Satz 1 gilt für das gerichtliche Verfahren zur Festsetzung der Vergütung bundesweit. [3]Sie kann auf Antrag des beruflichen Betreuers geändert werden, wenn dieser eine Änderung der Voraussetzungen nach Absatz 2 nachweist. [4]Die Feststellung oder Änderung wirkt auf den Zeitpunkt der Antragstellung zurück.

(4) [1]Die Landesregierungen werden ermächtigt, zur sachdienlichen Erledigung der Verfahren nach Absatz 3 durch Rechtsverordnung die Zuständigkeit anderer Gerichte abweichend von Absatz 3 Satz 1 festzulegen. [2]Die Landesregierungen können die Ermächtigung nach Satz 1 auf die Landesjustizverwaltungen übertragen.

§ 9 Fallpauschalen

(1) Die Höhe der Fallpauschalen nach § 8 Absatz 1 richtet sich nach

1. der Dauer der Betreuung,
2. dem gewöhnlichen Aufenthaltsort des Betreuten und
3. dem Vermögensstatus des Betreuten.

(2) [1]Hinsichtlich der Dauer der Betreuung wird bei der Berechnung der Fallpauschalen zwischen den Zeiträumen in den ersten drei Monaten der Betreuung, im vierten bis sechsten Monat, im siebten bis zwölften Monat, im 13. bis 24. Monat und ab dem 25. Monat unterschieden. [2]Für die Berechnung der Monate gelten § 187 Absatz 1 und § 188 Absatz 2 des Bürgerlichen Gesetzbuchs entsprechend.

(3) [1]Hinsichtlich des gewöhnlichen Aufenthaltsortes des Betreuten ist zwischen stationären Einrichtungen und diesen nach Satz 3 gleichgestellten

ambulant betreuten Wohnformen einerseits und anderen Wohnformen andererseits zu unterscheiden. [2]Im Sinne dieses Gesetzes sind

1. stationäre Einrichtungen: Einrichtungen, die dem Zweck dienen, Volljährige aufzunehmen, ihnen Wohnraum zu überlassen, sowie tatsächliche Betreuung oder Pflege zur Verfügung zu stellen oder vorzuhalten, und die in ihrem Bestand von Wechsel und Zahl der Bewohner unabhängig sind und entgeltlich betrieben werden;
2. ambulant betreute Wohnformen: entgeltliche Angebote, die dem Zweck dienen, Volljährigen das Leben in einem gemeinsamen Haushalt oder einer Wohnung bei gleichzeitiger Inanspruchnahme extern angebotener entgeltlicher Leistungen tatsächlicher Betreuung oder Pflege zu ermöglichen.

[3]Ambulant betreute Wohnformen sind stationären Einrichtungen gleichgestellt, wenn die in der ambulant betreuten Wohnform extern angebotenen Leistungen tatsächlicher Betreuung oder Pflege als Rund-um-die-Uhr-Versorgung durch professionelle Betreuungs- oder Pflegekräfte zur Verfügung gestellt oder vorgehalten werden und der Anbieter der extern angebotenen Betreuungs- und Pflegeleistungen nicht frei wählbar ist.

(4) [1]Hinsichtlich der Bestimmung des Vermögensstatus des Betreuten ist entscheidend, ob am Ende des Abrechnungsmonats Mittellosigkeit nach § 1880 des Bürgerlichen Gesetzbuchs vorliegt. [2]Hinsichtlich der Bestimmung des gewöhnlichen Aufenthaltes nach Absatz 3 ist entscheidend, wo der gewöhnliche Aufenthalt am Ende des Abrechnungsmonats liegt. [3]Bei sonstigen Änderungen von Umständen, die sich auf die Vergütung auswirken und die vor Ablauf eines vollen Monats eintreten, ist die Vergütung zeitanteilig nach Tagen zu berechnen; § 187 Absatz 1, § 188 Absatz 1 und § 191 des Bürgerlichen Gesetzbuchs gelten entsprechend.

§ 10 Gesonderte Pauschalen

(1) [1]Ist der Betreute nicht mittellos, wird der Betreuer mit einer zusätzlichen monatlichen Pauschale in Höhe von 30 Euro vergütet, wenn dieser die Verwaltung

1. von Geldvermögen in Höhe von mindestens 150.000 Euro,
2. von Wohnraum, der nicht vom Betreuten oder seinem Ehegatten genutzt wird, oder

3. eines Erwerbsgeschäfts des Betreuten

zu besorgen hat. [2]Die Pauschale kann geltend gemacht werden, wenn einer der Fälle des Satzes 1 an mindestens einem Tag im Abrechnungsmonat vorliegt.

(2) Findet ein Wechsel von einem ehrenamtlichen zu einem beruflichen Betreuer statt, ist der berufliche Betreuer mit einer einmaligen Pauschale in Höhe von 200 Euro zu vergüten.

(3) [1]Findet ein Wechsel von einem beruflichen zu einem ehrenamtlichen Betreuer statt, ist der berufliche Betreuer mit einer einmaligen Pauschale in Höhe des 1,5-fachen der zum Zeitpunkt des Betreuerwechsels zu vergütenden Fallpauschale zu vergüten. [2]Dies gilt auch dann, wenn zunächst neben dem beruflichen Betreuer ein ehrenamtlicher Betreuer bestellt war und dieser die Betreuung allein fortführt.

(4) Die Pauschalen nach den Absätzen 1 bis 3 können nur gemeinsam mit einem Vergütungsantrag nach den §§ 8 und 9 geltend gemacht werden.

§ 11 Aufwendungsersatz

[1]Die Fallpauschalen nach § 9 gelten auch Ansprüche auf Ersatz anlässlich der Betreuung entstandener Aufwendungen ab. [2]Die gesonderte Geltendmachung von Aufwendungen im Sinne des § 1877 Absatz 3 des Bürgerlichen Gesetzbuchs durch Betreuer nach § 7 Absatz 1 bleibt unberührt.

§ 12 Sonderfälle der Betreuung

(1) [1]Dem Sterilisationsbetreuer nach § 1817 Absatz 2 des Bürgerlichen Gesetzbuchs und dem Ergänzungsbetreuer nach § 1817 Absatz 5 des Bürgerlichen Gesetzbuchs ist eine Vergütung nach § 3 zu bewilligen. [2]Vorschuss oder Ersatz der Aufwendungen kann er in entsprechender Anwendung von § 1877 Absatz 1 des Bürgerlichen Gesetzbuchs verlangen; § 4 Absatz 2 gilt entsprechend. [3]Allgemeine Verwaltungskosten werden nicht ersetzt.

(2) Dem Verhinderungsbetreuer nach § 1817 Absatz 4 des Bürgerlichen Gesetzbuchs sind die Vergütung nach § 8 in Verbindung mit § 9 sowie die Pauschale nach § 10 Absatz 1 zu bewilligen und im Fall des § 9 nach Tagen

zu teilen; § 187 Absatz 1 und § 188 Absatz 1 des Bürgerlichen Gesetzbuchs gelten entsprechend.

§ 13 Vergütung und Aufwendungsersatz für Betreuungsvereine

(1) [1]Ist der Betreuungsverein nach § 1818 Absatz 1 des Bürgerlichen Gesetzbuchs als Betreuer bestellt, ist ihm eine Vergütung nach den §§ 8 bis 10 zu bewilligen, wenn der Mitarbeiter, dem die Führung der Betreuung gemäß § 1818 Absatz 2 Satz 1 des Bürgerlichen Gesetzbuchs übertragen worden ist, als beruflicher Betreuer registriert ist. [2]Die Höhe der Vergütung richtet sich nach der aufgrund der Feststellung nach § 8 Absatz 3 für den Mitarbeiter anzuwendenden Vergütungstabelle. [3]Eine Vergütung ist auch dann zu bewilligen, wenn der Mitarbeiter spätestens sechs Monate nach Beginn seiner Tätigkeit für den Betreuungsverein registriert ist.

(2) [1]In den Fällen des § 1817 Absatz 4 und 5 des Bürgerlichen Gesetzbuchs sind dem Betreuungsverein nach Maßgabe des Absatzes 1 Vergütung und Aufwendungsersatz nach § 12 zu bewilligen. [2]Aufwendungen im Sinne von § 1877 Absatz 3 des Bürgerlichen Gesetzbuchs kann der Verein nicht geltend machen. [3]Allgemeine Verwaltungskosten werden nicht ersetzt.

§ 14 Vergütung und Aufwendungsersatz für Behördenbetreuer und Betreuungsbehörde

(1) [1]Ist ein Behördenbetreuer bestellt, so kann der zuständigen Behörde nur unter den in § 1876 Satz 2 des Bürgerlichen Gesetzbuchs bestimmten Voraussetzungen eine Vergütung bewilligt werden. [2]Für ihre Aufwendungen kann die Betreuungsbehörde keinen Vorschuss und in entsprechender Anwendung von § 1877 Absatz 1 des Bürgerlichen Gesetzbuchs Ersatz nur insoweit verlangen, als der Betreute nicht mittellos im Sinne des § 1880 des Bürgerlichen Gesetzbuchs ist. [3]Allgemeine Verwaltungskosten werden nicht ersetzt.

(2) Der Behördenbetreuer selbst kann keine Vergütung, keinen Vorschuss und keinen Aufwendungsersatz geltend machen.

(3) [1]Ist die Betreuungsbehörde nach § 1818 Absatz 4 des Bürgerlichen Gesetzbuchs als Betreuer bestellt, steht ihr keine Vergütung zu. [2]Für die

Aufwendungen der Betreuungsbehörde gilt Absatz 1 Satz 2 und 3 entsprechend.

(4) § 1877 Absatz 4 des Bürgerlichen Gesetzbuchs ist auf Ansprüche der Betreuungsbehörde nicht anzuwenden.

§ 15 Abrechnungszeitraum für die Betreuungsvergütung

(1) [1]Die Vergütung kann nach Ablauf von jeweils drei Monaten für diesen Zeitraum geltend gemacht werden. [2]Dies gilt nicht für die Geltendmachung von Vergütung und Aufwendungsersatz in den Fällen der §§ 12 und 13 Absatz 2.

(2) [1]Der Betreuer kann, wenn eine Veränderung der für die Höhe der Vergütung maßgeblichen Kriterien des § 9 Absatz 1 Nummer 2 und 3 nicht zu erwarten ist, die Festsetzung der Vergütung auch für zukünftige Zeiträume nach § 292 Absatz 2 Satz 1 des Gesetzes über das Verfahren in Familiensachen und in den Angelegenheiten der freiwilligen Gerichtsbarkeit beantragen. [2]Für die Dauer der Festsetzung nach § 292 Absatz 2 des Gesetzes über das Verfahren in Familiensachen und in den Angelegenheiten der freiwilligen Gerichtsbarkeit gelten die Vergütungsansprüche als geltend gemacht nach § 16 Absatz 3. [3]Eine Änderung der Kriterien des § 9 Absatz 1 hat der Betreuer unverzüglich mitzuteilen.

§ 16 Zahlung aus der Staatskasse, Erlöschen und Geltendmachung der Ansprüche

(1) Ist der Betreute mittellos im Sinne des § 1880 des Bürgerlichen Gesetzbuchs, so kann der Betreuer die Vergütung sowie Vorschuss oder Ersatz der Aufwendungen aus der Staatskasse verlangen.

(2) Soweit die Staatskasse den Betreuer befriedigt, gehen die Ansprüche des Betreuers nach Maßgabe des § 1881 des Bürgerlichen Gesetzbuchs auf die Staatskasse über.

(3) [1]Die Ansprüche auf Vergütung und Aufwendungsersatz erlöschen, wenn sie nicht binnen 15 Monaten nach ihrer Entstehung gerichtlich geltend gemacht werden. [2]§ 1877 Absatz 4 Satz 2 und 3 sowie Absatz 5 des Bürgerlichen Gesetzbuchs gilt entsprechend.

Abschnitt 3 Schlussvorschriften

§ 17 Umschulung und Fortbildung von Berufsvormündern und beruflichen Betreuern

(1) [1]Durch Landesrecht kann bestimmt werden, dass es einer abgeschlossenen Lehre im Sinne des § 3 Absatz 1 Satz 2 Nummer 1 und § 4 Absatz 3 Nummer 1 des Vormünder- und Betreuervergütungsgesetzes vom 21. April 2005 (BGBl. I S. 1073, 1076), das zuletzt durch Artikel 1 des Gesetzes vom 22. Juni 2019 (BGBl. I S. 866) geändert worden ist, in der bis einschließlich 31. Dezember 2022 geltenden Fassung gleichsteht, wenn der Vormund oder Betreuer besondere Kenntnisse im Sinne dieser Vorschrift durch eine dem Abschluss einer Lehre vergleichbare Prüfung vor einer staatlichen oder staatlich anerkannten Stelle nachgewiesen hat. [2]Zu einer solchen Prüfung darf nur zugelassen werden, wer

1. mindestens drei Jahre lang Vormundschaften oder Betreuungen berufsmäßig geführt und
2. an einer Umschulung oder Fortbildung teilgenommen hat, die besondere Kenntnisse im Sinne des § 3 Absatz 1 Satz 2 und § 4 Absatz 3 des Vormünder- und Betreuervergütungsgesetzes vom 21. April 2005 (BGBl. I S. 1073, 1076), das zuletzt durch Artikel 1 des Gesetzes vom 22. Juni 2019 (BGBl. I S. 866) geändert worden ist, in der bis zum 31. Dezember 2022 geltenden Fassung vermittelt, welche nach Art und Umfang den durch eine abgeschlossene Lehre vermittelten vergleichbar sind.

(2) [1]Durch Landesrecht kann bestimmt werden, dass es einer abgeschlossenen Ausbildung an einer Hochschule im Sinne des § 3 Absatz 1 Satz 2 Nummer 2 und § 4 Absatz 3 Nummer 2 des Vormünder- und Betreuervergütungsgesetzes vom 21. April 2005 (BGBl. I S. 1073, 1076), das zuletzt durch Artikel 1 des Gesetzes vom 22. Juni 2019 (BGBl. I S. 866) geändert worden ist, in der bis einschließlich 31. Dezember 2022 geltenden Fassung gleichsteht, wenn der Vormund oder Betreuer Kenntnisse im Sinne dieser Vorschrift durch eine Prüfung vor einer staatlichen oder staatlich anerkannten Stelle nachgewiesen hat. [2]Zu einer solchen Prüfung darf nur zugelassen werden, wer

1. mindestens fünf Jahre lang Vormundschaften oder Betreuungen berufsmäßig geführt und

2. an einer Umschulung oder Fortbildung teilgenommen hat, die besondere Kenntnisse im Sinne des § 3 Absatz 1 Satz 2 und § 4 Absatz 3 des Vormünder- und Betreuervergütungsgesetzes vom 21. April 2005 (BGBl. I S. 1073, 1076), das zuletzt durch Artikel 1 des Gesetzes vom 22. Juni 2019 (BGBl. I S. 866) geändert worden ist, in der bis einschließlich 31. Dezember 2022 geltenden Fassung vermittelt, welche nach Art und Umfang den durch eine abgeschlossene Ausbildung an einer Hochschule vermittelten vergleichbar sind.

(3) [1]Das Landesrecht kann weitergehende Zulassungsvoraussetzungen aufstellen. [2]Es regelt das Nähere über die an eine Umschulung oder Fortbildung im Sinne des Absatzes 1 Satz 2 Nummer 2 und des Absatzes 2 Satz 2 Nummer 2 zu stellenden Anforderungen, über Art und Umfang der zu erbringenden Prüfungsleistungen, über das Prüfungsverfahren und über die Zuständigkeiten. [3]Das Landesrecht kann auch bestimmen, dass eine in einem anderen Land abgelegte Prüfung im Sinne dieser Vorschrift anerkannt wird.

Abschnitt 4 Übergangsregelungen

§ 18 Übergangsregelung

Auf Vergütungsansprüche von Betreuern, Vormündern, Pflegern und Verfahrenspflegern für Leistungen, die vor dem 1. Januar 2023 erbracht wurden, ist das Vormünder- und Betreuervergütungsgesetz vom 21. April 2005 (BGBl. I S. 1073, 1076), das zuletzt durch Artikel 1 des Gesetzes vom 22. Juni 2019 (BGBl. I S. 866) geändert worden ist, bis zum Ende des angefangenen Abrechnungsmonats in seiner bis dahin geltenden Fassung anzuwenden.

§ 19 Ansprüche von Betreuern, die vor Inkrafttreten des Betreuungsorganisationsgesetzes bereits berufsmäßig Betreuungen geführt haben

(1) Für berufliche Betreuer, die bis einschließlich 1. Januar 2023 seit weniger als drei Jahren berufliche Betreuungen führen, gilt § 4 Absatz 2 bis 4 des Vormünder- und Betreuervergütungsgesetzes vom 21. April 2005 (BGBl. I S. 1073, 1076), das zuletzt durch Artikel 1 des Gesetzes vom 22. Juni 2019

(BGBl. I S. 866) geändert worden ist, in der bis einschließlich 31. Dezember 2022 geltenden Fassung, bis sie ihre Sachkunde nach § 32 Absatz 2 Satz 2 des Betreuungsorganisationsgesetzes gegenüber der Stammbehörde nachgewiesen haben.

(2) Soweit durch Landesrecht auf der Grundlage von § 11 des Vormünder- und Betreuervergütungsgesetzes vom 21. April 2005 (BGBl. I S. 1073, 1076), das zuletzt durch Artikel 1 des Gesetzes vom 22. Juni 2019 (BGBl. I S. 866) geändert worden ist, in der bis einschließlich 1. Januar 2023 geltenden Fassung oder von § 2 des Berufsvormündervergütungsgesetzes vom 25. Juni 1998 (BGBl. I S. 1580, 1586), das zuletzt durch Artikel 29 des Gesetzes vom 13. Dezember 2001 (BGBl. I S. 3574) geändert worden ist, in der bis einschließlich 30. Juni 2005 geltenden Fassung Prüfungsleistungen mit Abschlüssen gleichgestellt sind, sind die Prüfungsleistungen bei der Feststellung, nach welcher Vergütungstabelle sich die Vergütung richtet, im Verfahren nach § 8 Absatz 2 und 3 entsprechend zu Grunde zu legen.

Anlage (zu § 8 Absatz 1)

Vergütungstabelle A

Nr.	Dauer der Betreuung	Nr.	Gewöhnlicher Aufenthaltsort	Nr.	Vermögensstatus	mtl. Pauschale
A1	In den ersten drei Monaten	A1.1	stationäre Einrichtung oder gleichgestellte ambulant betreute Wohnform	A1.1.1	mittellos	194,– €
				A1.1.2	nicht m.	200,– €
		A1.2	andere Wohnform	A1.2.1	mittellos	208,– €
				A1.2.2	nicht m.	298,– €

Nr.	Dauer der Betreuung	Nr.	Gewöhnlicher Aufenthaltsort	Nr.	Vermögensstatus	mtl. Pauschale
A2	Im vierten bis sechsten Monat	A2.1	stationäre Einrichtung oder gleichgestellte ambulant betreute Wohnform	A2.1.1	mittellos	129,– €
				A2.1.2	nicht m.	158,– €
		A2.2	andere Wohnform	A2.2.1	mittellos	170,– €
				A2.2.2	nicht m.	208,– €
A3	Im siebten bis zwölften Monat	A3.1	stationäre Einrichtung oder gleichgestellte ambulant betreute Wohnform	A3.1.1	mittellos	124,– €
				A3.1.2	nicht m.	140,– €
		A3.2	andere Wohnform	A3.2.1	mittellos	151,– €
				A3.2.2	nicht m.	192,– €
A4	Im 13. bis 24. Monat	A4.1	stationäre Einrichtung oder gleichgestellte ambulant betreute Wohnform	A4.1.1	mittellos	87,– €
				A4.1.2	nicht m.	91,– €
		A4.2	andere Wohnform	A4.2.1	mittellos	122,– €
				A4.2.2	nicht m.	158,– €
A5	Ab dem 25. Monat	A5.1	stationäre Einrichtung oder gleichgestellte ambulant betreute Wohnform	A5.1.1	mittellos	62,– €
				A5.1.2	nicht m.	78,– €
		A5.2	andere Wohnform	A5.2.1	mittellos	105,– €
				A5.2.2	nicht m.	130,– €

Vergütungstabelle B

Nr.	Dauer der Betreuung	Nr.	Gewöhnlicher Aufenthaltsort	Nr.	Vermögensstatus	mtl. Pauschale
B1	In den ersten drei Monaten	B1.1	stationäre Einrichtung oder gleichgestellte ambulant betreute Wohnform	B1.1.1	mittellos	241,– €
				B1.1.2	nicht m.	249,– €
		B1.2	andere Wohnform	B1.2.1	mittellos	258,– €
				B1.2.2	nicht m.	370,– €
B2	Im vierten bis sechsten Monat	B2.1	stationäre Einrichtung oder gleichgestellte ambulant betreute Wohnform	B2.1.1	mittellos	158,– €
				B2.1.2	nicht m.	196,– €
		B2.2	andere Wohnform	B2.2.1	mittellos	211,– €
				B2.2.2	nicht m.	258,– €
B3	Im siebten bis zwölften Monat	B3.1	stationäre Einrichtung oder gleichgestellte ambulant betreute Wohnform	B3.1.1	mittellos	154,– €
				B3.1.2	nicht m.	174,– €
		B3.2	andere Wohnform	B3.2.1	mittellos	188,– €
				B3.2.2	nicht m.	238,– €
B4	Im 13. bis 24. Monat	B4.1	stationäre Einrichtung oder gleichgestellte ambulant betreute Wohnform	B4.1.1	mittellos	107,– €
				B4.1.2	nicht m.	113,– €
		B4.2	andere Wohnform	B4.2.1	mittellos	151,– €
				B4.2.2	nicht m.	196,– €
B5	Ab dem 25. Monat	B5.1	stationäre Einrichtung oder gleichgestellte ambulant betreute Wohnform	B5.1.1	mittellos	78,– €
				B5.1.2	nicht m.	96,– €
		B5.2	andere Wohnform	B5.2.1	mittellos	130,– €
				B5.2.2	nicht m.	161,– €

Vergütungstabelle C

Nr.	Dauer der Betreuung	Nr.	Gewöhnlicher Aufenthaltsort	Nr.	Vermögensstatus	mtl. Pauschale
C1	In den ersten drei Monaten	C1.1	stationäre Einrichtung oder gleichgestellte ambulant betreute Wohnform	C1.1.1	mittellos	317,– €
				C1.1.2	nicht m.	327,– €
		C1.2	andere Wohnform	C1.2.1	mittellos	339,– €
				C1.2.2	nicht m.	486,– €
C2	Im vierten bis sechsten Monat	C2.1	stationäre Einrichtung oder gleichgestellte ambulant betreute Wohnform	C2.1.1	mittellos	208,– €
				C2.1.2	nicht m.	257,– €
		C2.2	andere Wohnform	C2.2.1	mittellos	277,– €
				C2.2.2	nicht m.	339,– €
C3	Im siebten bis zwölften Monat	C3.1	stationäre Einrichtung oder gleichgestellte ambulant betreute Wohnform	C3.1.1	mittellos	202,– €
				C3.1.2	nicht m.	229,– €
		C3.2	andere Wohnform	C3.2.1	mittellos	246,– €
				C3.2.2	nicht m.	312,– €
C4	Im 13. bis 24. Monat	C4.1	stationäre Einrichtung oder gleichgestellte ambulant betreute Wohnform	C4.1.1	mittellos	141,– €
				C4.1.2	nicht m.	149,– €
		C4.2	andere Wohnform	C4.2.1	mittellos	198,– €
				C4.2.2	nicht m.	257,– €
C5	Ab dem 25. Monat	C5.1	stationäre Einrichtung oder gleichgestellte ambulant betreute Wohnform	C5.1.1	mittellos	102,– €
				C5.1.2	nicht m.	127,– €
		C5.2	andere Wohnform	C5.2.1	mittellos	171,– €
				C5.2.2	nicht m.	211,– €

IX. Gesetz zur Regelung einer Inflationsausgleichs-Sonderzahlung für berufliche Betreuer, Betreuungsvereine und ehrenamtliche Betreuer (Betreuer-Inflationsausgleichs-Sonderzahlungsgesetz) (BetrInASG)

Vom 20. Dezember 2023 (BGBl. I Nr. 391)

§ 1 Ansprüche der beruflichen Betreuer und Betreuungsvereine

(1) Ein beruflicher Betreuer nach § 19 Absatz 2 des Betreuungsorganisationsgesetzes, der selbständig rechtliche Betreuungen führt, kann vom Betreuten eine Inflationsausgleichs-Sonderzahlung verlangen.

(2) Ist ein beruflicher Betreuer nach § 19 Absatz 2 des Betreuungsorganisationsgesetzes, der als Mitarbeiter eines anerkannten Betreuungsvereins rechtliche Betreuungen führt, als Vereinsbetreuer bestellt, kann der Betreuungsverein die Inflationsausgleichs-Sonderzahlung vom Betreuten verlangen.

(3) Ist der Betreuungsverein nach § 1818 Absatz 1 des Bürgerlichen Gesetzbuchs als Betreuer bestellt, kann er eine Inflationsausgleichs-Sonderzahlung vom Betreuten verlangen, wenn der Mitarbeiter, dem die Führung der Betreuung gemäß § 1818 Absatz 2 Satz 1 des Bürgerlichen Gesetzbuchs übertragen worden ist, als beruflicher Betreuer registriert ist.

(4) [1]Ist der Betreute mittellos im Sinne des § 1880 des Bürgerlichen Gesetzbuchs, so kann der berufliche Betreuer oder der Betreuungsverein die Inflationsausgleichs-Sonderzahlung aus der Staatskasse verlangen. [2]Soweit die Staatskasse den Betreuer oder den Betreuungsverein befriedigt, gehen die Ansprüche des Betreuers oder des Betreuungsvereins nach Maßgabe des § 1881 des Bürgerlichen Gesetzbuchs auf die Staatskasse über.

(5) Die Absätze 1 bis 4 gelten nicht für die Sonderfälle der Betreuung nach § 12 des Vormünder- und Betreuervergütungsgesetzes.

§ 2 Höhe und Anspruchszeitraum der Inflationsausgleichs-Sonderzahlung

(1) Die Inflationsausgleichs-Sonderzahlung nach § 1 beträgt 7,50 Euro je geführter Betreuung und je angefangenem Monat.

(2) Der Anspruch auf die Inflationsausgleichs-Sonderzahlung nach § 1 besteht für jeden in den Zeitraum vom 1. Januar 2024 bis zum 31. Dezember 2025 fallenden Monat, in dem die Betreuung an mindestens einem Tag geführt wird.

§ 3 Verfahren zur Geltendmachung von Ansprüchen nach § 1

(1) Die Inflationsausgleichs-Sonderzahlung nach § 1 kann nur gemeinsam mit einem Vergütungsantrag nach den §§ 8 und 9 des Vormünder- und Betreuervergütungsgesetzes geltend gemacht werden.

(2) Bei Antragstellungen im Sinne des § 15 Absatz 2 Satz 1 des Vormünder- und Betreuervergütungsgesetzes gilt auch die Inflationsausgleichs-Sonderzahlung als geltend gemacht; § 15 Absatz 2 Satz 2 des Vormünder- und Betreuervergütungsgesetzes gilt entsprechend.

(3) Das Betreuungsgericht bewilligt die Zahlung entsprechend den §§ 292 und 292a des Gesetzes über das Verfahren in Familiensachen und in den Angelegenheiten der freiwilligen Gerichtsbarkeit.

(4) [1]§ 9 Absatz 4 Satz 1 des Vormünder- und Betreuervergütungsgesetzes und § 1877 Absatz 4 des Bürgerlichen Gesetzbuchs gelten entsprechend. [2]Ein angefangener Monat gilt als voller Monat.

(5) Die Landesregierungen werden ermächtigt, abweichende Regelungen zum Verfahren zu treffen.

§ 4 Anspruch der ehrenamtlichen Betreuer

(1) Ein ehrenamtlicher Betreuer im Sinne des § 19 Absatz 1 Satz 1 des Betreuungsorganisationsgesetzes, der zur Abgeltung seines Anspruchs auf Aufwendungsersatz die Aufwandspauschale nach § 1878 des Bürgerlichen Gesetzbuchs geltend macht, kann vom Betreuten zusätzlich die Zahlung einer Inflationsausgleichs-Sonderzahlung in Höhe von 24 Euro jährlich verlangen.

(2) [1]Die Inflationsausgleichs-Sonderzahlung ist jährlich zu leisten, erstmals ein Jahr nach Bestellung des Betreuers. [2]Endet das Amt des Betreuers, ist die Inflationsausgleichs-Sonderzahlung anteilig nach den Monaten des bis zur Beendigung des Amtes laufenden Betreuungsjahres zu leisten; ein angefangener Monat gilt als voller Monat.

(3) [1]Der Anspruch nach Absatz 1 erlischt, wenn er nicht binnen sechs Monaten nach Ablauf des Jahres, in dem der Anspruch entstanden ist, gerichtlich geltend gemacht wird. [2]§ 1877 Absatz 4 Satz 2 und 3 des Bürgerlichen Gesetzbuchs gilt entsprechend.

(4) [1]Ist der Betreute mittellos im Sinne des § 1880 des Bürgerlichen Gesetzbuchs, so kann der ehrenamtliche Betreuer die Inflationsausgleichs-Sonderzahlung aus der Staatskasse verlangen. [2]Soweit die Staatskasse den Betreuer befriedigt, gehen die Ansprüche des Betreuers nach Maßgabe des § 1881 des Bürgerlichen Gesetzbuchs auf die Staatskasse über.

(5) Der Anspruch auf die Inflationsausgleichs-Sonderzahlung nach Absatz 1 besteht für die Zeit vom 1. Januar 2024 bis zum 31. Dezember 2025.

§ 5 Verfahren zur Geltendmachung von Ansprüchen nach § 4

(1) Der Anspruch auf die Inflationsausgleichs-Sonderzahlung kann nur gemeinsam mit der Aufwandspauschale nach § 1878 Absatz 1 Satz 1 des Bürgerlichen Gesetzbuchs geltend gemacht werden.

(2) Gilt ein Antrag nach § 1878 Absatz 4 Satz 3 des Bürgerlichen Gesetzbuchs als gestellt, umfasst dies auch die Beantragung der Inflationsausgleichs-Sonderzahlung.

X. Gesetz über das Verfahren in Familiensachen und in den Angelegenheiten der freiwilligen Gerichtsbarkeit (FamFG)

vom 17. Dezember 2008 (BGBl. I S. 2586, 2009 I S. 1102), zuletzt geändert durch Art. 15 des Finanzmarktdigitalisierungsgesetzes vom 27. Dezember 2024 (BGBl. I Nr. 438)

– Auszug –

...

Buch 3. Verfahren in Betreuungs- und Unterbringungssachen
Abschnitt 1. Verfahren in Betreuungssachen

§ 271 Betreuungssachen

Betreuungssachen sind

1. Verfahren zur Bestellung eines Betreuers und zur Aufhebung der Betreuung,
2. Verfahren zur Anordnung eines Einwilligungsvorbehalts sowie
3. sonstige Verfahren, die die rechtliche Betreuung eines Volljährigen (§§ 1814 bis 1881 des Bürgerlichen Gesetzbuchs) betreffen, soweit es sich nicht um eine Unterbringungssache handelt.

§ 272 Örtliche Zuständigkeit

(1) Ausschließlich zuständig ist in dieser Rangfolge:

1. das Gericht, bei dem die Betreuung anhängig ist, wenn bereits ein Betreuer bestellt ist;
2. das Gericht, in dessen Bezirk der Betroffene seinen gewöhnlichen Aufenthalt hat;
3. das Gericht, in dessen Bezirk das Bedürfnis der Fürsorge hervortritt;

4. das Amtsgericht Schöneberg in Berlin, wenn der Betroffene Deutscher ist.

(2) [1]Für einstweilige Anordnungen nach § 300 oder vorläufige Maßregeln ist auch das Gericht zuständig, in dessen Bezirk das Bedürfnis der Fürsorge bekannt wird. [2]Es soll die angeordneten Maßregeln dem nach Absatz 1 Nr. 1, 2 oder Nr. 4 zuständigen Gericht mitteilen.

§ 273 Abgabe bei Änderung des gewöhnlichen Aufenthalts

[1]Als wichtiger Grund für eine Abgabe im Sinne des § 4 Satz 1 ist es in der Regel anzusehen, wenn sich der gewöhnliche Aufenthalt des Betroffenen geändert hat und die Aufgaben des Betreuers im Wesentlichen am neuen Aufenthaltsort des Betroffenen zu erfüllen sind. [2]Der Änderung des gewöhnlichen Aufenthalts steht ein tatsächlicher Aufenthalt von mehr als einem Jahr an einem anderen Ort gleich.

§ 274 Beteiligte

(1) Zu beteiligen sind

1. der Betroffene,
2. der Betreuer, sofern sein Aufgabenkreis betroffen ist,
3. der Bevollmächtigte im Sinne des § 1814 Absatz 3 Satz 2 Nummer 1 des Bürgerlichen Gesetzbuchs, sofern sein Aufgabenkreis betroffen ist.

(2) Der Verfahrenspfleger wird durch seine Bestellung als Beteiligter zum Verfahren hinzugezogen.

(3) Die zuständige Behörde ist auf ihren Antrag als Beteiligte in Verfahren über

1. die Bestellung eines Betreuers oder die Anordnung eines Einwilligungsvorbehalts,
2. Umfang, Inhalt oder Bestand von Entscheidungen der in Nummer 1 genannten Art

hinzuzuziehen.

(4) Beteiligt werden können

1. in den in Absatz 3 genannten Verfahren im Interesse des Betroffenen dessen Ehegatte oder Lebenspartner, wenn die Ehegatten oder Lebenspartner nicht dauernd getrennt leben, sowie dessen Eltern, Pflegeeltern, Großeltern, Abkömmlinge, Geschwister und eine Person seines Vertrauens,
2. der Vertreter der Staatskasse, soweit das Interesse der Staatskasse durch den Ausgang des Verfahrens betroffen sein kann.

§ 275 Stellung des Betroffenen im Verfahren

(1) In Betreuungssachen ist der Betroffene ohne Rücksicht auf seine Geschäftsfähigkeit verfahrensfähig.

(2) Das Gericht unterrichtet den Betroffenen bei Einleitung des Verfahrens in möglichst adressatengerechter Weise über die Aufgaben eines Betreuers, den möglichen Verlauf des Verfahrens sowie die Kosten, die allgemein aus der Bestellung eines Betreuers folgen können.

§ 276 Verfahrenspfleger

(1) [1]Das Gericht hat dem Betroffenen einen geeigneten Verfahrenspfleger zu bestellen, wenn dies zur Wahrnehmung der Interessen des Betroffenen erforderlich ist. [2]Die Bestellung ist in der Regel erforderlich, wenn

1. von der persönlichen Anhörung des Betroffenen nach § 278 Abs. 4 in Verbindung mit § 34 Abs. 2 abgesehen werden soll oder
2. die Bestellung eines Betreuers oder die Anordnung eines Einwilligungsvorbehalts gegen den erklärten Willen des Betroffenen erfolgen soll.

(2) [1]Von der Bestellung kann in den Fällen des Absatzes 1 Satz 2 abgesehen werden, wenn ein Interesse des Betroffenen an der Bestellung des Verfahrenspflegers offensichtlich nicht besteht. [2]Die Nichtbestellung ist zu begründen.

(3) [1]Der Verfahrenspfleger hat die Wünsche, hilfsweise den mutmaßlichen Willen des Betroffenen festzustellen und im gerichtlichen Verfahren zur Geltung zu bringen. [2]Er hat den Betroffenen über Gegenstand, Ablauf und möglichen Ausgang des Verfahrens in geeigneter Weise zu informieren und

ihn bei Bedarf bei der Ausübung seiner Rechte im Verfahren zu unterstützen. [3]Er ist nicht gesetzlicher Vertreter des Betroffenen.

(4) [1]Als Verfahrenspfleger ist eine natürliche Person zu bestellen. [2]Wer Verfahrenspflegschaften im Rahmen seiner Berufsausübung führt, soll nur dann zum Verfahrenspfleger bestellt werden, wenn keine andere geeignete Person zur Verfügung steht, die zur ehrenamtlichen Führung der Verfahrenspflegschaft bereit ist.

(5) Die Bestellung eines Verfahrenspflegers soll unterbleiben oder aufgehoben werden, wenn die Interessen des Betroffenen von einem Rechtsanwalt oder einem anderen geeigneten Verfahrensbevollmächtigten vertreten werden.

(6) Die Bestellung endet, sofern sie nicht vorher aufgehoben wird, mit der Rechtskraft der Endentscheidung oder mit dem sonstigen Abschluss des Verfahrens.

(7) Die Bestellung eines Verfahrenspflegers oder deren Aufhebung sowie die Ablehnung einer derartigen Maßnahme sind nicht selbständig anfechtbar.

(8) Dem Verfahrenspfleger sind keine Kosten aufzuerlegen.

§ 277 Vergütung und Aufwendungsersatz des Verfahrenspflegers

(1) [1]Die Verfahrenspflegschaft wird unentgeltlich geführt. [2]Der Verfahrenspfleger erhält Ersatz seiner Aufwendungen nach § 1877 Absatz 1 bis 2 und 4 Satz 1 des Bürgerlichen Gesetzbuchs. [3]Vorschuss kann nicht verlangt werden.

(2) [1]Wird die Verfahrenspflegschaft ausnahmsweise berufsmäßig geführt, ist dies in der Bestellung festzustellen. [2]Die Ansprüche des berufsmäßig tätigen Verfahrenspflegers auf Vergütung und Aufwendungsersatz richten sich nach § 2 Absatz 2 Satz 1 und den §§ 3 bis 5 des Vormünder- und Betreuervergütungsgesetzes.

(3) [1]Anstelle des Aufwendungsersatzes und der Vergütung nach Absatz 2 kann das Gericht dem Verfahrenspfleger eine Pauschale zubilligen, wenn die für die Führung der Pflegschaftsgeschäfte erforderliche Zeit vorhersehbar und ihre Ausschöpfung durch den Verfahrenspfleger gewährleistet ist.

[2]Bei der Bemessung des Geldbetrags ist die voraussichtlich erforderliche Zeit mit den in § 3 Absatz 1 des Vormünder- und Betreuervergütungsgesetzes bestimmten Stundensätzen zuzüglich einer Aufwandspauschale von 4 Euro je veranschlagter Stunde zu vergüten. [3]In diesem Fall braucht der Verfahrenspfleger die von ihm aufgewandte Zeit und eingesetzten Mittel nicht nachzuweisen; weitergehende Aufwendungsersatz- und Vergütungsansprüche stehen ihm nicht zu.

(4) [1]Der Aufwendungsersatz und die Vergütung des Verfahrenspflegers sind stets aus der Staatskasse zu zahlen. [2]§ 292 Absatz 1 und 5 ist entsprechend anzuwenden.

§ 278 Persönliche Anhörung des Betroffenen

(1) [1]Das Gericht hat den Betroffenen vor der Bestellung eines Betreuers oder der Anordnung eines Einwilligungsvorbehalts persönlich anzuhören und dessen Wünsche zu erfragen. [2]Es hat sich einen persönlichen Eindruck von dem Betroffenen zu verschaffen. [3]Diesen persönlichen Eindruck soll sich das Gericht in dessen üblicher Umgebung verschaffen, wenn es der Betroffene verlangt oder wenn es der Sachaufklärung dient und der Betroffene nicht widerspricht.

(2) [1]In der Anhörung erörtert das Gericht mit dem Betroffenen das Verfahren, das Ergebnis des übermittelten Gutachtens, die Person oder Stelle, die als Betreuer in Betracht kommt, den Umfang des Aufgabenkreises und den Zeitpunkt, bis zu dem das Gericht über eine Aufhebung oder Verlängerung der Betreuung oder der Anordnung eines Einwilligungsvorbehalts zu entscheiden hat. [2]In geeigneten Fällen hat es den Betroffenen auf die Möglichkeit der Vorsorgevollmacht, deren Inhalt sowie auf die Möglichkeit ihrer Registrierung bei dem zentralen Vorsorgeregister nach § 78a Absatz 2 der Bundesnotarordnung hinzuweisen. [3]Hat das Gericht dem Betroffenen nach § 276 einen Verfahrenspfleger bestellt, soll die persönliche Anhörung in dessen Anwesenheit stattfinden.

(3) Verfahrenshandlungen nach Absatz 1 dürfen nur dann im Wege der Rechtshilfe erfolgen, wenn anzunehmen ist, dass die Entscheidung ohne eigenen Eindruck von dem Betroffenen getroffen werden kann.

(4) [1]Soll eine persönliche Anhörung nach § 34 Abs. 2 unterbleiben, weil hiervon erhebliche Nachteile für die Gesundheit des Betroffenen zu be-

sorgen sind, darf diese Entscheidung nur auf Grundlage eines ärztlichen Gutachtens getroffen werden. [2]Unterbleibt aus diesem Grund die persönliche Anhörung, bedarf es auch keiner Verschaffung eines persönlichen Eindrucks.

(5) Das Gericht kann den Betroffenen durch die zuständige Behörde vorführen lassen, wenn er sich weigert, an Verfahrenshandlungen nach Absatz 1 mitzuwirken.

(6) [1]Gewalt darf die Behörde nur anwenden, wenn das Gericht dies ausdrücklich angeordnet hat. [2]Die zuständige Behörde ist befugt, erforderlichenfalls um Unterstützung der polizeilichen Vollzugsorgane nachzusuchen.

(7) [1]Die Wohnung des Betroffenen darf ohne dessen Einwilligung nur gewaltsam geöffnet, betreten und durchsucht werden, wenn das Gericht dies zu dessen Vorführung zur Anhörung ausdrücklich angeordnet hat. [2]Bei Gefahr im Verzug kann die Anordnung nach Satz 1 durch die zuständige Behörde erfolgen. [3]Durch diese Regelung wird das Grundrecht auf Unverletzlichkeit der Wohnung aus Artikel 13 Absatz 1 des Grundgesetzes eingeschränkt.

§ 279 Anhörung der sonstigen Beteiligten, der Betreuungsbehörde und des gesetzlichen Vertreters

(1) Das Gericht hat die sonstigen Beteiligten vor der Bestellung eines Betreuers oder der Anordnung eines Einwilligungsvorbehalts anzuhören.

(2) [1]Das Gericht hat die zuständige Behörde vor der Bestellung eines Betreuers oder der Anordnung eines Einwilligungsvorbehalts anzuhören. [2]Die Anhörung soll vor der Einholung eines Gutachtens nach § 280 erfolgen und sich insbesondere auf folgende Kriterien beziehen:

1. persönliche, gesundheitliche und soziale Situation des Betroffenen,
2. Erforderlichkeit der Betreuung einschließlich geeigneter anderer Hilfen (§ 1814 Absatz 3 des Bürgerlichen Gesetzbuchs),
3. Betreuerauswahl unter Berücksichtigung des Vorrangs der Ehrenamtlichkeit (§ 1816 des Bürgerlichen Gesetzbuchs) und
4. diesbezügliche Sichtweise des Betroffenen.

(3) Auf Verlangen des Betroffenen hat das Gericht eine ihm nahestehende Person anzuhören, wenn dies ohne erhebliche Verzögerung möglich ist.

(4) Das Gericht hat im Fall einer Betreuerbestellung oder der Anordnung eines Einwilligungsvorbehalts für einen Minderjährigen (§ 1814 Absatz 5 und § 1825 Absatz 4 des Bürgerlichen Gesetzbuchs) den gesetzlichen Vertreter des Betroffenen anzuhören.

§ 280 Einholung eines Gutachtens

(1) [1]Vor der Bestellung eines Betreuers oder der Anordnung eines Einwilligungsvorbehalts hat eine förmliche Beweisaufnahme durch Einholung eines Gutachtens über die Notwendigkeit der Maßnahme stattzufinden. [2]Der Sachverständige soll Arzt für Psychiatrie oder Arzt mit Erfahrung auf dem Gebiet der Psychiatrie sein.

(2) [1]Der Sachverständige hat den Betroffenen vor der Erstattung des Gutachtens persönlich zu untersuchen oder zu befragen. [2]Das Ergebnis einer Anhörung nach § 279 Absatz 2 Satz 2 hat der Sachverständige zu berücksichtigen, wenn es ihm bei Erstellung seines Gutachtens vorliegt.

(3) Das Gutachten hat sich auf folgende Bereiche zu erstrecken:

1. das Krankheits- oder Behinderungsbild einschließlich dessen Entwicklung,
2. die durchgeführten Untersuchungen und die diesen zugrunde gelegten Forschungserkenntnisse,
3. den körperlichen und psychischen Zustand des Betroffenen,
4. den aus medizinischer Sicht aufgrund der Krankheit oder Behinderung erforderlichen Unterstützungsbedarf und
5. die voraussichtliche Dauer der Maßnahme.

§ 281 Ärztliches Zeugnis; Entbehrlichkeit eines Gutachtens

(1) Anstelle eines Sachverständigengutachtens nach § 280 genügt ein ärztliches Zeugnis, wenn der Betroffene die Bestellung eines Betreuers beantragt und auf die Begutachtung verzichtet hat und die Einholung des Gutachtens insbesondere im Hinblick auf den Umfang des Aufgabenkreises des Betreuers unverhältnismäßig wäre.

(2) § 280 Abs. 2 gilt entsprechend.

§ 282 Vorhandene Gutachten zur Feststellung der Pflegebedürftigkeit

(1) Das Gericht kann im Verfahren zur Bestellung eines Betreuers von der Einholung eines Gutachtens (§ 280 Absatz 1) absehen, soweit es durch die Verwendung eines bestehenden ärztlichen Gutachtens zur Feststellung der Pflegebedürftigkeit nach § 18b des Elften Buches Sozialgesetzbuch feststellen kann, inwieweit bei dem Betroffenen infolge einer Krankheit oder einer Behinderung die Voraussetzungen für die Bestellung eines Betreuers vorliegen.

(2) [1]Das Gericht darf dieses Gutachten einschließlich dazu vorhandener Befunde zur Vermeidung weiterer Gutachten bei der Pflegekasse anfordern. [2]Das Gericht hat in seiner Anforderung anzugeben, für welchen Zweck das Gutachten und die Befunde verwandt werden sollen. [3]Das Gericht hat übermittelte Daten unverzüglich zu löschen, wenn es feststellt, dass diese für den Verwendungszweck nicht geeignet sind.

(3) [1]Kommt das Gericht zu der Überzeugung, dass das eingeholte Gutachten und die Befunde im Verfahren zur Bestellung eines Betreuers geeignet sind, eine weitere Begutachtung ganz oder teilweise zu ersetzen, hat es vor einer weiteren Verwendung die Einwilligung des Betroffenen oder des Pflegers für das Verfahren einzuholen. [2]Wird die Einwilligung nicht erteilt, hat das Gericht die übermittelten Daten unverzüglich zu löschen.

(4) Das Gericht kann unter den Voraussetzungen der Absätze 1 bis 3 von der Einholung eines Gutachtens nach § 280 insgesamt absehen, wenn die sonstigen Voraussetzungen für die Bestellung eines Betreuers zur Überzeugung des Gerichts feststehen.

§ 283 Vorführung zur Untersuchung

(1) [1]Das Gericht kann anordnen, dass der Betroffene zur Vorbereitung eines Gutachtens untersucht und durch die zuständige Behörde zu einer Untersuchung vorgeführt wird. [2]Der Betroffene soll vorher persönlich angehört werden.

(2) [1]Gewalt darf die Behörde nur anwenden, wenn das Gericht dies ausdrücklich angeordnet hat. [2]Die zuständige Behörde ist befugt, erforderli-

chenfalls die Unterstützung der polizeilichen Vollzugsorgane nachzusuchen.

(3) [1]Die Wohnung des Betroffenen darf ohne dessen Einwilligung nur gewaltsam geöffnet, betreten und durchsucht werden, wenn das Gericht dies zu dessen Vorführung zur Untersuchung ausdrücklich angeordnet hat. [2]Vor der Anordnung ist der Betroffene persönlich anzuhören. [3]Bei Gefahr im Verzug kann die Anordnung durch die zuständige Behörde ohne vorherige Anhörung des Betroffenen erfolgen. [4]Durch diese Regelung wird das Grundrecht auf Unverletzlichkeit der Wohnung aus Artikel 13 Absatz 1 des Grundgesetzes eingeschränkt.

§ 284 Unterbringung zur Begutachtung

(1) [1]Das Gericht kann nach Anhörung eines Sachverständigen beschließen, dass der Betroffene auf bestimmte Dauer untergebracht und beobachtet wird, soweit dies zur Vorbereitung des Gutachtens erforderlich ist. [2]Der Betroffene ist vorher persönlich anzuhören.

(2) [1]Die Unterbringung darf die Dauer von sechs Wochen nicht überschreiten. [2]Reicht dieser Zeitraum nicht aus, um die erforderlichen Erkenntnisse für das Gutachten zu erlangen, kann die Unterbringung durch gerichtlichen Beschluss bis zu einer Gesamtdauer von drei Monaten verlängert werden.

(3) [1]§ 283 Abs. 2 und 3 gilt entsprechend. [2]Gegen Beschlüsse nach den Absätzen 1 und 2 findet die sofortige Beschwerde nach den §§ 567 bis 572 der Zivilprozessordnung statt.

§ 285 Ermittlung und Herausgabe einer Betreuungsverfügung oder einer Vorsorgevollmacht

(1) [1]Vor der Bestellung eines Betreuers soll das Gericht die Auskunft einholen, ob eine Vorsorgevollmacht oder eine Betreuungsverfügung des Betroffenen im Zentralen Vorsorgeregister registriert ist. [2]Hat das Gericht von der Einholung einer Auskunft nur wegen Gefahr in Verzug abgesehen, ist die Auskunft unverzüglich nachträglich einzuholen.

(2) [1]In den Fällen des § 1820 Absatz 1 Satz 2, Absatz 4 Satz 1 und 2, Absatz 5 Satz 3 des Bürgerlichen Gesetzbuchs erfolgt die Anordnung der Vorlage einer Abschrift des dort genannten Dokuments oder die Anordnung

der Herausgabe der Vollmachtsurkunde durch Beschluss. [2]Gleiches gilt für eine Anordnung der nach § 1816 Absatz 2 Satz 4 des Bürgerlichen Gesetzbuchs vorgeschriebenen Übermittlung einer Betreuungsverfügung.

§ 286 Inhalt der Beschlussformel

(1) Die Beschlussformel enthält im Fall der Bestellung eines Betreuers auch

1. die Bezeichnung des Aufgabenkreises des Betreuers unter Benennung der einzelnen Aufgabenbereiche;
2. bei Bestellung eines Vereinsbetreuers die Bezeichnung als Vereinsbetreuer und die des Vereins;
3. bei Bestellung eines Behördenbetreuers die Bezeichnung als Behördenbetreuer und die der Behörde;
4. bei Bestellung eines beruflichen Betreuers die Bezeichnung als beruflicher Betreuer.

(2) Die Beschlussformel enthält im Fall der Anordnung eines Einwilligungsvorbehalts die Bezeichnung des Kreises der einwilligungsbedürftigen Willenserklärungen.

(3) Der Zeitpunkt, bis zu dem das Gericht über die Aufhebung oder Verlängerung einer Maßnahme nach Absatz 1 oder Absatz 2 zu entscheiden hat, ist in der Beschlussformel zu bezeichnen.

§ 287 Wirksamwerden von Beschlüssen

(1) Beschlüsse über Umfang, Inhalt oder Bestand der Bestellung eines Betreuers, über die Anordnung eines Einwilligungsvorbehalts oder über den Erlass einer einstweiligen Anordnung nach § 300 werden mit der Bekanntgabe an den Betreuer wirksam.

(2) [1]Ist die Bekanntgabe an den Betreuer nicht möglich oder ist Gefahr im Verzug, kann das Gericht die sofortige Wirksamkeit des Beschlusses anordnen. [2]In diesem Fall wird er wirksam, wenn der Beschluss und die Anordnung seiner sofortigen Wirksamkeit

1. dem Betroffenen oder dem Verfahrenspfleger bekannt gegeben werden oder

2. der Geschäftsstelle zum Zweck der Bekanntgabe nach Nummer 1 übergeben werden.

[3]Der Zeitpunkt der sofortigen Wirksamkeit ist auf dem Beschluss zu vermerken.

(3) Ein Beschluss, der die Genehmigung nach § 1829 Absatz 2 des Bürgerlichen Gesetzbuchs zum Gegenstand hat, wird erst zwei Wochen nach Bekanntgabe an den Betreuer oder Bevollmächtigten sowie an den Verfahrenspfleger wirksam.

§ 288 Bekanntgabe

(1) Von der Bekanntgabe der Gründe eines Beschlusses an den Betroffenen kann abgesehen werden, wenn dies nach ärztlichem Zeugnis erforderlich ist, um erhebliche Nachteile für seine Gesundheit zu vermeiden.

(2) [1]Das Gericht hat der zuständigen Behörde den Beschluss über die Bestellung eines Betreuers oder die Anordnung eines Einwilligungsvorbehalts oder Beschlüsse über Umfang, Inhalt oder Bestand einer solchen Maßnahme stets bekannt zu geben. [2]Andere Beschlüsse sind der zuständigen Behörde bekannt zu geben, wenn sie vor deren Erlass angehört wurde.

§ 289 (aufgehoben)

§ 290 Bestellungsurkunde

(1) [1]Der Betreuer erhält eine Urkunde über seine Bestellung. [2]Die Urkunde soll enthalten:

1. die Bezeichnung des Betroffenen und des Betreuers;
2. bei Bestellung eines Vereinsbetreuers oder Behördenbetreuers diese Bezeichnung und die Bezeichnung des Vereins oder der Behörde;
3. den Aufgabenkreis des Betreuers unter Benennung der einzelnen Aufgabenbereiche;
4. bei Anordnung eines Einwilligungsvorbehalts die Bezeichnung des Kreises der einwilligungsbedürftigen Willenserklärungen;
5. bei der Bestellung eines vorläufigen Betreuers durch einstweilige Anordnung das Ende der einstweiligen Maßnahme;

6. Angaben über eine Befreiung gemäß den §§ 1859 und 1860 des Bürgerlichen Gesetzbuchs.

(2) Soweit dies zur Beachtung berechtigter Interessen des Betroffenen erforderlich ist und der Schutz des Rechtsverkehrs dem nicht entgegensteht, erstellt das Gericht auf Antrag des Betreuers eine weitere Urkunde, in welcher die Angaben zu den Aufgabenbereichen des Betreuers oder die Anordnung eines Einwilligungsvorbehalts nur eingeschränkt ausgewiesen werden.

(3) Der Betreuer hat dem Gericht nach Beendigung seines Amtes die Bestellungsurkunde und weitere Urkunden nach Absatz 2 zurückzugeben.

§ 291 Überprüfung der Betreuerauswahl

[1]Der Betroffene kann verlangen, dass die Auswahl der Person, der ein Verein oder eine Behörde die Wahrnehmung der Betreuung übertragen hat, durch gerichtliche Entscheidung überprüft wird. [2]Das Gericht kann dem Verein oder der Behörde aufgeben, eine andere Person auszuwählen, wenn einem Vorschlag des Betroffenen, dem keine wichtigen Gründe entgegenstehen, nicht entsprochen wurde oder die ausgewählte Person zur Wahrnehmung dieser Betreuung nicht geeignet erscheint. [3]§ 35 ist nicht anzuwenden.

§ 292 Zahlungen an den Betreuer; Verordnungsermächtigung

(1) Das Gericht setzt auf Antrag des Betreuers oder des Betroffenen oder nach eigenem Ermessen durch Beschluss fest:

1. einen dem Betreuer zu zahlenden Vorschuss, den ihm zu leistenden Ersatz von Aufwendungen oder die Aufwandspauschale, soweit der Betreuer die Zahlungen aus der Staatskasse verlangen kann (§ 1879 des Bürgerlichen Gesetzbuchs) oder ihm die Vermögenssorge nicht übertragen wurde,
2. eine dem ehrenamtlichen Betreuer zu bewilligende Vergütung oder Abschlagszahlung (§ 1876 des Bürgerlichen Gesetzbuchs) oder
3. eine dem beruflichen Betreuer oder dem Betreuungsverein zu bewilligende Vergütung nach dem Vormünder- und Betreuervergütungsgesetz.

(2) [1]Das Gericht kann eine nach Absatz 1 Nummer 3 zu bewilligende Vergütung auf Antrag des Betreuers oder des Betreuungsvereins auch für zukünftige Zeiträume durch Beschluss festsetzen, wenn die Voraussetzungen des § 15 Absatz 2 Satz 1 des Vormünder- und Betreuervergütungsgesetzes vorliegen. [2]Die Auszahlung der Vergütung erfolgt für die jeweils nach § 15 Absatz 1 Satz 1 des Vormünder- und Betreuervergütungsgesetzes maßgeblichen Zeiträume. [3]Die Festsetzung ist in regelmäßigen, im Voraus festzulegenden Abständen, die zwei Jahre nicht überschreiten dürfen, zu überprüfen.

(3) [1]Im Antrag sollen die persönlichen und wirtschaftlichen Verhältnisse des Betroffenen dargestellt werden. [2]§ 118 Absatz 2 Satz 1 und 2 der Zivilprozessordnung ist entsprechend anzuwenden. [3]Steht nach der freien Überzeugung des Gerichts der Aufwand für die Ermittlung der persönlichen und wirtschaftlichen Verhältnisse des Betroffenen außer Verhältnis zur Höhe des aus der Staatskasse zu begleichenden Anspruchs oder zur Höhe der vom Betroffenen voraussichtlich zu leistenden Zahlungen, so kann das Gericht ohne weitere Prüfung den zu leistenden Betrag festsetzen oder von einer Festsetzung der vom Betroffenen zu leistenden Zahlungen absehen.

(4) Der Betroffene ist vor der Festsetzung einer von ihm zu leistenden Zahlung anzuhören.

(5) Ist eine Festsetzung nicht beantragt, so gelten für die Zahlungen, die aus der Staatskasse verlangt werden können, die Vorschriften über das Verfahren bei der Entschädigung von Zeugen hinsichtlich ihrer baren Auslagen sinngemäß.

(6) [1]Die Landesregierungen werden ermächtigt, durch Rechtsverordnung für Anträge nach den Absätzen 1 und 2 Formulare einzuführen. [2]Soweit Formulare eingeführt sind, muss der berufliche Betreuer oder der Betreuungsverein diese verwenden und sie, sofern sie hierzu bestimmt sind, als elektronisches Dokument einreichen. [3]Andernfalls liegt keine ordnungsgemäße Geltendmachung im Sinne des § 1875 Absatz 2 des Bürgerlichen Gesetzbuchs in Verbindung mit dem Vormünder- und Betreuervergütungsgesetz vor. [4]Die Landesregierungen können die Ermächtigung nach Satz 1 durch Rechtsverordnung auf die Landesjustizverwaltungen übertragen.

§ 292a Zahlungen an die Staatskasse

(1) [1]Mit der Festsetzung nach § 292 Absatz 1 legt das Gericht zugleich Höhe und Zeitpunkt der Zahlungen fest, die der Betroffene nach § 1880 Absatz 2 und § 1881 Satz 1 des Bürgerlichen Gesetzbuchs an die Staatskasse zu leisten hat. [2]Das Gericht kann Höhe und Zeitpunkt der zu leistenden Zahlungen gesondert festsetzen, wenn dies zweckmäßig ist. [3]§ 120 Absatz 2 und 3 und § 120a Absatz 1 Satz 1 bis 3 der Zivilprozessordnung sind entsprechend anzuwenden.

(2) [1]Ist der Betroffene verstorben, so legt das Gericht Höhe und Zeitpunkt der Zahlungen fest, die der Erbe nach § 1881 Satz 2 des Bürgerlichen Gesetzbuchs an die Staatskasse zu leisten hat. [2]Der Erbe ist verpflichtet, dem Gericht die hierfür notwendigen Auskünfte zu erteilen, insbesondere dem Gericht auf dessen Verlangen ein Verzeichnis der zur Erbschaft gehörenden Gegenstände vorzulegen und an Eides statt zu versichern, dass er den Bestand nach bestem Wissen und Gewissen so vollständig angegeben habe, wie er dazu imstande ist.

(3) Vor einer Entscheidung ist der Betroffene oder der Erbe anzuhören.

§ 293 Erweiterung der Betreuung oder des Einwilligungsvorbehalts

(1) [1]Für die Erweiterung des Aufgabenkreises des Betreuers und die Erweiterung des Kreises der einwilligungsbedürftigen Willenserklärungen gelten die Vorschriften über die Anordnung dieser Maßnahmen entsprechend. [2]Das Gericht hat die zuständige Behörde nur anzuhören, wenn es der Betroffene verlangt oder es zur Sachaufklärung erforderlich ist.

(2) [1]Einer persönlichen Anhörung nach § 278 Abs. 1 sowie der Einholung eines Gutachtens oder ärztlichen Zeugnisses (§§ 280 und 281) bedarf es nicht,

1. wenn diese Verfahrenshandlungen nicht länger als sechs Monate zurückliegen oder
2. die beabsichtigte Erweiterung nach Absatz 1 nicht wesentlich ist.

[2]Eine wesentliche Erweiterung des Aufgabenkreises des Betreuers liegt insbesondere vor, wenn erstmals ganz oder teilweise die Personensorge oder eine der in § 1815 Absatz 2 oder in den §§ 1829 bis 1832 des Bürgerlichen Gesetzbuchs genannten Aufgaben einbezogen wird.

(3) Unbeschadet des Absatzes 2 kann das Gericht von der Einholung eines Gutachtens oder eines ärztlichen Zeugnisses absehen, wenn der Aufgabenkreis des Betreuers nicht aufgrund einer Änderung des Krankheits- oder Behinderungsbildes des Betroffenen, sondern aufgrund der Änderung seiner Lebensumstände oder einer unzureichenden Wirkung anderer Hilfen erweitert werden soll.

(4) Ist mit der Bestellung eines weiteren Betreuers nach § 1817 des Bürgerlichen Gesetzbuchs eine Erweiterung des Aufgabenkreises verbunden, gelten die Absätze 1 bis 3 entsprechend.

§ 294 Aufhebung und Einschränkung der Betreuung oder des Einwilligungsvorbehalts

(1) [1]Für die Aufhebung der Betreuung oder der Anordnung eines Einwilligungsvorbehalts und für die Einschränkung des Aufgabenkreises des Betreuers oder des Kreises der einwilligungsbedürftigen Willenserklärungen gilt § 279 Absatz 1, 3 und 4 sowie § 288 Absatz 2 Satz 1 entsprechend. [2]Das Gericht hat die zuständige Behörde nur anzuhören, wenn es der Betroffene verlangt oder es zur Sachaufklärung erforderlich ist.

(2) Hat das Gericht nach § 281 Absatz 1 von der Einholung eines Gutachtens abgesehen, ist dies nachzuholen, wenn ein Antrag des Betroffenen auf Aufhebung der Betreuung oder Einschränkung des Aufgabenkreises erstmals abgelehnt werden soll.

(3) [1]Über die Aufhebung der Betreuung oder des Einwilligungsvorbehalts hat das Gericht spätestens sieben Jahre nach der Anordnung dieser Maßnahmen zu entscheiden. [2]Ist die Maßnahme gegen den erklärten Willen des Betroffenen angeordnet worden, hat die erstmalige Entscheidung über ihre Aufhebung spätestens zwei Jahre nach der Anordnung zu erfolgen.

§ 295 Verlängerung der Betreuung oder des Einwilligungsvorbehalts

(1) [1]Für die Verlängerung der Bestellung eines Betreuers oder der Anordnung eines Einwilligungsvorbehalts gelten die Vorschriften über die erstmalige Anordnung dieser Maßnahmen entsprechend. [2]Von der erneuten Einholung eines Gutachtens kann abgesehen werden, wenn sich aus der persönlichen Anhörung des Betroffenen und einem ärztlichen Zeugnis er-

gibt, dass sich der Umfang der Betreuungsbedürftigkeit offensichtlich nicht verringert hat und eine Verlängerung dem erklärten Willen des Betroffenen nicht widerspricht. [3]Das Gericht hat die zuständige Behörde nur anzuhören, wenn es der Betroffene verlangt oder es zur Sachaufklärung erforderlich ist.

(2) [1]Über die Verlängerung der Betreuung oder des Einwilligungsvorbehalts hat das Gericht spätestens sieben Jahre nach der Anordnung dieser Maßnahmen zu entscheiden. [2]Ist die Maßnahme gegen den erklärten Willen des Betroffenen angeordnet worden, ist über eine erstmalige Verlängerung spätestens nach zwei Jahren zu entscheiden.

§ 296 Entlassung des Betreuers und Bestellung eines neuen Betreuers

(1) Das Gericht hat den Betroffenen und den Betreuer persönlich anzuhören, wenn der Betroffene einer Entlassung des Betreuers (§ 1868 des Bürgerlichen Gesetzbuchs) widerspricht.

(2) [1]Vor der Bestellung eines neuen Betreuers (§ 1869 des Bürgerlichen Gesetzbuchs) hat das Gericht den Betroffenen persönlich anzuhören. [2]Das gilt nicht, wenn der Betroffene sein Einverständnis mit dem Betreuerwechsel erklärt hat. [3]§ 279 Absatz 1, 3 und 4 gilt entsprechend. [4]Das Gericht hat die zuständige Behörde nur anzuhören, wenn es der Betroffene verlangt oder es zur Sachaufklärung erforderlich ist.

§ 297 Sterilisation

(1) [1]Das Gericht hat den Betroffenen vor der Genehmigung einer Einwilligung des Betreuers in eine Sterilisation (§ 1830 Absatz 2 des Bürgerlichen Gesetzbuchs) persönlich anzuhören und sich einen persönlichen Eindruck von ihm zu verschaffen. [2]Es hat den Betroffenen über den möglichen Verlauf des Verfahrens zu unterrichten.

(2) Das Gericht hat die zuständige Behörde anzuhören, wenn es der Betroffene verlangt oder es der Sachaufklärung dient.

(3) [1]Das Gericht hat die sonstigen Beteiligten anzuhören. [2]Auf Verlangen des Betroffenen hat das Gericht eine ihm nahestehende Person anzuhören, wenn dies ohne erhebliche Verzögerung möglich ist.

(4) Verfahrenshandlungen nach den Absätzen 1 bis 3 können nicht durch den ersuchten Richter vorgenommen werden.

(5) Die Bestellung eines Verfahrenspflegers ist stets erforderlich, sofern sich der Betroffene nicht von einem Rechtsanwalt oder einem anderen geeigneten Verfahrensbevollmächtigten vertreten lässt.

(6) [1]Die Genehmigung darf erst erteilt werden, nachdem durch förmliche Beweisaufnahme Gutachten von Sachverständigen eingeholt sind, die sich auf die medizinischen, psychologischen, sozialen, sonderpädagogischen und sexualpädagogischen Gesichtspunkte erstrecken. [2]Die Sachverständigen haben den Betroffenen vor Erstattung des Gutachtens persönlich zu untersuchen oder zu befragen. [3]Sachverständiger und ausführender Arzt dürfen nicht personengleich sein.

(7) Die Genehmigung wird wirksam mit der Bekanntgabe an den für die Entscheidung über die Einwilligung in die Sterilisation bestellten Betreuer und

1. an den Verfahrenspfleger oder
2. den Verfahrensbevollmächtigten, wenn ein Verfahrenspfleger nicht bestellt wurde.

(8) [1]Die Entscheidung über die Genehmigung ist dem Betroffenen stets selbst bekannt zu machen. [2]Von der Bekanntgabe der Gründe an den Betroffenen kann nicht abgesehen werden. [3]Der zuständigen Behörde ist die Entscheidung stets bekannt zu geben.

§ 298 Verfahren in Fällen des § 1829 des Bürgerlichen Gesetzbuchs

(1) [1]Das Gericht darf die Einwilligung, die Nichteinwilligung oder den Widerruf einer Einwilligung eines Betreuers oder eines Bevollmächtigten (§ 1829 Absatz 1, 2 und 5 des Bürgerlichen Gesetzbuchs) nur genehmigen, wenn es den Betroffenen zuvor persönlich angehört hat. [2]Das Gericht soll die sonstigen Beteiligten anhören. [3]Auf Verlangen des Betroffenen hat das Gericht eine ihm nahestehende Person anzuhören, wenn dies ohne erhebliche Verzögerung möglich ist.

(2) Die Bestellung eines Verfahrenspflegers ist stets erforderlich, wenn Gegenstand des Verfahrens eine Genehmigung nach § 1829 Absatz 2 des Bürgerlichen Gesetzbuchs ist.

(3) [1]Vor der Genehmigung ist ein Sachverständigengutachten einzuholen. [2]Der Sachverständige soll nicht auch der behandelnde Arzt sein.

§ 299 Persönliche Anhörung in anderen Genehmigungsverfahren

[1]Das Gericht hat den Betroffenen vor einer Entscheidung nach § 1833 Absatz 3 oder § 1820 Absatz 5 Satz 2 des Bürgerlichen Gesetzbuchs persönlich anzuhören. [2]Das Gericht soll den Betroffenen vor einer Entscheidung nach den §§ 1850 bis 1854 persönlich anhören.

§ 300 Einstweilige Anordnung

(1) [1]Das Gericht kann durch einstweilige Anordnung einen vorläufigen Betreuer bestellen oder einen vorläufigen Einwilligungsvorbehalt anordnen, wenn

1. dringende Gründe für die Annahme bestehen, dass die Voraussetzungen für die Bestellung eines Betreuers oder die Anordnung eines Einwilligungsvorbehalts gegeben sind und ein dringendes Bedürfnis für ein sofortiges Tätigwerden besteht,
2. ein ärztliches Zeugnis über den Zustand des Betroffenen vorliegt,
3. im Fall des § 276 ein Verfahrenspfleger bestellt und angehört worden ist und
4. der Betroffene persönlich angehört worden ist.

[2]Eine Anhörung des Betroffenen im Wege der Rechtshilfe ist abweichend von § 278 Abs. 3 zulässig.

(2) Das Gericht kann durch einstweilige Anordnung einen Betreuer entlassen, wenn dringende Gründe für die Annahme bestehen, dass die Voraussetzungen für die Entlassung vorliegen und ein dringendes Bedürfnis für ein sofortiges Tätigwerden besteht.

§ 301 Einstweilige Anordnung bei gesteigerter Dringlichkeit

(1) [1]Bei Gefahr im Verzug kann das Gericht eine einstweilige Anordnung nach § 300 bereits vor der persönlichen Anhörung des Betroffenen sowie vor Anhörung und Bestellung des Verfahrenspflegers erlassen. [2]Diese Verfahrenshandlungen sind unverzüglich nachzuholen.

(2) Das Gericht ist bei Gefahr im Verzug bei der Auswahl des Betreuers nicht an § 1816 Absatz 2 und 3 des Bürgerlichen Gesetzbuchs gebunden.

§ 302 Dauer der einstweiligen Anordnung

[1]Eine einstweilige Anordnung tritt, sofern das Gericht keinen früheren Zeitpunkt bestimmt, nach sechs Monaten außer Kraft. [2]Sie kann jeweils nach Anhörung eines Sachverständigen durch weitere einstweilige Anordnungen bis zu einer Gesamtdauer von einem Jahr verlängert werden.

§ 303 Ergänzende Vorschriften über die Beschwerde

(1) Das Recht der Beschwerde steht der zuständigen Behörde gegen Entscheidungen über

1. die Bestellung eines Betreuers oder die Anordnung eines Einwilligungsvorbehalts,
2. Umfang, Inhalt oder Bestand einer in Nummer 1 genannten Maßnahme

zu.

(2) Das Recht der Beschwerde gegen eine von Amts wegen ergangene Entscheidung steht im Interesse des Betroffenen

1. dessen Ehegatten oder Lebenspartner, wenn die Ehegatten oder Lebenspartner nicht dauernd getrennt leben, sowie den Eltern, Großeltern, Pflegeeltern, Abkömmlingen und Geschwistern des Betroffenen sowie
2. einer Person seines Vertrauens

zu, wenn sie im ersten Rechtszug beteiligt worden sind.

(3) Das Recht der Beschwerde steht dem Verfahrenspfleger zu.

(4) [1]Der Betreuer oder der Vorsorgebevollmächtigte kann gegen eine Entscheidung, die seinen Aufgabenkreis betrifft, auch im Namen des Betroffenen Beschwerde einlegen. [2]Führen mehrere Betreuer oder Vorsorgebevollmächtigte ihr Amt gemeinschaftlich, kann jeder von ihnen für den Betroffenen selbständig Beschwerde einlegen.

§ 304 Beschwerde der Staatskasse

(1) [1]Das Recht der Beschwerde steht dem Vertreter der Staatskasse zu, soweit die Interessen der Staatskasse durch den Beschluss betroffen sind. [2]Hat der Vertreter der Staatskasse geltend gemacht, der Betreuer habe eine Abrechnung falsch erteilt oder der Betreute könne anstelle eines nach § 1816 Absatz 5 des Bürgerlichen Gesetzbuchs bestellten Betreuers durch eine oder mehrere andere geeignete Personen außerhalb einer Berufsausübung betreut werden, steht ihm gegen einen die Entlassung des Betreuers ablehnenden Beschluss die Beschwerde zu.

(2) Die Frist zur Einlegung der Beschwerde durch den Vertreter der Staatskasse beträgt drei Monate und beginnt mit der formlosen Mitteilung (§ 15 Abs. 3) an ihn.

§ 305 Beschwerde des Untergebrachten

Ist der Betroffene untergebracht, kann er Beschwerde auch bei dem Amtsgericht einlegen, in dessen Bezirk er untergebracht ist.

§ 306 Aufhebung des Einwilligungsvorbehalts

Wird ein Beschluss, durch den ein Einwilligungsvorbehalt angeordnet worden ist, als ungerechtfertigt aufgehoben, bleibt die Wirksamkeit der von oder gegenüber dem Betroffenen vorgenommenen Rechtsgeschäfte unberührt.

§ 307 Kosten in Betreuungssachen

In Betreuungssachen kann das Gericht die Auslagen des Betroffenen, soweit sie zur zweckentsprechenden Rechtsverfolgung notwendig waren, ganz oder teilweise der Staatskasse auferlegen, wenn eine Betreuungsmaßnahme nach den §§ 1814 bis 1881 des Bürgerlichen Gesetzbuchs abgelehnt, als ungerechtfertigt aufgehoben, eingeschränkt oder das Verfahren ohne Entscheidung über eine solche Maßnahme beendet wird.

§ 308 Mitteilung von Entscheidungen

(1) Entscheidungen teilt das Gericht anderen Gerichten, Behörden oder sonstigen öffentlichen Stellen mit, soweit dies unter Beachtung berechtigter Interessen des Betroffenen erforderlich ist, um eine erhebliche Gefahr für das Wohl des Betroffenen, für Dritte oder für die öffentliche Sicherheit abzuwenden.

(2) Ergeben sich im Verlauf eines gerichtlichen Verfahrens Erkenntnisse, die eine Mitteilung nach Absatz 1 vor Abschluss des Verfahrens erfordern, hat diese Mitteilung über die bereits gewonnenen Erkenntnisse unverzüglich zu erfolgen.

(3) [1]Das Gericht unterrichtet zugleich mit der Mitteilung den Betroffenen, seinen Verfahrenspfleger und seinen Betreuer über Inhalt und Empfänger der Mitteilung. [2]Die Unterrichtung des Betroffenen unterbleibt, wenn

1. der Zweck des Verfahrens oder der Zweck der Mitteilung durch die Unterrichtung gefährdet würde,
2. nach ärztlichem Zeugnis hiervon erhebliche Nachteile für die Gesundheit des Betroffenen zu besorgen sind oder
3. der Betroffene nach dem unmittelbaren Eindruck des Gerichts offensichtlich nicht in der Lage ist, den Inhalt der Unterrichtung zu verstehen.

[3]Sobald die Gründe nach Satz 2 entfallen, ist die Unterrichtung nachzuholen.

(4) Der Inhalt der Mitteilung, die Art und Weise ihrer Übermittlung, ihr Empfänger, die Unterrichtung des Betroffenen oder im Fall ihres Unterbleibens deren Gründe sowie die Unterrichtung des Verfahrenspflegers und des Betreuers sind aktenkundig zu machen.

§ 309 Mitteilungen an die Meldebehörde

[1]Wird ein Einwilligungsvorbehalt angeordnet, der sich auf die Aufenthaltsbestimmung des Betroffenen erstreckt, so hat das Gericht dies der Meldebehörde unter Angabe des Betreuers mitzuteilen. [2]Eine Mitteilung hat auch zu erfolgen, wenn der Einwilligungsvorbehalt nach Satz 1 aufgehoben wird oder ein Wechsel in der Person des Betreuers eintritt.

§ 309a Mitteilungen an die Betreuungsbehörde

(1) Endet die Betreuung durch Tod des Betroffenen, so hat das Gericht dies der Betreuungsbehörde mitzuteilen.

(2) [1]Das Gericht kann der Betreuungsbehörde Umstände mitteilen, die die Eignung oder Zuverlässigkeit des Betreuers betreffen. [2]Das Gericht unterrichtet zugleich den Betreuer über die Mitteilung und deren Inhalt. [3]Die Unterrichtung des Betreuers unterbleibt, solange der Zweck der Mitteilung hierdurch gefährdet würde. [4]Sie ist nachzuholen, sobald die Gründe nach Satz 3 entfallen sind.

§ 310 Mitteilungen während einer freiheitsentziehenden Unterbringung oder freiheitsentziehenden Maßnahme

Während der Dauer einer freiheitsentziehenden Unterbringung oder freiheitsentziehenden Maßnahme hat das Gericht dem Leiter der Einrichtung, in der die Unterbringungsmaßnahme durchgeführt wird, die Bestellung eines Betreuers, die sich auf die Aufenthaltsbestimmung oder die Entscheidung über eine der genannten Unterbringungsmaßnahmen erstreckt, die Aufhebung einer solchen Betreuung und jeden Wechsel in der Person des Betreuers mitzuteilen.

§ 311 Mitteilungen zur Strafverfolgung

[1]Außer in den sonst in diesem Gesetz, in § 16 des Einführungsgesetzes zum Gerichtsverfassungsgesetz sowie in § 70 Absatz 1 Satz 2 und 3 des Jugendgerichtsgesetzes genannten Fällen, darf das Gericht Entscheidungen oder Erkenntnisse aus dem Verfahren, aus denen die Person des Betroffenen erkennbar ist, von Amts wegen nur zur Verfolgung von Straftaten oder Ordnungswidrigkeiten anderen Gerichten oder Behörden mitteilen, soweit nicht schutzwürdige Interessen des Betroffenen an dem Ausschluss der Übermittlung überwiegen. [2]§ 308 Abs. 3 und 4 gilt entsprechend.

Abschnitt 2. Verfahren in Unterbringungssachen

§ 312 Unterbringungssachen

Unterbringungssachen sind Verfahren, die die Genehmigung oder Anordnung einer

1. freiheitsentziehenden Unterbringung nach § 1831 Absatz 1 und 2 auch in Verbindung mit Absatz 5 des Bürgerlichen Gesetzbuchs,
2. freiheitsentziehenden Maßnahme nach § 1831 Absatz 4 auch in Verbindung mit Absatz 5 des Bürgerlichen Gesetzbuchs,
3. ärztlichen Zwangsmaßnahme, auch einschließlich einer Verbringung zu einem stationären Aufenthalt, nach § 1832 Absatz 1, 2 und 4 auch in Verbindung mit Absatz 5 des Bürgerlichen Gesetzbuchs oder
4. freiheitsentziehenden Unterbringung, freiheitsentziehenden Maßnahme oder ärztlichen Zwangsmaßnahme bei Volljährigen nach den Landesgesetzen über die Unterbringung psychisch Kranker

betreffen (Unterbringungsmaßnahme).

§ 313 Örtliche Zuständigkeit

(1) Ausschließlich zuständig für Unterbringungssachen nach § 312 Nummer 1 bis 3 ist in dieser Rangfolge:

1. das Gericht, bei dem ein Verfahren zur Bestellung eines Betreuers eingeleitet oder das Betreuungsverfahren anhängig ist;
2. das Gericht, in dessen Bezirk der Betroffene seinen gewöhnlichen Aufenthalt hat;
3. das Gericht, in dessen Bezirk das Bedürfnis für die Unterbringungsmaßnahme hervortritt;
4. das Amtsgericht Schöneberg in Berlin, wenn der Betroffene Deutscher ist.

(2) [1]Für einstweilige Anordnungen oder einstweilige Maßregeln ist auch das Gericht zuständig, in dessen Bezirk das Bedürfnis für die Unterbringungsmaßnahme bekannt wird. [2]In den Fällen einer einstweiligen Anordnung oder einstweiligen Maßregel soll es dem nach Absatz 1 Nr. 1 oder Nr. 2 zuständigen Gericht davon Mitteilung machen.

(3) [1]Ausschließlich zuständig für Unterbringungsmaßnahmen nach § 312 Nummer 4 ist das Gericht, in dessen Bezirk das Bedürfnis für die Unterbringungsmaßnahme hervortritt. [2]Befindet sich der Betroffene bereits in einer Einrichtung zur freiheitsentziehenden Unterbringung, ist das Gericht ausschließlich zuständig, in dessen Bezirk die Einrichtung liegt.

(4) [1]Ist für die Unterbringungssache ein anderes Gericht zuständig als dasjenige, bei dem ein die Unterbringung erfassendes Verfahren zur Bestellung eines Betreuers eingeleitet ist, teilt dieses Gericht dem für die Unterbringungssache zuständigen Gericht die Aufhebung der Betreuung, den Wegfall des Aufgabenbereiches Unterbringung und einen Wechsel in der Person des Betreuers mit. [2]Das für die Unterbringungssache zuständige Gericht teilt dem anderen Gericht die Unterbringungsmaßnahme, ihre Änderung, Verlängerung und Aufhebung mit.

§ 314 Abgabe der Unterbringungssache

Das Gericht kann die Unterbringungssache abgeben, wenn der Betroffene sich im Bezirk des anderen Gerichts aufhält und die Unterbringungsmaßnahme dort vollzogen werden soll, sofern sich dieses zur Übernahme des Verfahrens bereit erklärt hat.

§ 315 Beteiligte

(1) Zu beteiligen sind

1. der Betroffene,
2. der Betreuer,
3. der Bevollmächtigte im Sinne des § 1814 Absatz 3 Satz 2 Nummer 1 des Bürgerlichen Gesetzbuchs.

(2) Der Verfahrenspfleger wird durch seine Bestellung als Beteiligter zum Verfahren hinzugezogen.

(3) Die zuständige Behörde ist auf ihren Antrag als Beteiligte hinzuzuziehen.

(4) [1]Beteiligt werden können im Interesse des Betroffenen

1. dessen Ehegatte oder Lebenspartner, wenn die Ehegatten oder Lebenspartner nicht dauernd getrennt leben, sowie dessen Eltern und

Kinder, wenn der Betroffene bei diesen lebt oder bei Einleitung des Verfahrens gelebt hat, sowie die Pflegeeltern,
2. eine von ihm benannte Person seines Vertrauens,
3. der Leiter der Einrichtung, in der der Betroffene lebt.

[2]Das Landesrecht kann vorsehen, dass weitere Personen und Stellen beteiligt werden können.

§ 316 Verfahrensfähigkeit

In Unterbringungssachen ist der Betroffene ohne Rücksicht auf seine Geschäftsfähigkeit verfahrensfähig.

§ 317 Verfahrenspfleger

(1) [1]Das Gericht hat dem Betroffenen einen geeigneten Verfahrenspfleger zu bestellen, wenn dies zur Wahrnehmung der Interessen des Betroffenen erforderlich ist. [2]Die Bestellung ist insbesondere erforderlich, wenn von einer Anhörung des Betroffenen abgesehen werden soll. [3]Bei der Genehmigung einer Einwilligung in eine ärztliche Zwangsmaßnahme oder deren Anordnung ist die Bestellung eines Verfahrenspflegers stets erforderlich.

(2) Bestellt das Gericht dem Betroffenen keinen Verfahrenspfleger, ist dies in der Entscheidung, durch die eine Unterbringungsmaßnahme genehmigt oder angeordnet wird, zu begründen.

(3) [1]Der Verfahrenspfleger hat die Wünsche, hilfsweise den mutmaßlichen Willen des Betroffenen festzustellen und im gerichtlichen Verfahren zur Geltung zu bringen. [2]Er hat den Betroffenen über Gegenstand, Ablauf und möglichen Ausgang des Verfahrens in geeigneter Weise zu informieren und ihn bei Bedarf bei der Ausübung seiner Rechte im Verfahren zu unterstützen. [3]Er ist nicht gesetzlicher Vertreter des Betroffenen.

(4) [1]Als Verfahrenspfleger ist eine natürliche Person zu bestellen. [2]Wer Verfahrenspflegschaften im Rahmen seiner Berufsausübung führt, soll nur dann zum Verfahrenspfleger bestellt werden, wenn keine andere geeignete Person zur Verfügung steht, die zur ehrenamtlichen Führung der Verfahrenspflegschaft bereit ist.

(5) Die Bestellung eines Verfahrenspflegers soll unterbleiben oder aufgehoben werden, wenn die Interessen des Betroffenen von einem Rechtsanwalt oder einem anderen geeigneten Verfahrensbevollmächtigten vertreten werden.

(6) Die Bestellung endet, sofern sie nicht vorher aufgehoben wird, mit der Rechtskraft der Endentscheidung oder mit dem sonstigen Abschluss des Verfahrens.

(7) Die Bestellung eines Verfahrenspflegers oder deren Aufhebung sowie die Ablehnung einer derartigen Maßnahme sind nicht selbständig anfechtbar.

(8) Dem Verfahrenspfleger sind keine Kosten aufzuerlegen.

§ 318 Vergütung und Aufwendungsersatz des Verfahrenspflegers

Für die Vergütung und den Aufwendungsersatz des Verfahrenspflegers gilt § 277 entsprechend.

§ 319 Persönliche Anhörung des Betroffenen

(1) [1]Das Gericht hat den Betroffenen vor einer Unterbringungsmaßnahme persönlich anzuhören und sich einen persönlichen Eindruck von ihm zu verschaffen. [2]Den persönlichen Eindruck verschafft sich das Gericht, soweit dies erforderlich ist, in der üblichen Umgebung des Betroffenen.

(2) [1]In der Anhörung erörtert das Gericht mit dem Betroffenen das Verfahren, das Ergebnis des übermittelten Gutachtens und die mögliche Dauer einer Unterbringung. [2]Hat das Gericht dem Betroffenen nach § 317 einen Verfahrenspfleger bestellt, soll die persönliche Anhörung in dessen Anwesenheit stattfinden.

(3) [1]Soll eine persönliche Anhörung nach § 34 Abs. 2 unterbleiben, weil hiervon erhebliche Nachteile für die Gesundheit des Betroffenen zu besorgen sind, darf diese Entscheidung nur auf Grundlage eines ärztlichen Gutachtens getroffen werden. [2]Unterbleibt aus diesem Grund die persönliche Anhörung, so bedarf es auch keiner Verschaffung eines persönlichen Eindrucks.

(4) Verfahrenshandlungen nach Absatz 1 sollen nicht im Wege der Rechtshilfe erfolgen.

(5) Das Gericht kann den Betroffenen durch die zuständige Behörde vorführen lassen, wenn er sich weigert, an Verfahrenshandlungen nach Absatz 1 mitzuwirken.

(6) [1]Gewalt darf die Behörde nur anwenden, wenn das Gericht dies ausdrücklich angeordnet hat. [2]Die zuständige Behörde ist befugt, erforderlichenfalls um Unterstützung der polizeilichen Vollzugsorgane nachzusuchen.

(7) [1]Die Wohnung des Betroffenen darf ohne dessen Einwilligung nur gewaltsam geöffnet, betreten und durchsucht werden, wenn das Gericht dies zu dessen Vorführung zur Anhörung ausdrücklich angeordnet hat. [2]Bei Gefahr im Verzug kann die Anordnung nach Satz 1 durch die zuständige Behörde erfolgen. [3]Durch diese Regelung wird das Grundrecht auf Unverletzlichkeit der Wohnung aus Artikel 13 Absatz 1 des Grundgesetzes eingeschränkt.

§ 320 Anhörung der sonstigen Beteiligten und der zuständigen Behörde

[1]Das Gericht hat die sonstigen Beteiligten anzuhören. [2]Es soll die zuständige Behörde anhören.

§ 321 Einholung eines Gutachtens

(1) [1]Vor einer Unterbringungsmaßnahme hat eine förmliche Beweisaufnahme durch Einholung eines Gutachtens über die Notwendigkeit der Maßnahme stattzufinden. [2]Der Sachverständige hat den Betroffenen vor der Erstattung des Gutachtens persönlich zu untersuchen oder zu befragen. [3]Das Gutachten soll sich auch auf die voraussichtliche Dauer der Unterbringungsmaßnahme erstrecken. [4]Der Sachverständige soll Arzt für Psychiatrie sein; er muss Arzt mit Erfahrung auf dem Gebiet der Psychiatrie sein. [5]Bei der Genehmigung einer Einwilligung in eine ärztliche Zwangsmaßnahme oder bei deren Anordnung soll der Sachverständige nicht der zwangsbehandelnde Arzt sein.

(2) Für eine freiheitsentziehende Maßnahme nach § 312 Nummer 2 oder 4 genügt ein ärztliches Zeugnis.

§ 322 Vorführung zur Untersuchung; Unterbringung zur Begutachtung

Für die Vorführung zur Untersuchung und die Unterbringung zur Begutachtung gelten die §§ 283 und 284 entsprechend.

§ 323 Inhalt der Beschlussformel

(1) Die Beschlussformel enthält im Fall der Genehmigung oder Anordnung einer Unterbringungsmaßnahme auch

1. die nähere Bezeichnung der Unterbringungsmaßnahme sowie
2. den Zeitpunkt, zu dem die Unterbringungsmaßnahme endet.

(2) Die Beschlussformel enthält bei der Genehmigung einer Einwilligung in eine ärztliche Zwangsmaßnahme oder bei deren Anordnung auch Angaben zur Durchführung und Dokumentation dieser Maßnahme in der Verantwortung eines Arztes.

§ 324 Wirksamwerden von Beschlüssen

(1) Beschlüsse über die Genehmigung oder die Anordnung einer Unterbringungsmaßnahme werden mit Rechtskraft wirksam.

(2) [1]Das Gericht kann die sofortige Wirksamkeit des Beschlusses anordnen. [2]In diesem Fall wird er wirksam, wenn der Beschluss und die Anordnung seiner sofortigen Wirksamkeit

1. dem Betroffenen, dem Verfahrenspfleger, dem Betreuer oder dem Bevollmächtigten im Sinne des § 1814 Absatz 3 Satz 2 Nummer 1 des Bürgerlichen Gesetzbuchs bekannt gegeben werden,
2. einem Dritten zum Zweck des Vollzugs des Beschlusses mitgeteilt werden oder
3. der Geschäftsstelle des Gerichts zum Zweck der Bekanntgabe übergeben werden.

[3]Der Zeitpunkt der sofortigen Wirksamkeit ist auf dem Beschluss zu vermerken.

§ 325 Bekanntgabe

(1) Von der Bekanntgabe der Gründe eines Beschlusses an den Betroffenen kann abgesehen werden, wenn dies nach ärztlichem Zeugnis erforderlich ist, um erhebliche Nachteile für seine Gesundheit zu vermeiden.

(2) [1]Der Beschluss, durch den eine Unterbringungsmaßnahme genehmigt oder angeordnet wird, ist auch dem Leiter der Einrichtung, in der der Betroffene untergebracht werden soll, bekannt zu geben. [2]Das Gericht hat der zuständigen Behörde die Entscheidung, durch die eine Unterbringungsmaßnahme genehmigt, angeordnet oder aufgehoben wird, bekannt zu geben.

§ 326 Zuführung zur Unterbringung; Verbringung zu einem stationären Aufenthalt

(1) Die zuständige Behörde hat den Betreuer oder den Bevollmächtigten im Sinne des § 1814 Absatz 3 Satz 2 Nummer 1 des Bürgerlichen Gesetzbuchs auf deren Wunsch bei der Zuführung zur Unterbringung nach § 312 Nr. 1 oder bei der Verbringung nach § 312 Nummer 3 zu unterstützen.

(2) [1]Gewalt darf die Behörde nur anwenden, wenn das Gericht dies ausdrücklich angeordnet hat. [2]Die zuständige Behörde ist befugt, erforderlichenfalls die Unterstützung der polizeilichen Vollzugsorgane nachzusuchen.

(3) [1]Die Wohnung des Betroffenen darf ohne dessen Einwilligung nur gewaltsam geöffnet, betreten und durchsucht werden, wenn das Gericht dies zu dessen Zuführung zur Unterbringung oder zu dessen Verbringung nach § 312 Nummer 3 ausdrücklich angeordnet hat. [2]Vor der Anordnung ist der Betroffene persönlich anzuhören. [3]Bei Gefahr im Verzug kann die Anordnung durch die zuständige Behörde ohne vorherige Anhörung des Betroffenen erfolgen. [4]Durch diese Regelung wird das Grundrecht auf Unverletzlichkeit der Wohnung aus Artikel 13 Absatz 1 des Grundgesetzes eingeschränkt.

§ 327 Vollzugsangelegenheiten

(1) [1]Gegen eine Maßnahme zur Regelung einzelner Angelegenheiten im Vollzug einer Unterbringungsmaßnahme nach § 312 Nummer 4 kann der

Betroffene eine Entscheidung des Gerichts beantragen. [2]Mit dem Antrag kann auch die Verpflichtung zum Erlass einer abgelehnten oder unterlassenen Maßnahme begehrt werden.

(2) Der Antrag ist nur zulässig, wenn der Betroffene geltend macht, durch die Maßnahme, ihre Ablehnung oder Unterlassung in seinen Rechten verletzt zu sein.

(3) [1]Der Antrag hat keine aufschiebende Wirkung. [2]Das Gericht kann die aufschiebende Wirkung anordnen.

(4) Der Beschluss ist nicht anfechtbar.

§ 328 Aussetzung des Vollzugs

(1) [1]Das Gericht kann die Vollziehung einer Unterbringung nach § 312 Nummer 4 aussetzen. [2]Die Aussetzung kann mit Auflagen versehen werden. [3]Die Aussetzung soll sechs Monate nicht überschreiten; sie kann bis zu einem Jahr verlängert werden.

(2) Das Gericht kann die Aussetzung widerrufen, wenn der Betroffene eine Auflage nicht erfüllt oder sein Zustand dies erfordert.

§ 329 Dauer und Verlängerung der Unterbringungsmaßnahme

(1) [1]Die Unterbringungsmaßnahme endet spätestens mit Ablauf eines Jahres, bei offensichtlich langer Unterbringungsbedürftigkeit spätestens mit Ablauf von zwei Jahren, wenn sie nicht vorher verlängert wird. [2]Die Genehmigung einer Einwilligung in eine ärztliche Zwangsmaßnahme oder deren Anordnung darf die Dauer von sechs Wochen nicht überschreiten, wenn sie nicht vorher verlängert wird.

(2) [1]Für die Verlängerung der Genehmigung oder Anordnung einer Unterbringungsmaßnahme gelten die Vorschriften für die erstmalige Anordnung oder Genehmigung entsprechend. [2]Bei Unterbringungen mit einer Gesamtdauer von mehr als vier Jahren soll das Gericht keinen Sachverständigen bestellen, der den Betroffenen bisher behandelt oder begutachtet hat oder in der Einrichtung tätig ist, in der der Betroffene untergebracht ist.

(3) Bei der Genehmigung einer Einwilligung in eine ärztliche Zwangsmaßnahme oder deren Anordnung mit einer Gesamtdauer von mehr als zwölf

Wochen soll das Gericht keinen Sachverständigen bestellen, der den Betroffenen bisher behandelt oder begutachtet hat oder in der Einrichtung tätig ist, in der der Betroffene untergebracht ist.

§ 330 Aufhebung der Unterbringungsmaßnahme

[1]Die Genehmigung oder Anordnung der Unterbringungsmaßnahme ist aufzuheben, wenn ihre Voraussetzungen wegfallen. [2]Vor der Aufhebung einer Unterbringungsmaßnahme nach § 312 Nummer 4 soll das Gericht die zuständige Behörde anhören, es sei denn, dass dies zu einer nicht nur geringen Verzögerung des Verfahrens führen würde.

§ 331 Einstweilige Anordnung

[1]Das Gericht kann durch einstweilige Anordnung eine vorläufige Unterbringungsmaßnahme anordnen oder genehmigen, wenn

1. dringende Gründe für die Annahme bestehen, dass die Voraussetzungen für die Genehmigung oder Anordnung einer Unterbringungsmaßnahme gegeben sind und ein dringendes Bedürfnis für ein sofortiges Tätigwerden besteht,
2. ein ärztliches Zeugnis über den Zustand des Betroffenen und über die Notwendigkeit der Maßnahme vorliegt; der Arzt, der das ärztliche Zeugnis ausstellt, soll Arzt für Psychiatrie sein; er muss Erfahrung auf dem Gebiet der Psychiatrie haben; dies gilt nicht für freiheitsentziehende Maßnahmen nach § 312 Nummer 2 und 4,
3. im Fall des § 317 ein Verfahrenspfleger bestellt und angehört worden ist und
4. der Betroffene persönlich angehört worden ist.

[2]Eine Anhörung des Betroffenen im Wege der Rechtshilfe ist abweichend von § 319 Abs. 4 zulässig.

§ 332 Einstweilige Anordnung bei gesteigerter Dringlichkeit

[1]Bei Gefahr im Verzug kann das Gericht eine einstweilige Anordnung nach § 331 bereits vor der persönlichen Anhörung des Betroffenen sowie vor Anhörung und Bestellung des Verfahrenspflegers erlassen. [2]Diese Verfahrenshandlungen sind unverzüglich nachzuholen.

§ 333 Dauer der einstweiligen Anordnung

(1) [1]Die einstweilige Anordnung darf die Dauer von sechs Wochen nicht überschreiten. [2]Reicht dieser Zeitraum nicht aus, kann sie nach Anhörung eines Sachverständigen durch eine weitere einstweilige Anordnung verlängert werden. [3]Die mehrfache Verlängerung ist unter den Voraussetzungen der Sätze 1 und 2 zulässig. [4]Sie darf die Gesamtdauer von drei Monaten nicht überschreiten. [5]Eine Unterbringung zur Vorbereitung eines Gutachtens (§ 322) ist in diese Gesamtdauer einzubeziehen.

(2) [1]Die einstweilige Anordnung darf bei der Genehmigung einer Einwilligung in eine ärztliche Zwangsmaßnahme oder deren Anordnung die Dauer von zwei Wochen nicht überschreiten. [2]Bei mehrfacher Verlängerung darf die Gesamtdauer sechs Wochen nicht überschreiten.

§ 334 Einstweilige Maßregeln

Die §§ 331, 332 und 333 gelten entsprechend, wenn nach § 1867 des Bürgerlichen Gesetzbuchs eine Unterbringungsmaßnahme getroffen werden soll.

§ 335 Ergänzende Vorschriften über die Beschwerde

(1) Das Recht der Beschwerde steht im Interesse des Betroffenen

1. dessen Ehegatten oder Lebenspartner, wenn die Ehegatten oder Lebenspartner nicht dauernd getrennt leben, sowie dessen Eltern und Kindern, wenn der Betroffene bei diesen lebt oder bei Einleitung des Verfahrens gelebt hat, den Pflegeeltern,
2. einer von dem Betroffenen benannten Person seines Vertrauens sowie
3. dem Leiter der Einrichtung, in der der Betroffene lebt,

zu, wenn sie im ersten Rechtszug beteiligt worden sind.

(2) Das Recht der Beschwerde steht dem Verfahrenspfleger zu.

(3) Der Betreuer oder der Vorsorgebevollmächtigte kann gegen eine Entscheidung, die seinen Aufgabenkreis betrifft, auch im Namen des Betroffenen Beschwerde einlegen.

(4) Das Recht der Beschwerde steht der zuständigen Behörde zu.

§ 336 Einlegung der Beschwerde durch den Betroffenen

Der Betroffene kann die Beschwerde auch bei dem Amtsgericht einlegen, in dessen Bezirk er untergebracht ist.

§ 337 Kosten in Unterbringungssachen

(1) In Unterbringungssachen kann das Gericht die Auslagen des Betroffenen, soweit sie zur zweckentsprechenden Rechtsverfolgung notwendig waren, ganz oder teilweise der Staatskasse auferlegen, wenn eine Unterbringungsmaßnahme nach § 312 Nummer 1 bis 3 abgelehnt, als ungerechtfertigt aufgehoben, eingeschränkt oder das Verfahren ohne Entscheidung über eine Maßnahme beendet wird.

(2) Wird ein Antrag auf eine Unterbringungsmaßnahme nach den Landesgesetzen über die Unterbringung psychisch Kranker nach § 312 Nummer 4 abgelehnt oder zurückgenommen und hat das Verfahren ergeben, dass für die zuständige Verwaltungsbehörde ein begründeter Anlass, den Antrag zu stellen, nicht vorgelegen hat, hat das Gericht die Auslagen des Betroffenen der Körperschaft aufzuerlegen, der die Verwaltungsbehörde angehört.

§ 338 Mitteilung von Entscheidungen

[1]Für Mitteilungen gelten die §§ 308 und 311 entsprechend. [2]Die Aufhebung einer Unterbringungsmaßnahme nach § 330 Satz 1 und die Aussetzung der Unterbringung nach § 328 Abs. 1 Satz 1 sind dem Leiter der Einrichtung, in der der Betroffene lebt, mitzuteilen.

§ 339 Benachrichtigung von Angehörigen

Von der Anordnung oder Genehmigung einer Unterbringungsmaßnahme und deren Verlängerung hat das Gericht einen Angehörigen des Betroffenen oder eine Person seines Vertrauens unverzüglich zu benachrichtigen.

Abschnitt 3 Verfahren in betreuungsgerichtlichen Zuweisungssachen

§ 340 Betreuungsgerichtliche Zuweisungssachen

Betreuungsgerichtliche Zuweisungssachen sind

1. Verfahren, die die Pflegschaft mit Ausnahme der Pflegschaft für Minderjährige oder für ein bereits gezeugtes Kind betreffen,
2. Verfahren, die die gerichtliche Bestellung eines sonstigen Vertreters für einen Volljährigen betreffen, sowie
3. sonstige dem Betreuungsgericht zugewiesene Verfahren,

soweit es sich nicht um Betreuungssachen oder Unterbringungssachen handelt.

§ 341 Örtliche Zuständigkeit

Die Zuständigkeit des Gerichts bestimmt sich in betreuungsgerichtlichen Zuweisungssachen nach § 272.

...

XI. Rechtspflegergesetz (RPflG)

In der Fassung der Neubekanntmachung vom 14. April 2013 (BGBl. I S. 778, 2014 I S. 46), zuletzt geändert durch Art. 6 des Gesetzes über die Selbstbestimmung in Bezug auf den Geschlechtseintrag und zur Änderung weiterer Vorschriften vom 19. Juni 2024 (BGBl. I Nr. 206)

– Auszug –

Erster Abschnitt. Aufgaben und Stellung des Rechtspflegers

...

§ 3 Übertragene Geschäfte

Dem Rechtspfleger werden folgende Geschäfte übertragen:

1. in vollem Umfange die nach den gesetzlichen Vorschriften vom Richter wahrzunehmenden Geschäfte des Amtsgerichts in
   a) Vereinssachen nach den §§ 29, 37, 55 bis 79 des Bürgerlichen Gesetzbuchs sowie nach Buch 5 des Gesetzes über das Verfahren in Familiensachen und in den Angelegenheiten der freiwilligen Gerichtsbarkeit,
   b) den weiteren Angelegenheiten der freiwilligen Gerichtsbarkeit nach § 410 des Gesetzes über das Verfahren in Familiensachen und in den Angelegenheiten der freiwilligen Gerichtsbarkeit sowie den Verfahren nach § 84 Abs. 2, § 189 des Versicherungsvertragsgesetzes,
   c) Aufgebotsverfahren nach Buch 8 des Gesetzes über das Verfahren in Familiensachen und in den Angelegenheiten der freiwilligen Gerichtsbarkeit,
   d) Pachtkreditsachen im Sinne des Pachtkreditgesetzes,
   e) (weggefallen)
   f) Urkundssachen einschließlich der Entgegennahme der Erklärung,
   g) Verschollenheitssachen,

h) Grundbuchsachen, Schiffsregister- und Schiffsbauregistersachen sowie Sachen des Registers für Pfandrechte an Luftfahrzeugen,
i) Verfahren nach dem Gesetz über die Zwangsversteigerung und die Zwangsverwaltung,
k) Verteilungsverfahren, die außerhalb der Zwangsvollstreckung nach den Vorschriften der Zivilprozeßordnung über das Verteilungsverfahren durchzuführen sind,
l) Verteilungsverfahren, die außerhalb der Zwangsversteigerung nach den für die Verteilung des Erlöses im Falle der Zwangsversteigerung geltenden Vorschriften durchzuführen sind,
m) Verteilungsverfahren nach § 75 Abs. 2 des Flurbereinigungsgesetzes, § 54 Abs. 3 des Landbeschaffungsgesetzes, § 119 Abs. 3 des Baugesetzbuchs und § 94 Abs. 4 des Bundesberggesetzes,
n) Gesellschafts-, Genossenschafts- und Partnerschaftsregistersachen nach § 374 des Gesetzes über das Verfahren in Familiensachen und in den Angelegenheiten der freiwilligen Gerichtsbarkeit;

2. vorbehaltlich der in den §§ 14 bis 19b dieses Gesetzes aufgeführten Ausnahmen die nach den gesetzlichen Vorschriften vom Richter wahrzunehmenden Geschäfte des Amtsgerichts in
a) Kindschaftssachen und Adoptionssachen sowie entsprechenden Lebenspartnerschaftssachen nach den §§ 151, 186 und 269 des Gesetzes über das Verfahren in Familiensachen und in den Angelegenheiten der freiwilligen Gerichtsbarkeit,
b) Betreuungssachen sowie betreuungsgerichtlichen Zuweisungssachen nach den §§ 271 und 340 des Gesetzes über das Verfahren in Familiensachen und in den Angelegenheiten der freiwilligen Gerichtsbarkeit,
c) Nachlass- und Teilungssachen nach § 342 Absatz 1 und 2 Nummer 2 des Gesetzes über das Verfahren in Familiensachen und in den Angelegenheiten der freiwilligen Gerichtsbarkeit,
d) Handelsregistersachen sowie unternehmensrechtlichen Verfahren nach den §§ 374 und 375 des Gesetzes über das Verfahren in Familiensachen und in den Angelegenheiten der freiwilligen Gerichtsbarkeit,
e) Verfahren nach der Insolvenzordnung,
f) (weggefallen)
g) Verfahren nach der Verordnung (EG) Nr. 1346/2000 des Rates vom 29. Mai 2000 über Insolvenzverfahren (ABl. L 160 vom

30.6.2000, S. 1; L 350 vom 6.12.2014, S. 15), die zuletzt durch die Durchführungsverordnung (EU) 2016/1792 (ABl. L 274 vom 11.10.2016, S. 35) geändert worden ist, Verfahren nach der Verordnung (EU) 2015/848 des Europäischen Parlaments und des Rates vom 20. Mai 2015 über Insolvenzverfahren (ABl. L 141 vom 5.6.2015, S. 19; L 349 vom 21.12.2016, S. 6), die zuletzt durch die Verordnung (EU) 2017/353 (ABl. L 57 vom 3.3.2017, S. 19) geändert worden ist, Verfahren nach den Artikeln 102 und 102c des Einführungsgesetzes zur Insolvenzordnung sowie Verfahren nach dem Ausführungsgesetz zum deutsch-österreichischen Konkursvertrag vom 8. März 1985 (BGBl. I S. 535),

h) Verfahren nach der Schiffahrtsrechtlichen Verteilungsordnung,
i) Verfahren nach § 33 des Internationalen Erbrechtsverfahrensgesetzes vom 29. Juni 2015 (BGBl. I S. 1042) über die Ausstellung, Berichtigung, Änderung oder den Widerruf eines Europäischen Nachlasszeugnisses, über die Erteilung einer beglaubigten Abschrift eines Europäischen Nachlasszeugnisses oder die Verlängerung der Gültigkeitsfrist einer beglaubigten Abschrift sowie über die Aussetzung der Wirkungen eines Europäischen Nachlasszeugnisses;

3. die in den §§ 20 bis 24a, 25 und 25a dieses Gesetzes einzeln aufgeführten Geschäfte
   a) in Verfahren nach der Zivilprozeßordnung,
   b) in Festsetzungsverfahren,
   c) des Gerichts in Straf- und Bußgeldverfahren,
   d) in Verfahren vor dem Bundespatentgericht,
   e) auf dem Gebiet der Aufnahme von Erklärungen,
   f) auf dem Gebiet der Beratungshilfe,
   g) auf dem Gebiet der Familiensachen,
   h) in Verfahren über die Verfahrenskostenhilfe nach dem Gesetz über das Verfahren in Familiensachen und in den Angelegenheiten der freiwilligen Gerichtsbarkeit;
4. die in den §§ 29 und 31 dieses Gesetzes einzeln aufgeführten Geschäfte
   a) im internationalen Rechtsverkehr,
   b) (aufgehoben)
   c) der Staatsanwaltschaft im Strafverfahren und der Vollstreckung in Straf- und Bußgeldsachen sowie von Ordnungs- und Zwangsmitteln.

§ 4 Umfang der Übertragung

(1) Der Rechtspfleger trifft alle Maßnahmen, die zur Erledigung der ihm übertragenen Geschäfte erforderlich sind.

(2) Der Rechtspfleger ist nicht befugt,

1. eine Beeidigung anzuordnen oder einen Eid abzunehmen,
2. Freiheitsentziehungen anzudrohen oder anzuordnen, sofern es sich nicht um Maßnahmen zur Vollstreckung
   a) einer Freiheitsstrafe nach § 457 der Strafprozeßordnung oder einer Ordnungshaft nach § 890 der Zivilprozeßordnung,
   b) einer Maßregel der Besserung und Sicherung nach § 463 der Strafprozeßordnung oder
   c) der Erzwingungshaft nach § 97 des Gesetzes über Ordnungswidrigkeiten

handelt.

(3) Hält der Rechtspfleger Maßnahmen für geboten, zu denen er nach Absatz 2 Nr. 1 und 2 nicht befugt ist, so legt er deswegen die Sache dem Richter zur Entscheidung vor.

§ 5 Vorlage an den Richter

(1) Der Rechtspfleger hat ihm übertragene Geschäfte dem Richter vorzulegen, wenn

1. sich bei der Bearbeitung der Sache ergibt, daß eine Entscheidung des Bundesverfassungsgerichts oder eines für Verfassungsstreitigkeiten zuständigen Gerichts eines Landes nach Artikel 100 des Grundgesetzes einzuholen ist;
2. zwischen dem übertragenen Geschäft und einem vom Richter wahrzunehmenden Geschäft ein so enger Zusammenhang besteht, daß eine getrennte Behandlung nicht sachdienlich ist.

(2) Der Rechtspfleger kann ihm übertragene Geschäfte dem Richter vorlegen, wenn die Anwendung ausländischen Rechts in Betracht kommt.

(3) [1]Die vorgelegten Sachen bearbeitet der Richter, solange er es für erforderlich hält. [2]Er kann die Sachen dem Rechtspfleger zurückgeben. [3]Gibt der

Richter eine Sache an den Rechtspfleger zurück, so ist dieser an eine von dem Richter mitgeteilte Rechtsauffassung gebunden.

§ 6 Bearbeitung übertragener Sachen durch den Richter

Steht ein übertragenes Geschäft mit einem vom Richter wahrzunehmenden Geschäft in einem so engen Zusammenhang, daß eine getrennte Bearbeitung nicht sachdienlich wäre, so soll der Richter die gesamte Angelegenheit bearbeiten.

§ 7 Bestimmung des zuständigen Organs der Rechtspflege

[1]Bei Streit oder Ungewißheit darüber, ob ein Geschäft von dem Richter oder dem Rechtspfleger zu bearbeiten ist, entscheidet der Richter über die Zuständigkeit durch Beschluß. [2]Der Beschluß ist unanfechtbar.

§ 8 Gültigkeit von Geschäften

(1) Hat der Richter ein Geschäft wahrgenommen, das dem Rechtspfleger übertragen ist, so wird die Wirksamkeit des Geschäfts hierdurch nicht berührt.

(2) Hat der Rechtspfleger ein Geschäft wahrgenommen, das ihm der Richter nach diesem Gesetz übertragen kann, so ist das Geschäft nicht deshalb unwirksam, weil die Übertragung unterblieben ist oder die Voraussetzungen für die Übertragung im Einzelfalle nicht gegeben waren.

(3) Ein Geschäft ist nicht deshalb unwirksam, weil es der Rechtspfleger entgegen § 5 Abs. 1 dem Richter nicht vorgelegt hat.

(4) [1]Hat der Rechtspfleger ein Geschäft des Richters wahrgenommen, das ihm nach diesem Gesetz weder übertragen ist noch übertragen werden kann, so ist das Geschäft unwirksam. [2]Das gilt nicht, wenn das Geschäft dem Rechtspfleger durch eine Entscheidung nach § 7 zugewiesen worden war.

(5) Hat der Rechtspfleger ein Geschäft des Urkundsbeamten der Geschäftsstelle wahrgenommen, so wird die Wirksamkeit des Geschäfts hierdurch nicht berührt.

§ 9 Weisungsfreiheit des Rechtspflegers

Der Rechtspfleger ist sachlich unabhängig und nur an Recht und Gesetz gebunden.

§ 10 Ausschließung und Ablehnung des Rechtspflegers

[1]Für die Ausschließung und Ablehnung des Rechtspflegers sind die für den Richter geltenden Vorschriften entsprechend anzuwenden. [2]Über die Ablehnung des Rechtspflegers entscheidet der Richter.

§ 11 Rechtsbehelfe

(1) Gegen die Entscheidungen des Rechtspflegers ist das Rechtsmittel gegeben, das nach den allgemeinen verfahrensrechtlichen Vorschriften zulässig ist.

(2) [1]Kann gegen die Entscheidung nach den allgemeinen verfahrensrechtlichen Vorschriften ein Rechtsmittel nicht eingelegt werden, so findet die Erinnerung statt, die innerhalb einer Frist von zwei Wochen einzulegen ist. [2]Hat der Erinnerungsführer die Frist ohne sein Verschulden nicht eingehalten, ist ihm auf Antrag Wiedereinsetzung in den vorigen Stand zu gewähren, wenn er die Erinnerung binnen zwei Wochen nach der Beseitigung des Hindernisses einlegt und die Tatsachen, welche die Wiedereinsetzung begründen, glaubhaft macht. [3]Ein Fehlen des Verschuldens wird vermutet, wenn eine Rechtsbehelfsbelehrung unterblieben oder fehlerhaft ist. [4]Die Wiedereinsetzung kann nach Ablauf eines Jahres, von dem Ende der versäumten Frist an gerechnet, nicht mehr beantragt werden. [5]Der Rechtspfleger kann der Erinnerung abhelfen. [6]Erinnerungen, denen er nicht abhilft, legt er dem Richter zur Entscheidung vor. [7]Auf die Erinnerung sind im Übrigen die Vorschriften der Zivilprozessordnung über die sofortige Beschwerde sinngemäß anzuwenden.

(3) [1]Gerichtliche Verfügungen, Beschlüsse oder Zeugnisse, die nach den Vorschriften der Grundbuchordnung, der Schiffsregisterordnung oder des Gesetzes über das Verfahren in Familiensachen und in den Angelegenheiten der freiwilligen Gerichtsbarkeit wirksam geworden sind und nicht mehr geändert werden können, sind mit der Erinnerung nicht anfechtbar. [2]Die Erinnerung ist ferner in den Fällen der §§ 694, 700 der Zivilprozeßordnung

und gegen die Entscheidungen über die Gewährung eines Stimmrechts (§ 77 der Insolvenzordnung) ausgeschlossen.

(4) Das Erinnerungsverfahren ist gerichtsgebührenfrei.

§ 12 Bezeichnung des Rechtspflegers

Im Schriftverkehr und bei der Aufnahme von Urkunden in übertragenen Angelegenheiten hat der Rechtspfleger seiner Unterschrift das Wort „Rechtspfleger" beizufügen.

§ 13 Ausschluß des Anwaltszwangs

§ 78 Abs. 1 der Zivilprozeßordnung und § 114 Absatz 1 des Gesetzes über das Verfahren in Familiensachen und in den Angelegenheiten der freiwilligen Gerichtsbarkeit sind auf Verfahren vor dem Rechtspfleger nicht anzuwenden.

Zweiter Abschnitt. Dem Richter vorbehaltene Geschäfte in Familiensachen und auf dem Gebiet der freiwilligen Gerichtsbarkeit sowie in Insolvenzverfahren und schifffahrtsrechtlichen Verteilungsverfahren

...

§ 15 Betreuungssachen und betreuungsgerichtliche Zuweisungssachen

(1) Von den Angelegenheiten, die dem Betreuungsgericht übertragen sind, bleiben dem Richter vorbehalten:

1. Verrichtungen aufgrund der §§ 1814 bis 1816, 1817 Absatz 1 bis 4, der §§ 1818, 1819, 1820 Absatz 3 bis 5 und des § 1868 Absatz 1 bis 4 und 7 des Bürgerlichen Gesetzbuchs sowie die anschließende Bestellung eines neuen Betreuers;
2. die Bestellung eines neuen Betreuers im Fall des Todes des Betreuers nach § 1869 des Bürgerlichen Gesetzbuchs;

3. Verrichtungen auf Grund des § 1871 des Bürgerlichen Gesetzbuchs, des § 291 des Gesetzes über das Verfahren in Familiensachen und in den Angelegenheiten der freiwilligen Gerichtsbarkeit;
4. Verrichtungen auf Grund der §§ 1825, 1829 und 1830 des Bürgerlichen Gesetzbuchs;
5. (weggefallen)
6. die Anordnung einer Betreuung oder Pflegschaft auf Grund dienstrechtlicher Vorschriften;
7. die Entscheidung nach § 1834 des Bürgerlichen Gesetzbuchs;
8. die Genehmigung nach § 6 des Gesetzes über die freiwillige Kastration und andere Behandlungsmethoden;
9. die Genehmigung nach § 3 Abs. 1 Satz 2 sowie nach § 6 Abs. 2 Satz 1, § 7 Abs. 3 Satz 2 und § 9 Abs. 3 Satz 1, jeweils in Verbindung mit § 3 Abs. 1 Satz 2 des Gesetzes über die Änderung der Vornamen und die Feststellung der Geschlechtszugehörigkeit in besonderen Fällen;
10. die Genehmigung für den Antrag auf Scheidung oder Aufhebung der Ehe oder auf Aufhebung der Lebenspartnerschaft durch den gesetzlichen Vertreter eines geschäftsunfähigen Ehegatten oder Lebenspartners nach § 125 Absatz 2 Satz 2, § 270 Absatz 1 Satz 1 des Gesetzes über das Verfahren in Familiensachen und in den Angelegenheiten der freiwilligen Gerichtsbarkeit.

(2) Die Maßnahmen und Anordnungen nach den §§ 6 bis 12 des Erwachsenenschutzübereinkommens-Ausführungsgesetzes vom 17. März 2007 (BGBl. I S. 314) bleiben dem Richter vorbehalten.

...

§ 19 Aufhebung von Richtervorbehalten

(1) [1]Die Landesregierungen werden ermächtigt, durch Rechtsverordnung die in den vorstehenden Vorschriften bestimmten Richtervorbehalte ganz oder teilweise aufzuheben, soweit sie folgende Angelegenheiten betreffen:

1. die Geschäfte nach § 14 Absatz 1 Nummer 9 sowie § 15 Absatz 1 Nummer 1 bis 6, soweit sie nicht die Entscheidung über die Anordnung einer Betreuung und die Festlegung des Aufgabenkreises des Betreuers aufgrund der §§ 1814, 1815 und 1820 Absatz 3 des Bür-

gerlichen Gesetzbuchs sowie die Verrichtungen aufgrund des § 1820 Absatz 4 und 5, der §§ 1825, 1829 und 1830 und 1871 des Bürgerlichen Gesetzbuchs und von § 278 Absatz 5 und § 283 des Gesetzes über das Verfahren in Familiensachen und in den Angelegenheiten der freiwilligen Gerichtsbarkeit betreffen;

2. die Geschäfte nach § 16 Abs. 1 Nr. 1, soweit sie den nach § 14 Absatz 1 Nummer 9 dieses Gesetzes ausgeschlossenen Geschäften in Kindschaftssachen entsprechen;
3. die Geschäfte nach § 16 Abs. 1 Nr. 2;
4. die Geschäfte nach § 16 Abs. 1 Nr. 5, soweit der Erblasser den Testamentsvollstrecker nicht selbst ernannt oder einen Dritten zu dessen Ernennung bestimmt hat;
5. die Geschäfte nach § 16 Absatz 1 Nummer 6 und 7 sowie Absatz 2;
6. die Geschäfte nach § 17 Nr. 1, soweit sie nicht die Prüfung und Entscheidung nach § 316 Absatz 3, gegebenenfalls in Verbindung mit § 329 Satz 1, und § 343 Absatz 3 des Umwandlungsgesetzes betreffen.

[2]Die Landesregierungen können die Ermächtigung auf die Landesjustizverwaltungen übertragen.

(2) In der Verordnung nach Absatz 1 ist vorzusehen, dass der Rechtspfleger das Verfahren dem Richter zur weiteren Bearbeitung vorzulegen hat, soweit bei den Geschäften nach Absatz 1 Satz 1 Nr. 2 bis 5 gegen den Erlass der beantragten Entscheidung Einwände erhoben werden.

(3) Soweit von der Ermächtigung nach Absatz 1 Nr. 1 hinsichtlich der Auswahl und Bestellung eines Betreuers Gebrauch gemacht wird, sind die Vorschriften des Gesetzes über das Verfahren in Familiensachen und in den Angelegenheiten der freiwilligen Gerichtsbarkeit über die Bestellung eines Betreuers auch für die Anordnung einer Betreuung und Festlegung des Aufgabenkreises des Betreuers nach den §§ 1814 und 1815 des Bürgerlichen Gesetzbuchs anzuwenden.

...

XII. Zivilprozessordnung (ZPO)

i.d.F. der Bekanntmachung vom 5. Dezember 2005 (BGB. I S. 3202, 2006 I S. 431, 2007 I S. 1781), zuletzt geändert durch Art. 1 des Gesetzes zur Einführung eines Leitentscheidungsverfahrens beim Bundesgerichtshof vom 24. Oktober 2024 (BGBl. I Nr. 328)

– Auszug –

...

§ 53 Prozessfähigkeit bei rechtlicher Betreuung

(1) Bei Personen, für die ein Betreuer bestellt ist, richtet sich die Prozessfähigkeit nach den allgemeinen Vorschriften.

(2) [1]Wird ein Betreuter in einem Rechtsstreit durch einen Betreuer vertreten, kann der Betreuer in jeder Lage des Verfahrens gegenüber dem Prozessgericht schriftlich oder zu Protokoll der Geschäftsstelle erklären, dass der Rechtsstreit fortan ausschließlich durch ihn geführt wird (Ausschließlichkeitserklärung). [2]Mit Eingang der Ausschließlichkeitserklärung steht der Betreute für den weiteren Rechtsstreit einer nicht prozessfähigen Person gleich. [3]Der Betreuer kann die Ausschließlichkeitserklärung jederzeit mit Wirkung für die Zukunft zurücknehmen.

...

§ 170a Zustellung bei rechtlicher Betreuung

(1) Wird an eine Person zugestellt, für die ein Betreuer bestellt ist, ist diesem eine Abschrift des zugestellten Dokuments mitzuteilen, soweit er bekannt ist und sein Aufgabenkreis betroffen ist.

(2) Wird nach § 170 Absatz 1 an den Betreuer zugestellt, ist dem Betreuten eine Abschrift des zugestellten Dokuments mitzuteilen.

...

XIII. Verwaltungsverfahrensgesetz (VwVfG)

i.d.F. der Bekanntmachung vom 23. Januar 2003 (BGB. I S. 102), zuletzt geändert durch Art. 2 des Postrechtsmodernisierungsgesetzes vom 15. Juli 2024 (BGBl. I Nr. 236)

– Auszug –

...

§ 12 Handlungsfähigkeit

(1) Fähig zur Vornahme von Verfahrenshandlungen sind

1. natürliche Personen, die nach bürgerlichem Recht geschäftsfähig sind,
2. natürliche Personen, die nach bürgerlichem Recht in der Geschäftsfähigkeit beschränkt sind, soweit sie für den Gegenstand des Verfahrens durch Vorschriften des bürgerlichen Rechts als geschäftsfähig oder durch Vorschriften des öffentlichen Rechts als handlungsfähig anerkannt sind,
3. juristische Personen und Vereinigungen (§ 11 Nr. 2) durch ihre gesetzlichen Vertreter oder durch besonders Beauftragte,
4. Behörden durch ihre Leiter, deren Vertreter oder Beauftragte.

(2) Betrifft ein Einwilligungsvorbehalt nach § 1825 des Bürgerlichen Gesetzbuchs den Gegenstand des Verfahrens, so ist ein geschäftsfähiger Betreuter nur insoweit zur Vornahme von Verfahrenshandlungen fähig, als er nach den Vorschriften des bürgerlichen Rechts ohne Einwilligung des Betreuers handeln kann oder durch Vorschriften des öffentlichen Rechts als handlungsfähig anerkannt ist.

(3) Die §§ 53 und 55 der Zivilprozessordnung gelten entsprechend.

...

XIV. Verwaltungszustellungsgesetz (VwZG)

i.d.F. des Gesetzes vom 12. August 2005 (BGBl. I S. 2354), zuletzt geändert durch Art. 3 des Postrechtsmodernisierungsgesetzes vom 15. Juli 2024 (BGBl. I Nr. 236)

– Auszug –

...

§ 6 Zustellung an gesetzliche Vertreter

(1) [1]Bei Geschäftsunfähigen oder beschränkt Geschäftsfähigen ist an ihre gesetzlichen Vertreter zuzustellen. [2]Gleiches gilt bei Personen, für die ein Betreuer bestellt ist, soweit der Aufgabenkreis des Betreuers reicht. [3]Das zugestellte Dokument ist der betreuten Person nach Wahl der Behörde abschriftlich mitzuteilen oder elektronisch zu übermitteln.

(2) [1]Bei Behörden wird an den Behördenleiter, bei juristischen Personen, nicht rechtsfähigen Personenvereinigungen und Zweckvermögen an ihre gesetzlichen Vertreter zugestellt. [2]§ 34 Abs. 2 der Abgabenordnung bleibt unberührt.

(3) Bei mehreren gesetzlichen Vertretern oder Behördenleitern genügt die Zustellung an einen von ihnen.

(4) Der zustellende Bedienstete braucht nicht zu prüfen, ob die Anschrift den Vorschriften der Absätze 1 bis 3 entspricht.

...

XV. Erstes Buch Sozialgesetzbuch (SGB I)

Vom 11. Dezember 1975 (BGBl. I S. 3015), zuletzt geändert durch Art. 4 des OZG-Änderungsgesetzes vom 19. Juli 2024 (BGBl. I Nr. 245)

– Auszug –

...

Zweiter Abschnitt Einweisungsvorschriften

Erster Titel Allgemeines über Sozialleistungen und Leistungsträger

...

§ 17 Ausführung der Sozialleistungen

(1) Die Leistungsträger sind verpflichtet, darauf hinzuwirken, daß

1. jeder Berechtigte die ihm zustehenden Sozialleistungen in zeitgemäßer Weise, umfassend und zügig erhält,
2. die zur Ausführung von Sozialleistungen erforderlichen sozialen Dienste und Einrichtungen rechtzeitig und ausreichend zur Verfügung stehen,
3. der Zugang zu den Sozialleistungen möglichst einfach gestaltet wird, insbesondere durch Verwendung allgemein verständlicher Antragsvordrucke und
4. ihre Verwaltungs- und Dienstgebäude frei von Zugangs- und Kommunikationsbarrieren sind und Sozialleistungen in barrierefreien Räumen und Anlagen ausgeführt werden.

(2) [1]Menschen mit Hörbehinderungen und Menschen mit Sprachbehinderungen haben das Recht, bei der Ausführung von Sozialleistungen, insbesondere auch bei ärztlichen Untersuchungen und Behandlungen, in Deutscher Gebärdensprache, mit lautsprachbegleitenden Gebärden oder

über andere geeignete Kommunikationshilfen zu kommunizieren. [2]Die für die Sozialleistung zuständigen Leistungsträger sind verpflichtet, die durch die Verwendung der Kommunikationshilfen entstehenden Kosten zu tragen. [3]§ 5 der Kommunikationshilfenverordnung in der jeweils geltenden Fassung gilt entsprechend.

(2a) § 11 des Behindertengleichstellungsgesetzes gilt in seiner jeweils geltenden Fassung bei der Ausführung von Sozialleistungen entsprechend.

(3) [1]In der Zusammenarbeit mit gemeinnützigen und freien Einrichtungen und Organisationen wirken die Leistungsträger darauf hin, daß sich ihre Tätigkeit und die der genannten Einrichtungen und Organisationen zum Wohl der Leistungsempfänger wirksam ergänzen. [2]Sie haben dabei deren Selbständigkeit in Zielsetzung und Durchführung ihrer Aufgaben zu achten. [3]Die Nachprüfung zweckentsprechender Verwendung bei der Inanspruchnahme öffentlicher Mittel bleibt unberührt. [4]Im übrigen ergibt sich ihr Verhältnis zueinander aus den besonderen Teilen dieses Gesetzbuchs; § 97 Abs. 1 Satz 1 bis 4 und Abs. 2 des Zehnten Buches findet keine Anwendung.

(4) [1]Die Leistungsträger arbeiten mit den Betreuungsbehörden bei der Erfüllung ihrer Aufgaben zur Vermittlung geeigneter Hilfen zur Betreuungsvermeidung zusammen. [2]Soziale Rechte dürfen nicht deshalb abgelehnt, versagt oder eingeschränkt werden, weil ein rechtlicher Betreuer nach § 1814 Absatz 1 des Bürgerlichen Gesetzbuchs bestellt worden ist oder bestellt werden könnte.

...

Dritter Abschnitt Gemeinsame Vorschriften für alle Sozialleistungsbereiche dieses Gesetzbuchs
Dritter Titel Mitwirkung des Leistungsberechtigten

§ 60 Angabe von Tatsachen

(1) [1]Wer Sozialleistungen beantragt oder erhält, hat

1. alle Tatsachen anzugeben, die für die Leistung erheblich sind, und auf Verlangen des zuständigen Leistungsträgers der Erteilung der erforderlichen Auskünfte durch Dritte zuzustimmen,
2. Änderungen in den Verhältnissen, die für die Leistung erheblich sind oder über die im Zusammenhang mit der Leistung Erklärungen abgegeben worden sind, unverzüglich mitzuteilen,
3. Beweismittel zu bezeichnen und auf Verlangen des zuständigen Leistungsträgers Beweisurkunden vorzulegen oder ihrer Vorlage zuzustimmen.

[2]Satz 1 gilt entsprechend für denjenigen, der Leistungen zu erstatten hat.
(2) Soweit für die in Absatz 1 Satz 1 Nr. 1 und 2 genannten Angaben Vordrucke vorgesehen sind, sollen diese benutzt werden.

§ 61 Persönliches Erscheinen

Wer Sozialleistungen beantragt oder erhält, soll auf Verlangen des zuständigen Leistungsträgers zur mündlichen Erörterung des Antrags oder zur Vornahme anderer für die Entscheidung über die Leistung notwendiger Maßnahmen persönlich erscheinen.

§ 62 Untersuchungen

Wer Sozialleistungen beantragt oder erhält, soll sich auf Verlangen des zuständigen Leistungsträgers ärztlichen und psychologischen Untersuchungsmaßnahmen unterziehen, soweit diese für die Entscheidung über die Leistung erforderlich sind.

§ 63 Heilbehandlung

Wer wegen Krankheit oder Behinderung Sozialleistungen beantragt oder erhält, soll sich auf Verlangen des zuständigen Leistungsträgers einer Heilbehandlung unterziehen, wenn zu erwarten ist, daß sie eine Besserung seines Gesundheitszustands herbeiführen oder eine Verschlechterung verhindern wird.

§ 64 Leistungen zur Teilhabe am Arbeitsleben

Wer wegen Minderung der Erwerbsfähigkeit, anerkannten Schädigungsfolgen oder wegen Arbeitslosigkeit Sozialleistungen beantragt oder erhält, soll auf Verlangen des zuständigen Leistungsträgers an Leistungen zur Teilhabe am Arbeitsleben teilnehmen, wenn bei angemessener Berücksichtigung seiner beruflichen Neigung und seiner Leistungsfähigkeit zu erwarten ist, daß sie seine Erwerbs- oder Vermittlungsfähigkeit auf Dauer fördern oder erhalten werden.

§ 65 Grenzen der Mitwirkung

(1) Die Mitwirkungspflichten nach den §§ 60 bis 64 bestehen nicht, soweit

1. ihre Erfüllung nicht in einem angemessenen Verhältnis zu der in Anspruch genommenen Sozialleistung oder ihrer Erstattung steht oder
2. ihre Erfüllung dem Betroffenen aus einem wichtigen Grund nicht zugemutet werden kann oder
3. der Leistungsträger sich durch einen geringeren Aufwand als der Antragsteller oder Leistungsberechtigte die erforderlichen Kenntnisse selbst beschaffen kann.

(2) Behandlungen und Untersuchungen,

1. bei denen im Einzelfall ein Schaden für Leben oder Gesundheit nicht mit hoher Wahrscheinlichkeit ausgeschlossen werden kann,
2. die mit erheblichen Schmerzen verbunden sind oder
3. die einen erheblichen Eingriff in die körperliche Unversehrtheit bedeuten,

können abgelehnt werden.

(3) Angaben, die dem Antragsteller, dem Leistungsberechtigten oder ihnen nahestehende Personen (§ 383 Abs. 1 Nr. 1 bis 3 der Zivilprozeßordnung) die Gefahr zuziehen würde, wegen einer Straftat oder einer Ordnungswidrigkeit verfolgt zu werden, können verweigert werden.

§ 65a Aufwendungsersatz

(1) [1]Wer einem Verlangen des zuständigen Leistungsträgers nach den §§ 61 oder 62 nachkommt, kann auf Antrag Ersatz seiner notwendigen Auslagen und seines Verdienstausfalles in angemessenem Umfang erhalten. [2]Bei einem Verlangen des zuständigen Leistungsträgers nach § 61 sollen Aufwendungen nur in Härtefällen ersetzt werden.

(2) Absatz 1 gilt auch, wenn der zuständige Leistungsträger ein persönliches Erscheinen oder eine Untersuchung nachträglich als notwendig anerkennt.

§ 66 Folgen fehlender Mitwirkung

(1) [1]Kommt derjenige, der eine Sozialleistung beantragt oder erhält, seinen Mitwirkungspflichten nach den §§ 60 bis 62, 65 nicht nach und wird hierdurch die Aufklärung des Sachverhalts erheblich erschwert, kann der Leistungsträger ohne weitere Ermittlungen die Leistung bis zur Nachholung der Mitwirkung ganz oder teilweise versagen oder entziehen, soweit die Voraussetzungen der Leistung nicht nachgewiesen sind. [2]Dies gilt entsprechend, wenn der Antragsteller oder Leistungsberechtigte in anderer Weise absichtlich die Aufklärung des Sachverhalts erheblich erschwert.

(2) Kommt derjenige, der eine Sozialleistung wegen Pflegebedürftigkeit, wegen Arbeitsunfähigkeit, wegen Gefährdung oder Minderung der Erwerbsfähigkeit, anerkannten Schädigungsfolgen oder wegen Arbeitslosigkeit beantragt oder erhält, seinen Mitwirkungspflichten nach den §§ 62 bis 65 nicht nach und ist unter Würdigung aller Umstände mit Wahrscheinlichkeit anzunehmen, daß deshalb die Fähigkeit zur selbständigen Lebensführung, die Arbeits-, Erwerbs- oder Vermittlungsfähigkeit beeinträchtigt oder nicht verbessert wird, kann der Leistungsträger die Leistung bis zur Nachholung der Mitwirkung ganz oder teilweise versagen oder entziehen.

(3) Sozialleistungen dürfen wegen fehlender Mitwirkung nur versagt oder entzogen werden, nachdem der Leistungsberechtigte auf diese Folge schriftlich hingewiesen worden ist und seiner Mitwirkungspflicht nicht innerhalb einer ihm gesetzten angemessenen Frist nachgekommen ist.

§ 67 Nachholung der Mitwirkung

Wird die Mitwirkung nachgeholt und liegen die Leistungsvoraussetzungen vor, kann der Leistungsträger Sozialleistungen, die er nach § 66 versagt oder entzogen hat, nachträglich ganz oder teilweise erbringen.

...

XVI. Neuntes Buch Sozialgesetzbuch (SGB IX)

Vom 23. Dezember 2016 (BGBl. I S. 3234), zuletzt geändert durch Art. 6 des Haushaltsfinanzierungsgesetzes 2024 vom 22. Dezember 2023 (BGBl. I Nr. 412)

– Auszug –

...

§ 2 Begriffsbestimmungen

(1) [1]Menschen mit Behinderungen sind Menschen, die körperliche, seelische, geistige oder Sinnesbeeinträchtigungen haben, die sie in Wechselwirkung mit einstellungs- und umweltbedingten Barrieren an der gleichberechtigten Teilhabe an der Gesellschaft mit hoher Wahrscheinlichkeit länger als sechs Monate hindern können. [2]Eine Beeinträchtigung nach Satz 1 liegt vor, wenn der Körper- und Gesundheitszustand von dem für das Lebensalter typischen Zustand abweicht. [3]Menschen sind von Behinderung bedroht, wenn eine Beeinträchtigung nach Satz 1 zu erwarten ist.

(2) Menschen sind im Sinne des Teils 3 schwerbehindert, wenn bei ihnen ein Grad der Behinderung von wenigstens 50 vorliegt und sie ihren Wohnsitz, ihren gewöhnlichen Aufenthalt oder ihre Beschäftigung auf einem Arbeitsplatz im Sinne des § 156 rechtmäßig im Geltungsbereich dieses Gesetzbuches haben.

(3) Schwerbehinderten Menschen gleichgestellt werden sollen Menschen mit Behinderungen mit einem Grad der Behinderung von weniger als 50, aber wenigstens 30, bei denen die übrigen Voraussetzungen des Absatzes 2 vorliegen, wenn sie infolge ihrer Behinderung ohne die Gleichstellung einen geeigneten Arbeitsplatz im Sinne des § 156 nicht erlangen oder nicht behalten können (gleichgestellte behinderte Menschen).

...

§ 22 Einbeziehung anderer öffentlicher Stellen

(1) Der für die Durchführung des Teilhabeplanverfahrens verantwortliche Rehabilitationsträger bezieht unter Berücksichtigung der Interessen der Leistungsberechtigten andere öffentliche Stellen in die Erstellung des Teilhabeplans in geeigneter Art und Weise ein, soweit dies zur Feststellung des Rehabilitationsbedarfs erforderlich ist.

(2) [1]Bestehen im Einzelfall Anhaltspunkte für eine Pflegebedürftigkeit nach dem Elften Buch, wird die zuständige Pflegekasse mit Zustimmung des Leistungsberechtigten vom für die Durchführung des Teilhabeplanverfahrens verantwortlichen Rehabilitationsträger informiert und muss am Teilhabeplanverfahren beratend teilnehmen, soweit dies für den Rehabilitationsträger zur Feststellung des Rehabilitationsbedarfs erforderlich und nach den für die zuständige Pflegekasse geltenden Grundsätzen der Datenverwendung zulässig ist. [2]Die §§ 18a und 31 des Elften Buches bleiben unberührt.

(3) [1]Die Integrationsämter sind bei der Durchführung des Teilhabeplanverfahrens zu beteiligen, soweit sie Leistungen für schwerbehinderte Menschen nach Teil 3 erbringen. [2]Das zuständige Integrationsamt kann das Teilhabeplanverfahren nach § 19 Absatz 5 anstelle des leistenden Rehabilitationsträgers durchführen, wenn die Rehabilitationsträger und das Integrationsamt sowie das nach § 19 Absatz 1 Satz 2 zu beteiligende Jobcenter dies in Abstimmung mit den Leistungsberechtigten vereinbaren.

(4) [1]Bestehen im Einzelfall Anhaltspunkte für einen Betreuungsbedarf nach § 1814 Absatz 1 des Bürgerlichen Gesetzbuchs, wird die zuständige Betreuungsbehörde mit Zustimmung des Leistungsberechtigten vom für die Durchführung des Teilhabeplanverfahrens verantwortlichen Rehabilitationsträger informiert. [2]Der Betreuungsbehörde werden in diesen Fällen die Ergebnisse der bisherigen Ermittlungen und Gutachten mit dem Zweck mitgeteilt, dass diese dem Leistungsberechtigten andere Hilfen, bei denen kein Betreuer bestellt wird, vermitteln kann. [3]Auf Vorschlag der Betreuungsbehörde kann sie mit Zustimmung des Leistungsberechtigten am Teilhabeplanverfahren beratend teilnehmen.

...

§ 106 Beratung und Unterstützung

(1) [1]Zur Erfüllung der Aufgaben dieses Teils werden die Leistungsberechtigten, auf ihren Wunsch auch im Beisein einer Person ihres Vertrauens, vom Träger der Eingliederungshilfe beraten und, soweit erforderlich, unterstützt. [2]Die Beratung erfolgt in einer für den Leistungsberechtigten wahrnehmbaren Form.

(2) Die Beratung umfasst insbesondere

1. die persönliche Situation des Leistungsberechtigten, den Bedarf, die eigenen Kräfte und Mittel sowie die mögliche Stärkung der Selbsthilfe zur Teilhabe am Leben in der Gemeinschaft einschließlich eines gesellschaftlichen Engagements,
2. die Leistungen der Eingliederungshilfe einschließlich des Zugangs zum Leistungssystem,
3. die Leistungen anderer Leistungsträger,
4. die Verwaltungsabläufe,
5. Hinweise auf Leistungsanbieter und andere Hilfemöglichkeiten im Sozialraum und auf Möglichkeiten zur Leistungserbringung,
6. Hinweise auf andere Beratungsangebote im Sozialraum,
7. eine gebotene Budgetberatung.

(3) Die Unterstützung umfasst insbesondere

1. Hilfe bei der Antragstellung,
2. Hilfe bei der Klärung weiterer zuständiger Leistungsträger,
3. das Hinwirken auf zeitnahe Entscheidungen und Leistungen der anderen Leistungsträger,
4. Hilfe bei der Erfüllung von Mitwirkungspflichten,
5. Hilfe bei der Inanspruchnahme von Leistungen,
6. die Vorbereitung von Möglichkeiten der Teilhabe am Leben in der Gemeinschaft einschließlich des gesellschaftlichen Engagements,
7. die Vorbereitung von Kontakten und Begleitung zu Leistungsanbietern und anderen Hilfemöglichkeiten,
8. Hilfe bei der Entscheidung über Leistungserbringer sowie bei der Aushandlung und dem Abschluss von Verträgen mit Leistungserbringern sowie

9. Hilfe bei der Erfüllung von Verpflichtungen aus der Zielvereinbarung und dem Bewilligungsbescheid.

(4) Die Leistungsberechtigten sind hinzuweisen auf die ergänzende unabhängige Teilhabeberatung nach § 32, auf die Beratung und Unterstützung von Verbänden der Freien Wohlfahrtspflege sowie von Angehörigen der rechtsberatenden Berufe und von sonstigen Stellen.

...

§ 117 Gesamtplanverfahren

(1) Das Gesamtplanverfahren ist nach folgenden Maßstäben durchzuführen:

1. Beteiligung des Leistungsberechtigten in allen Verfahrensschritten, beginnend mit der Beratung,
2. Dokumentation der Wünsche des Leistungsberechtigten zu Ziel und Art der Leistungen,
3. Beachtung der Kriterien
   a) transparent,
   b) trägerübergreifend,
   c) interdisziplinär,
   d) konsensorientiert,
   e) individuell,
   f) lebensweltbezogen,
   g) sozialraumorientiert und
   h) zielorientiert,
4. Ermittlung des individuellen Bedarfes,
5. Durchführung einer Gesamtplankonferenz,
6. Abstimmung der Leistungen nach Inhalt, Umfang und Dauer in einer Gesamtplankonferenz unter Beteiligung betroffener Leistungsträger.

(2) Am Gesamtplanverfahren wird auf Verlangen des Leistungsberechtigten eine Person seines Vertrauens beteiligt.

(3) [1]Bestehen im Einzelfall Anhaltspunkte für eine Pflegebedürftigkeit nach dem Elften Buch, wird die zuständige Pflegekasse mit Zustimmung des Leistungsberechtigten vom Träger der Eingliederungshilfe informiert und

muss am Gesamtplanverfahren beratend teilnehmen, soweit dies für den Träger der Eingliederungshilfe zur Feststellung der Leistungen nach den Kapiteln 3 bis 6 erforderlich ist. [2]Bestehen im Einzelfall Anhaltspunkte, dass Leistungen der Hilfe zur Pflege nach dem Siebten Kapitel des Zwölften Buches erforderlich sind, so soll der Träger dieser Leistungen mit Zustimmung der Leistungsberechtigten informiert und am Gesamtplanverfahren beteiligt werden, soweit dies zur Feststellung der Leistungen nach den Kapiteln 3 bis 6 erforderlich ist.

(4) Bestehen im Einzelfall Anhaltspunkte für einen Bedarf an notwendigem Lebensunterhalt, ist der Träger dieser Leistungen mit Zustimmung des Leistungsberechtigten zu informieren und am Gesamtplanverfahren zu beteiligen, soweit dies zur Feststellung der Leistungen nach den Kapiteln 3 bis 6 erforderlich ist.

(5) § 22 Absatz 4 ist entsprechend anzuwenden, auch wenn ein Teilhabeplan nicht zu erstellen ist.

(6) [1]Bei minderjährigen Leistungsberechtigten wird der nach § 86 des Achten Buches zuständige örtliche Träger der öffentlichen Jugendhilfe vom Träger der Eingliederungshilfe mit Zustimmung des Personensorgeberechtigten informiert und nimmt am Gesamtplanverfahren beratend teil, soweit dies zur Feststellung der Leistungen der Eingliederungshilfe nach den Kapiteln 3 bis 6 erforderlich ist. [2]Hiervon kann in begründeten Ausnahmefällen abgesehen werden, insbesondere, wenn durch die Teilnahme des zuständigen örtlichen Trägers der öffentlichen Jugendhilfe das Gesamtplanverfahren verzögert würde.

...

XVII. Zehntes Buch Sozialgesetzbuch (SGB X)

i.d.F. der Bekanntmachung vom 18. Januar 2001 (BGBl. I S. 130), zuletzt geändert durch Art. 8d des OZG-Änderungsgesetzes vom 19. Juli 2024 (BGBl. I Nr. 245))

– Auszug –

...

§ 11 Vornahme von Verfahrenshandlungen

(1) Fähig zur Vornahme von Verfahrenshandlungen sind

1. natürliche Personen, die nach bürgerlichem Recht geschäftsfähig sind,
2. natürliche Personen, die nach bürgerlichem Recht in der Geschäftsfähigkeit beschränkt sind, soweit sie für den Gegenstand des Verfahrens durch Vorschriften des bürgerlichen Rechts als geschäftsfähig oder durch Vorschriften des öffentlichen Rechts als handlungsfähig anerkannt sind,
3. juristische Personen und Vereinigungen (§ 10 Nr. 2) durch ihre gesetzlichen Vertreter oder durch besonders Beauftragte,
4. Behörden durch ihre Leiter, deren Vertreter oder Beauftragte.

(2) Betrifft ein Einwilligungsvorbehalt nach § 1825 des Bürgerlichen Gesetzbuches den Gegenstand des Verfahrens, so ist ein geschäftsfähiger Betreuter nur insoweit zur Vornahme von Verfahrenshandlungen fähig, als er nach den Vorschriften des bürgerlichen Rechts ohne Einwilligung des Betreuers handeln kann oder durch Vorschriften des öffentlichen Rechts als handlungsfähig anerkannt ist.

(3) Die §§ 53 und 55 der Zivilprozessordnung gelten entsprechend.

…

§ 15 Bestellung eines Vertreters von Amts wegen

(1) Ist ein Vertreter nicht vorhanden, hat das Gericht auf Ersuchen der Behörde einen geeigneten Vertreter zu bestellen

1. für einen Beteiligten, dessen Person unbekannt ist,
2. für einen abwesenden Beteiligten, dessen Aufenthalt unbekannt ist oder der an der Besorgung seiner Angelegenheiten verhindert ist,
3. für einen Beteiligten ohne Aufenthalt im Inland, wenn er der Aufforderung der Behörde, einen Vertreter zu bestellen, innerhalb der ihm gesetzten Frist nicht nachgekommen ist,
4. für einen Beteiligten, der infolge einer psychischen Krankheit oder körperlichen, geistigen oder seelischen Behinderung nicht in der Lage ist, in dem Verwaltungsverfahren selbst tätig zu werden.

(2) [1]Für die Bestellung des Vertreters ist in den Fällen des Absatzes 1 Nr. 4 das Betreuungsgericht zuständig, in dessen Bezirk der Beteiligte seinen gewöhnlichen Aufenthalt hat; im Übrigen ist das Betreuungsgericht zuständig, in dessen Bezirk die ersuchende Behörde ihren Sitz hat. [2]Ist der Beteiligte minderjährig, tritt an die Stelle des Betreuungsgerichts das Familiengericht.

(3) [1]Der Vertreter hat gegen den Rechtsträger der Behörde, die um seine Bestellung ersucht hat, Anspruch auf eine angemessene Vergütung und auf die Erstattung seiner baren Auslagen. [2]Die Behörde kann von dem Vertretenen Ersatz ihrer Aufwendungen verlangen. [3]Sie bestimmt die Vergütung und stellt die Auslagen und Aufwendungen fest.

(4) Im Übrigen gelten für die Bestellung und für das Amt des Vertreters in den Fällen des Absatzes 1 Nr. 4 die Vorschriften über die Betreuung, in den übrigen Fällen die Vorschriften über die sonstige Pflegschaft entsprechend.

…

§ 71 Übermittlung für die Erfüllung besonderer gesetzlicher Pflichten und Mitteilungsbefugnisse

(1) [1]Eine Übermittlung von Sozialdaten ist zulässig, soweit sie erforderlich ist für die Erfüllung der gesetzlichen Mitteilungspflichten

1. zur Abwendung geplanter Straftaten nach § 138 des Strafgesetzbuches,
2. zum Schutz der öffentlichen Gesundheit nach § 8 des Infektionsschutzgesetzes,
3. zur Sicherung des Steueraufkommens nach § 22a des Einkommensteuergesetzes und den §§ 93, 97, 105, 111 Absatz 1 und 5, § 116 der Abgabenordnung und § 32b Absatz 3 des Einkommensteuergesetzes, soweit diese Vorschriften unmittelbar anwendbar sind, und zur Mitteilung von Daten der ausländischen Unternehmen, die auf Grund bilateraler Regierungsvereinbarungen über die Beschäftigung von Arbeitnehmern zur Ausführung von Werkverträgen tätig werden, nach § 93a der Abgabenordnung,
4. zur Gewährung und Prüfung des Sonderausgabenabzugs nach § 10 des Einkommensteuergesetzes,
5. zur Überprüfung der Voraussetzungen für die Einziehung der Ausgleichszahlungen und für die Leistung von Wohngeld nach § 33 des Wohngeldgesetzes,
6. zur Bekämpfung von Schwarzarbeit und illegaler Beschäftigung nach dem Schwarzarbeitsbekämpfungsgesetz,
7. zur Mitteilung in das Gewerbezentralregister und das Wettbewerbsregister einzutragender Tatsachen an die Registerbehörde,
8. zur Erfüllung der Aufgaben der statistischen Ämter der Länder und des Statistischen Bundesamtes gemäß § 3 Absatz 1 des Statistikregistergesetzes zum Aufbau und zur Führung des Statistikregisters,
9. zur Aktualisierung des Betriebsregisters nach § 97 Absatz 5 des Agrarstatistikgesetzes,
10. zur Erfüllung der Aufgaben der Deutschen Rentenversicherung Bund als zentraler Stelle nach § 22a und § 91 Absatz 1 Satz 1 des Einkommensteuergesetzes,
11. zur Erfüllung der Aufgaben der Deutschen Rentenversicherung Knappschaft-Bahn-See, soweit sie bei geringfügig Beschäftigten Aufgaben nach dem Einkommensteuergesetz durchführt,
12. zur Erfüllung der Aufgaben des Statistischen Bundesamtes nach § 5a Absatz 1 in Verbindung mit Absatz 3 des Bundesstatistikgesetzes sowie nach § 7 des Registerzensuserprobungsgesetzes zum Zwecke der Entwicklung von Verfahren für die zuverlässige Zuordnung von Personendatensätzen aus ihren Datenbeständen und von Verfahren der Qualitätssicherung eines Registerzensus,

13. nach § 58 des Energiefinanzierungsgesetzes zur Berechnung der Bruttowertschöpfung im Verfahren der Besonderen Ausgleichsregelung,
14. nach § 6 Absatz 3 des Wohnungslosenberichterstattungsgesetzes für die Erhebung über wohnungslose Personen,
15. nach § 4 des Sozialdienstleister-Einsatzgesetzes für die Feststellung des nachträglichen Erstattungsanspruchs oder
16. nach § 5 Absatz 1 des Rentenübersichtsgesetzes zur Erfüllung der Aufgaben der Zentralen Stelle für die Digitale Rentenübersicht.

[2]Erklärungspflichten als Drittschuldner, welche das Vollstreckungsrecht vorsieht, werden durch Bestimmungen dieses Gesetzbuches nicht berührt. [3]Eine Übermittlung von Sozialdaten ist zulässig, soweit sie erforderlich ist für die Erfüllung der gesetzlichen Pflichten zur Sicherung und Nutzung von Archivgut des Bundes nach § 1 Nummer 8 und 9, § 3 Absatz 4, nach den §§ 5 bis 7 sowie nach den §§ 10 bis 13 des Bundesarchivgesetzes oder nach entsprechenden gesetzlichen Vorschriften der Länder, die die Schutzfristen dieses Gesetzes nicht unterschreiten. [4]Eine Übermittlung von Sozialdaten ist auch zulässig, soweit sie erforderlich ist, Meldebehörden nach § 6 Absatz 2 des Bundesmeldegesetzes über konkrete Anhaltspunkte für die Unrichtigkeit oder Unvollständigkeit von diesen auf Grund Melderechts übermittelter Daten zu unterrichten. [5]Zur Überprüfung des Anspruchs auf Kindergeld ist die Übermittlung von Sozialdaten gemäß § 68 Absatz 7 des Einkommensteuergesetzes an die Familienkassen zulässig. [6]Eine Übermittlung von Sozialdaten ist auch zulässig, soweit sie zum Schutz des Kindeswohls nach § 4 Absatz 1 und 5 des Gesetzes zur Kooperation und Information im Kinderschutz erforderlich ist. [7]Eine Übermittlung von Sozialdaten ist zulässig, soweit sie für die Qualitätssicherung nach § 10 des Identifikationsnummerngesetzes erforderlich ist.

(2) [1]Eine Übermittlung von Sozialdaten eines Ausländers ist auch zulässig, soweit sie erforderlich ist

1. im Einzelfall auf Ersuchen der mit der Ausführung des Aufenthaltsgesetzes betrauten Behörden nach § 87 Absatz 1 des Aufenthaltsgesetzes mit der Maßgabe, dass über die Angaben nach § 68 hinaus nur mitgeteilt werden können
   a) für die Entscheidung über den Aufenthalt des Ausländers oder eines Familienangehörigen des Ausländers Daten über die Gewährung oder Nichtgewährung von Leistungen, Daten über frühere

und bestehende Versicherungen und das Nichtbestehen einer Versicherung,
b) für die Entscheidung über den Aufenthalt oder über die ausländerrechtliche Zulassung oder Beschränkung einer Erwerbstätigkeit des Ausländers Daten über die Zustimmung nach § 4a Absatz 2 Satz 1, § 16a Absatz 1 Satz 1 und § 18 Absatz 2 Nummer 2 des Aufenthaltsgesetzes,
c) für eine Entscheidung über den Aufenthalt des Ausländers Angaben darüber, ob die in § 54 Absatz 2 Nummer 4 des Aufenthaltsgesetzes bezeichneten Voraussetzungen vorliegen, und
d) durch die Jugendämter für die Entscheidung über den weiteren Aufenthalt oder die Beendigung des Aufenthalts eines Ausländers, bei dem ein Ausweisungsgrund nach den §§ 53 bis 56 des Aufenthaltsgesetzes vorliegt, Angaben über das zu erwartende soziale Verhalten,

2. für die Erfüllung der in § 87 Absatz 2 des Aufenthaltsgesetzes bezeichneten Mitteilungspflichten,
3. für die Erfüllung der in § 99 Absatz 1 Nummer 14 Buchstabe d, f und j des Aufenthaltsgesetzes bezeichneten Mitteilungspflichten, wenn die Mitteilung die Erteilung, den Widerruf oder Beschränkungen der Zustimmung nach § 4 Absatz 2 Satz 1, § 16a Absatz 1 Satz 1 und § 18 Absatz 2 Nummer 2 des Aufenthaltsgesetzes oder eines Versicherungsschutzes oder die Gewährung von Leistungen zur Sicherung des Lebensunterhalts nach dem Zweiten Buch betrifft,
4. für die Erfüllung der in § 6 Absatz 1 Nummer 8 in Verbindung mit Absatz 2 Nummer 6 des Gesetzes über das Ausländerzentralregister bezeichneten Mitteilungspflichten,
5. für die Erfüllung der in § 32 Absatz 1 Satz 1 und 2 des Staatsangehörigkeitsgesetzes bezeichneten Mitteilungspflichten oder
6. für die Erfüllung der nach § 8 Absatz 1c des Asylgesetzes bezeichneten Mitteilungspflichten der Träger der Grundsicherung für Arbeitsuchende.

[2]Daten über die Gesundheit eines Ausländers dürfen nur übermittelt werden,

1. wenn der Ausländer die öffentliche Gesundheit gefährdet und besondere Schutzmaßnahmen zum Ausschluss der Gefährdung nicht möglich sind oder von dem Ausländer nicht eingehalten werden oder

2. soweit sie für die Feststellung erforderlich sind, ob die Voraussetzungen des § 54 Absatz 2 Nummer 4 des Aufenthaltsgesetzes vorliegen.

(2a) Eine Übermittlung personenbezogener Daten eines Leistungsberechtigten nach § 1 des Asylbewerberleistungsgesetzes ist zulässig, soweit sie für die Durchführung des Asylbewerberleistungsgesetzes erforderlich ist.

(3) [1]Eine Übermittlung von Sozialdaten ist zulässig, soweit es nach pflichtgemäßem Ermessen eines Leistungsträgers erforderlich ist, dem Betreuungsgericht die Bestellung eines Betreuers oder eine andere Maßnahme in Betreuungssachen zu ermöglichen. [2]§ 9 des Betreuungsorganisationsgesetzes gilt entsprechend. [3]Eine Übermittlung von Sozialdaten ist auch zulässig, soweit sie im Einzelfall für die Erfüllung der Aufgaben der Betreuungsbehörden nach § 8 des Betreuungsorganisationsgesetzes erforderlich ist.

(4) [1]Eine Übermittlung von Sozialdaten ist außerdem zulässig, soweit sie im Einzelfall für die rechtmäßige Erfüllung der in der Zuständigkeit der Zentralstelle für Finanztransaktionsuntersuchungen liegenden Aufgaben nach § 28 Absatz 1 Satz 2 Nummer 2 des Geldwäschegesetzes erforderlich ist. [2]§ 9 des Betreuungsorganisationsgesetzes gilt entsprechend. [3]Die Übermittlung ist auf Angaben über Name, Vorname sowie früher geführte Namen, Geburtsdatum, Geburtsort, derzeitige und frühere Anschriften der betroffenen Person sowie Namen und Anschriften seiner derzeitigen und früheren Arbeitgeber beschränkt.

...

XVIII. Gesetz zur Regelung von Verträgen über Wohnraum mit Pflege- oder Betreuungsleistungen (Wohn- und Betreuungsvertragsgesetz – WBVG)

Vom 29. Juli 2009 (BGBl. I S. 2319), zuletzt geändert durch Art. 12 des Gesetzes zur Änderung des Neunten und des Zwölften Buches Sozialgesetzbuch und anderer Rechtsvorschriften vom 30. November 2019 (BGBl. I S. 1948)

§ 1 Anwendungsbereich

(1) [1]Dieses Gesetz ist anzuwenden auf einen Vertrag zwischen einem Unternehmer und einem volljährigen Verbraucher, in dem sich der Unternehmer zur Überlassung von Wohnraum und zur Erbringung von Pflege- oder Betreuungsleistungen verpflichtet, die der Bewältigung eines durch Alter, Pflegebedürftigkeit oder Behinderung bedingten Hilfebedarfs dienen. [2]Unerheblich ist, ob die Pflege- oder Betreuungsleistungen nach den vertraglichen Vereinbarungen vom Unternehmer zur Verfügung gestellt oder vorgehalten werden. [3]Das Gesetz ist nicht anzuwenden, wenn der Vertrag neben der Überlassung von Wohnraum ausschließlich die Erbringung von allgemeinen Unterstützungsleistungen wie die Vermittlung von Pflege- oder Betreuungsleistungen, Leistungen der hauswirtschaftlichen Versorgung oder Notrufdienste zum Gegenstand hat.

(2) [1]Dieses Gesetz ist entsprechend anzuwenden, wenn die vom Unternehmer geschuldeten Leistungen Gegenstand verschiedener Verträge sind und

1. der Bestand des Vertrags über die Überlassung von Wohnraum von dem Bestand des Vertrags über die Erbringung von Pflege- oder Betreuungsleistungen abhängig ist,
2. der Verbraucher an dem Vertrag über die Überlassung von Wohnraum nach den vertraglichen Vereinbarungen nicht unabhängig von dem Vertrag über die Erbringung von Pflege- oder Betreuungsleistungen festhalten kann oder
3. der Unternehmer den Abschluss des Vertrags über die Überlassung von Wohnraum von dem Abschluss des Vertrags über die Erbringung von Pflege- oder Betreuungsleistungen tatsächlich abhängig macht.

[2]Dies gilt auch, wenn in den Fällen des Satzes 1 die Leistungen von verschiedenen Unternehmern geschuldet werden, es sei denn, diese sind nicht rechtlich oder wirtschaftlich miteinander verbunden.

§ 2 Ausnahmen vom Anwendungsbereich

Dieses Gesetz ist nicht anzuwenden auf Verträge über

1. Leistungen der Krankenhäuser, Vorsorge- oder Rehabilitationseinrichtungen im Sinne des § 107 des Fünften Buches Sozialgesetzbuch,
2. Leistungen der Internate der Berufsbildungs- und Berufsförderungswerke,
3. Leistungen im Sinne des § 41 des Achten Buches Sozialgesetzbuch,
4. Leistungen, die im Rahmen von Kur- oder Erholungsaufenthalten erbracht werden.

§ 3 Informationspflichten vor Vertragsschluss

(1) Der Unternehmer hat den Verbraucher rechtzeitig vor Abgabe von dessen Vertragserklärung in Textform und in leicht verständlicher Sprache über sein allgemeines Leistungsangebot und über den wesentlichen Inhalt seiner für den Verbraucher in Betracht kommenden Leistungen zu informieren.

(2) Zur Information des Unternehmers über sein allgemeines Leistungsangebot gehört die Darstellung

1. der Ausstattung und Lage des Gebäudes, in dem sich der Wohnraum befindet, sowie der dem gemeinschaftlichen Gebrauch dienenden Anlagen und Einrichtungen, zu denen der Verbraucher Zugang hat, und gegebenenfalls ihrer Nutzungsbedingungen,
2. der darin enthaltenen Leistungen nach Art, Inhalt und Umfang,
3. der Ergebnisse der Qualitätsprüfungen, soweit sie nach § 115 Absatz 1a Satz 1 des Elften Buches Sozialgesetzbuch oder nach landesrechtlichen Vorschriften zu veröffentlichen sind.

(3) [1]Zur Information über die für den Verbraucher in Betracht kommenden Leistungen gehört die Darstellung

1. des Wohnraums, der Pflege- oder Betreuungsleistungen, gegebenenfalls der Verpflegung als Teil der Betreuungsleistungen sowie der einzelnen weiteren Leistungen nach Art, Inhalt und Umfang,
2. des den Pflege- oder Betreuungsleistungen zugrunde liegenden Leistungskonzepts,
3. der für die in Nummer 1 benannten Leistungen jeweils zu zahlenden Entgelte, der nach § 82 Absatz 3 und 4 des Elften Buches Sozialgesetzbuch gesondert berechenbaren Investitionskosten sowie des Gesamtentgelts,
4. der Voraussetzungen für mögliche Leistungs- und Entgeltveränderungen,
5. des Umfangs und der Folgen eines Ausschlusses der Angebotspflicht nach § 8 Absatz 4, wenn ein solcher Ausschluss vereinbart werden soll.

[2]Die Darstellung nach Satz 1 Nummer 5 muss in hervorgehobener Form erfolgen.

(4) [1]Erfüllt der Unternehmer seine Informationspflichten nach den Absätzen 1 bis 3 nicht, ist § 6 Absatz 2 Satz 2 und 3 entsprechend anzuwenden. [2]Weitergehende zivilrechtliche Ansprüche des Verbrauchers bleiben unberührt.

(5) Die sich aus anderen Gesetzen ergebenden Informationspflichten bleiben unberührt.

§ 4 Vertragsschluss und Vertragsdauer

(1) [1]Der Vertrag wird auf unbestimmte Zeit geschlossen. [2]Die Vereinbarung einer Befristung ist zulässig, wenn die Befristung den Interessen des Verbrauchers nicht widerspricht. [3]Ist die vereinbarte Befristung nach Satz 2 unzulässig, gilt der Vertrag für unbestimmte Zeit, sofern nicht der Verbraucher seinen entgegenstehenden Willen innerhalb von zwei Wochen nach Ende der vereinbarten Vertragsdauer dem Unternehmer erklärt.

(2) [1]War der Verbraucher bei Abschluss des Vertrags geschäftsunfähig, so hängt die Wirksamkeit des Vertrags von der Genehmigung eines Bevollmächtigten oder Betreuers ab. [2]§ 108 Absatz 2 des Bürgerlichen Gesetzbuchs ist entsprechend anzuwenden. [3]In Ansehung einer bereits bewirkten Leistung und deren Gegenleistung gilt der Vertrag als wirksam geschlos-

sen. [4]Solange der Vertrag nicht wirksam geschlossen worden ist, kann der Unternehmer das Vertragsverhältnis nur aus wichtigem Grund für gelöst erklären; die §§ 12 und 13 Absatz 2 und 4 sind entsprechend anzuwenden.

(3) [1]Mit dem Tod des Verbrauchers endet das Vertragsverhältnis zwischen ihm und dem Unternehmer. [2]Die vertraglichen Bestimmungen hinsichtlich der Behandlung des in den Räumen oder in Verwahrung des Unternehmers befindlichen Nachlasses des Verbrauchers bleiben wirksam. [3]Eine Fortgeltung des Vertrags kann für die Überlassung des Wohnraums gegen Fortzahlung der darauf entfallenden Entgeltbestandteile vereinbart werden, soweit ein Zeitraum von zwei Wochen nach dem Sterbetag des Verbrauchers nicht überschritten wird. [4]In diesen Fällen ermäßigt sich das geschuldete Entgelt um den Wert der ersparten Aufwendungen des Unternehmers.

§ 5 Wechsel der Vertragsparteien

(1) [1]Mit Personen, die mit dem Verbraucher einen auf Dauer angelegten gemeinsamen Haushalt führen und nicht Vertragspartner des Unternehmers hinsichtlich der Überlassung des Wohnraums sind, wird das Vertragsverhältnis beim Tod des Verbrauchers hinsichtlich der Überlassung des Wohnraums gegen Zahlung der darauf entfallenden Entgeltbestandteile bis zum Ablauf des dritten Kalendermonats nach dem Sterbetag des Verbrauchers fortgesetzt. [2]Erklären Personen, mit denen das Vertragsverhältnis fortgesetzt wurde, innerhalb von vier Wochen nach dem Sterbetag des Verbrauchers dem Unternehmer, dass sie das Vertragsverhältnis nicht fortsetzen wollen, gilt die Fortsetzung des Vertragsverhältnisses als nicht erfolgt. [3]Ist das Vertragsverhältnis mit mehreren Personen fortgesetzt worden, so kann jeder die Erklärung für sich abgeben.

(2) Wird der überlassene Wohnraum nach Beginn des Vertragsverhältnisses von dem Unternehmer an einen Dritten veräußert, gelten für die Rechte und Pflichten des Erwerbers hinsichtlich der Überlassung des Wohnraums die §§ 566 bis 567b des Bürgerlichen Gesetzbuchs entsprechend.

§ 6 Schriftform und Vertragsinhalt

(1) [1]Der Vertrag ist schriftlich abzuschließen. [2]Der Abschluss des Vertrags in elektronischer Form ist ausgeschlossen. [3]Der Unternehmer hat dem Verbraucher eine Ausfertigung des Vertrags auszuhändigen.

(2) [1]Wird der Vertrag nicht in schriftlicher Form geschlossen, sind zu Lasten des Verbrauchers von den gesetzlichen Regelungen abweichende Vereinbarungen unwirksam, auch wenn sie durch andere Vorschriften dieses Gesetzes zugelassen werden; im Übrigen bleibt der Vertrag wirksam. [2]Der Verbraucher kann den Vertrag jederzeit ohne Einhaltung einer Frist kündigen. [3]Ist der schriftliche Vertragsschluss im Interesse des Verbrauchers unterblieben, insbesondere weil zum Zeitpunkt des Vertragsschlusses beim Verbraucher Gründe vorlagen, die ihn an der schriftlichen Abgabe seiner Vertragserklärung hinderten, muss der schriftliche Vertragsschluss unverzüglich nachgeholt werden.

(3) Der Vertrag muss mindestens

1. die Leistungen des Unternehmers nach Art, Inhalt und Umfang einzeln beschreiben,
2. die für diese Leistungen jeweils zu zahlenden Entgelte, getrennt nach Überlassung des Wohnraums, Pflege- oder Betreuungsleistungen, gegebenenfalls Verpflegung als Teil der Betreuungsleistungen sowie den einzelnen weiteren Leistungen, die nach § 82 Absatz 3 und 4 des Elften Buches Sozialgesetzbuch gesondert berechenbaren Investitionskosten und das Gesamtentgelt angeben,
3. die Informationen des Unternehmers nach § 3 als Vertragsgrundlage benennen und mögliche Abweichungen von den vorvertraglichen Informationen gesondert kenntlich machen,
4. die Informationen nach § 36 Absatz 1 des Verbraucherstreitbeilegungsgesetzes vom 19. Februar 2016 (BGBl. I S. 254) geben; dies gilt auch, wenn der Unternehmer keine Webseite unterhält oder keine Allgemeinen Geschäftsbedingungen verwendet.

§ 7 Leistungspflichten

(1) Der Unternehmer ist verpflichtet, dem Verbraucher den Wohnraum in einem zum vertragsgemäßen Gebrauch geeigneten Zustand zu überlassen und während der vereinbarten Vertragsdauer in diesem Zustand zu erhalten sowie die vertraglich vereinbarten Pflege- oder Betreuungsleistungen nach dem allgemein anerkannten Stand fachlicher Erkenntnisse zu erbringen.

(2) [1]Der Verbraucher hat das vereinbarte Entgelt zu zahlen, soweit dieses insgesamt und nach seinen Bestandteilen im Verhältnis zu den Leistungen

angemessen ist. [2]In Verträgen mit Verbrauchern, die Leistungen nach dem Elften Buch Sozialgesetzbuch in Anspruch nehmen, gilt die aufgrund der Bestimmungen des Siebten und Achten Kapitels des Elften Buches Sozialgesetzbuch festgelegte Höhe des Entgelts als vereinbart und angemessen. [3]In Verträgen mit Verbrauchern, denen Hilfe in Einrichtungen nach dem Zwölften Buch Sozialgesetzbuch gewährt wird, gilt die aufgrund des Zehnten Kapitels des Zwölften Buches Sozialgesetzbuch festgelegte Höhe des Entgelts als vereinbart und angemessen. [4]In Verträgen mit Verbrauchern, die Leistungen nach Teil 2 des Neunten Buches Sozialgesetzbuch in Anspruch nehmen, gilt die aufgrund der Bestimmungen des Teils 2 Kapitel 8 des Neunten Buches Sozialgesetzbuch festgelegte Höhe des Entgelts für diese Leistungen als vereinbart und angemessen.

(3) [1]Der Unternehmer hat das Entgelt sowie die Entgeltbestandteile für die Verbraucher nach einheitlichen Grundsätzen zu bemessen. [2]Eine Differenzierung ist zulässig, soweit eine öffentliche Förderung von betriebsnotwendigen Investitionsaufwendungen nur für einen Teil der Einrichtung erfolgt ist. [3]Sie ist auch insofern zulässig, als Vergütungsvereinbarungen nach dem Zehnten Kapitel des Zwölften Buches Sozialgesetzbuch über Investitionsbeträge oder gesondert berechenbare Investitionskosten getroffen worden sind.

(4) Werden Leistungen unmittelbar zu Lasten eines Sozialleistungsträgers erbracht, ist der Unternehmer verpflichtet, den Verbraucher unverzüglich schriftlich unter Mitteilung des Kostenanteils hierauf hinzuweisen.

(5) [1]Soweit der Verbraucher länger als drei Tage abwesend ist, muss sich der Unternehmer den Wert der dadurch ersparten Aufwendungen auf seinen Entgeltanspruch anrechnen lassen. [2]Im Vertrag kann eine Pauschalierung des Anrechnungsbetrags vereinbart werden. [3]In Verträgen mit Verbrauchern, die Leistungen nach dem Elften Buch Sozialgesetzbuch in Anspruch nehmen, ergibt sich die Höhe des Anrechnungsbetrags aus den in § 87a Absatz 1 Satz 7 des Elften Buches Sozialgesetzbuch genannten Vereinbarungen.

§ 8 Vertragsanpassung bei Änderung des Pflege- oder Betreuungsbedarfs

(1) [1]Ändert sich der Pflege- oder Betreuungsbedarf des Verbrauchers, muss der Unternehmer eine entsprechende Anpassung der Leistungen anbieten.

[2]Der Verbraucher kann das Angebot auch teilweise annehmen. [3]Die Leistungspflicht des Unternehmers und das vom Verbraucher zu zahlende angemessene Entgelt erhöhen oder verringern sich in dem Umfang, in dem der Verbraucher das Angebot angenommen hat.

(2) [1]In Verträgen mit Verbrauchern, die Leistungen nach dem Elften Buch Sozialgesetzbuch in Anspruch nehmen oder denen Hilfe in Einrichtungen nach dem Zwölften Buch Sozialgesetzbuch gewährt wird, ist der Unternehmer berechtigt, bei einer Änderung des Pflege- oder Betreuungsbedarfs des Verbrauchers den Vertrag nach Maßgabe des Absatzes 1 Satz 3 durch einseitige Erklärung anzupassen. [2]Absatz 3 ist entsprechend anzuwenden.

(3) Der Unternehmer hat das Angebot zur Anpassung des Vertrags dem Verbraucher durch Gegenüberstellung der bisherigen und der angebotenen Leistungen sowie der dafür jeweils zu entrichtenden Entgelte schriftlich darzustellen und zu begründen.

(4) [1]Der Unternehmer kann die Pflicht, eine Anpassung anzubieten, durch gesonderte Vereinbarung mit dem Verbraucher bei Vertragsschluss ganz oder teilweise ausschließen. [2]Der Ausschluss ist nur wirksam, soweit der Unternehmer unter Berücksichtigung des dem Vertrag zugrunde gelegten Leistungskonzepts daran ein berechtigtes Interesse hat und dieses in der Vereinbarung begründet. [3]Die Belange von Menschen mit Behinderungen sind besonders zu berücksichtigen. [4]Die Vereinbarung bedarf zu ihrer Wirksamkeit der Schriftform; die elektronische Form ist ausgeschlossen.

§ 9 Entgelterhöhung bei Änderung der Berechnungsgrundlage

(1) [1]Der Unternehmer kann eine Erhöhung des Entgelts verlangen, wenn sich die bisherige Berechnungsgrundlage verändert. [2]Neben dem erhöhten Entgelt muss auch die Erhöhung selbst angemessen sein. [3]Satz 2 gilt nicht für die in § 7 Absatz 2 Satz 2 bis 4 genannten Fälle. [4]Entgelterhöhungen aufgrund von Investitionsaufwendungen sind nur zulässig, soweit sie nach der Art des Betriebs notwendig sind und nicht durch öffentliche Förderung gedeckt werden.

(2) [1]Der Unternehmer hat dem Verbraucher die beabsichtigte Erhöhung des Entgelts schriftlich mitzuteilen und zu begründen. [2]Aus der Mitteilung muss der Zeitpunkt hervorgehen, zu dem der Unternehmer die Erhöhung des Entgelts verlangt. [3]In der Begründung muss er unter Angabe des Um-

lagemaßstabs die Positionen benennen, für die sich durch die veränderte Berechnungsgrundlage Kostensteigerungen ergeben, und die bisherigen Entgeltbestandteile den vorgesehenen neuen Entgeltbestandteilen gegenüberstellen. [4]Der Verbraucher schuldet das erhöhte Entgelt frühestens vier Wochen nach Zugang des hinreichend begründeten Erhöhungsverlangens. [5]Der Verbraucher muss rechtzeitig Gelegenheit erhalten, die Angaben des Unternehmers durch Einsichtnahme in die Kalkulationsunterlagen zu überprüfen.

§ 10 Nichtleistung oder Schlechtleistung

(1) Erbringt der Unternehmer die vertraglichen Leistungen ganz oder teilweise nicht oder weisen sie nicht unerhebliche Mängel auf, kann der Verbraucher unbeschadet weitergehender zivilrechtlicher Ansprüche bis zu sechs Monate rückwirkend eine angemessene Kürzung des vereinbarten Entgelts verlangen.

(2) Zeigt sich während der Vertragsdauer ein Mangel des Wohnraums oder wird eine Maßnahme zum Schutz des Wohnraums gegen eine nicht vorhergesehene Gefahr erforderlich, so hat der Verbraucher dies dem Unternehmer unverzüglich anzuzeigen.

(3) Soweit der Unternehmer infolge einer schuldhaften Unterlassung der Anzeige nach Absatz 2 nicht Abhilfe schaffen konnte, ist der Verbraucher nicht berechtigt, sein Kürzungsrecht nach Absatz 1 geltend zu machen.

(4) Absatz 1 ist nicht anzuwenden, soweit nach § 115 Absatz 3 des Elften Buches Sozialgesetzbuch wegen desselben Sachverhalts ein Kürzungsbetrag vereinbart oder festgesetzt worden ist.

(5) [1]Bei Verbrauchern, denen Hilfe in Einrichtungen nach dem Zwölften Buch Sozialgesetzbuch gewährt wird, steht der Kürzungsbetrag nach Absatz 1 bis zur Höhe der erbrachten Leistungen vorrangig dem Träger der Sozialhilfe zu. [2]Verbrauchern, die Leistungen nach dem Elften Buch Sozialgesetzbuch in Anspruch nehmen, steht der Kürzungsbetrag bis zur Höhe ihres Eigenanteils selbst zu; ein überschießender Betrag ist an die Pflegekasse auszuzahlen. [3]Bei Verbrauchern, die Leistungen nach Teil 2 des Neunten Buches Sozialgesetzbuch in Anspruch nehmen, steht der Kürzungsbetrag nach Absatz 1 bis zur Höhe der erbrachten Leistungen vorrangig dem Träger der Eingliederungshilfe zu.

§ 11 Kündigung durch den Verbraucher

(1) [1]Der Verbraucher kann den Vertrag spätestens am dritten Werktag eines Kalendermonats zum Ablauf desselben Monats schriftlich kündigen. [2]Bei einer Erhöhung des Entgelts ist eine Kündigung jederzeit zu dem Zeitpunkt möglich, zu dem der Unternehmer die Erhöhung des Entgelts verlangt. [3]In den Fällen des § 1 Absatz 2 Satz 1 Nummer 1 und 2 kann der Verbraucher nur alle Verträge einheitlich kündigen. [4]Bei Verträgen im Sinne des § 1 Absatz 2 Satz 2 hat der Verbraucher die Kündigung dann gegenüber allen Unternehmern zu erklären.

(2) [1]Innerhalb von zwei Wochen nach Beginn des Vertragsverhältnisses kann der Verbraucher jederzeit ohne Einhaltung einer Frist kündigen. [2]Wird dem Verbraucher erst nach Beginn des Vertragsverhältnisses eine Ausfertigung des Vertrags ausgehändigt, kann der Verbraucher auch noch bis zum Ablauf von zwei Wochen nach der Aushändigung kündigen.

(3) Der Verbraucher kann den Vertrag aus wichtigem Grund jederzeit ohne Einhaltung einer Kündigungsfrist kündigen, wenn ihm die Fortsetzung des Vertrags bis zum Ablauf der Kündigungsfrist nicht zuzumuten ist.

(4) [1]Die Absätze 2 und 3 sind in den Fällen des § 1 Absatz 2 auf jeden der Verträge gesondert anzuwenden. [2]Kann der Verbraucher hiernach einen Vertrag kündigen, ist er auch zur Kündigung der anderen Verträge berechtigt. [3]Er hat dann die Kündigung einheitlich für alle Verträge und zu demselben Zeitpunkt zu erklären. [4]Bei Verträgen im Sinne des § 1 Absatz 2 Satz 2 hat der Verbraucher die Kündigung gegenüber allen Unternehmern zu erklären.

(5) [1]Kündigt der Unternehmer in den Fällen des § 1 Absatz 2 einen Vertrag, kann der Verbraucher zu demselben Zeitpunkt alle anderen Verträge kündigen. [2]Die Kündigung muss unverzüglich nach Zugang der Kündigungserklärung des Unternehmers erfolgen. [3]Absatz 4 Satz 3 und 4 ist entsprechend anzuwenden.

§ 12 Kündigung durch den Unternehmer

(1) [1]Der Unternehmer kann den Vertrag nur aus wichtigem Grund kündigen. [2]Die Kündigung bedarf der Schriftform und ist zu begründen. [3]Ein wichtiger Grund liegt insbesondere vor, wenn

1. der Unternehmer den Betrieb einstellt, wesentlich einschränkt oder in seiner Art verändert und die Fortsetzung des Vertrags für den Unternehmer eine unzumutbare Härte bedeuten würde,
2. der Unternehmer eine fachgerechte Pflege- oder Betreuungsleistung nicht erbringen kann, weil
   a) der Verbraucher eine vom Unternehmer angebotene Anpassung der Leistungen nach § 8 Absatz 1 nicht annimmt oder
   b) der Unternehmer eine Anpassung der Leistungen aufgrund eines Ausschlusses nach § 8 Absatz 4 nicht anbietet

   und dem Unternehmer deshalb ein Festhalten an dem Vertrag nicht zumutbar ist,
3. der Verbraucher seine vertraglichen Pflichten schuldhaft so gröblich verletzt, dass dem Unternehmer die Fortsetzung des Vertrags nicht mehr zugemutet werden kann, oder
4. der Verbraucher
   a) für zwei aufeinander folgende Termine mit der Entrichtung des Entgelts oder eines Teils des Entgelts, der das Entgelt für einen Monat übersteigt, im Verzug ist oder
   b) in einem Zeitraum, der sich über mehr als zwei Termine erstreckt, mit der Entrichtung des Entgelts in Höhe eines Betrags in Verzug gekommen ist, der das Entgelt für zwei Monate erreicht.

[4]Eine Kündigung des Vertrags zum Zwecke der Erhöhung des Entgelts ist ausgeschlossen.

(2) Der Unternehmer kann aus dem Grund des Absatzes 1 Satz 3 Nummer 2 Buchstabe a nur kündigen, wenn er zuvor dem Verbraucher gegenüber sein Angebot nach § 8 Absatz 1 Satz 1 unter Bestimmung einer angemessenen Annahmefrist und unter Hinweis auf die beabsichtigte Kündigung erneuert hat und der Kündigungsgrund durch eine Annahme des Verbrauchers im Sinne des § 8 Absatz 1 Satz 2 nicht entfallen ist.

(3) [1]Der Unternehmer kann aus dem Grund des Absatzes 1 Satz 3 Nummer 4 nur kündigen, wenn er zuvor dem Verbraucher unter Hinweis auf die beabsichtigte Kündigung erfolglos eine angemessene Zahlungsfrist gesetzt hat. [2]Ist der Verbraucher in den Fällen des Absatzes 1 Satz 3 Nummer 4 mit der Entrichtung des Entgelts für die Überlassung von Wohnraum in Rückstand geraten, ist die Kündigung ausgeschlossen, wenn der Unternehmer vorher befriedigt wird. [3]Die Kündigung wird unwirksam, wenn der Unter-

nehmer bis zum Ablauf von zwei Monaten nach Eintritt der Rechtshängigkeit des Räumungsanspruchs hinsichtlich des fälligen Entgelts befriedigt wird oder eine öffentliche Stelle sich zur Befriedigung verpflichtet.

(4) [1]In den Fällen des Absatzes 1 Satz 3 Nummer 2 bis 4 kann der Unternehmer den Vertrag ohne Einhaltung einer Frist kündigen. [2]Im Übrigen ist eine Kündigung bis zum dritten Werktag eines Kalendermonats zum Ablauf des nächsten Monats zulässig.

(5) [1]Die Absätze 1 bis 4 sind in den Fällen des § 1 Absatz 2 auf jeden der Verträge gesondert anzuwenden. [2]Der Unternehmer kann in den Fällen des § 1 Absatz 2 einen Vertrag auch dann kündigen, wenn ein anderer Vertrag gekündigt wird und ihm deshalb ein Festhalten an dem Vertrag unter Berücksichtigung der berechtigten Interessen des Verbrauchers nicht zumutbar ist. [3]Er kann sein Kündigungsrecht nur unverzüglich nach Kenntnis von der Kündigung des anderen Vertrags ausüben. [4]Dies gilt unabhängig davon, ob die Kündigung des anderen Vertrags durch ihn, einen anderen Unternehmer oder durch den Verbraucher erfolgt ist.

§ 13 Nachweis von Leistungsersatz und Übernahme von Umzugskosten

(1) [1]Hat der Verbraucher nach § 11 Absatz 3 Satz 1 aufgrund eines vom Unternehmer zu vertretenden Kündigungsgrundes gekündigt, ist der Unternehmer dem Verbraucher auf dessen Verlangen zum Nachweis eines angemessenen Leistungsersatzes zu zumutbaren Bedingungen und zur Übernahme der Umzugskosten in angemessenem Umfang verpflichtet. [2]§ 115 Absatz 4 des Elften Buches Sozialgesetzbuch bleibt unberührt.

(2) [1]Hat der Unternehmer nach § 12 Absatz 1 Satz 1 aus den Gründen des § 12 Absatz 1 Satz 3 Nummer 1 oder nach § 12 Absatz 5 gekündigt, so hat er dem Verbraucher auf dessen Verlangen einen angemessenen Leistungsersatz zu zumutbaren Bedingungen nachzuweisen. [2]In den Fällen des § 12 Absatz 1 Satz 3 Nummer 1 hat der Unternehmer auch die Kosten des Umzugs in angemessenem Umfang zu tragen.

(3) Der Verbraucher kann den Nachweis eines angemessenen Leistungsersatzes zu zumutbaren Bedingungen nach Absatz 1 auch dann verlangen, wenn er noch nicht gekündigt hat.

(4) [1]Wird in den Fällen des § 1 Absatz 2 ein Vertrag gekündigt, gelten die Absätze 1 bis 3 entsprechend. [2]Der Unternehmer hat die Kosten des Umzugs in angemessenem Umfang nur zu tragen, wenn ein Vertrag über die Überlassung von Wohnraum gekündigt wird. [3]Werden mehrere Verträge gekündigt, kann der Verbraucher den Nachweis eines angemessenen Leistungsersatzes zu zumutbaren Bedingungen und unter der Voraussetzung des Satzes 2 auch die Übernahme der Umzugskosten von jedem Unternehmer fordern, dessen Vertrag gekündigt ist. [4]Die Unternehmer haften als Gesamtschuldner.

§ 14 Sicherheitsleistungen

(1) [1]Der Unternehmer kann von dem Verbraucher Sicherheiten für die Erfüllung seiner Pflichten aus dem Vertrag verlangen, wenn dies im Vertrag vereinbart ist. [2]Die Sicherheiten dürfen das Doppelte des auf einen Monat entfallenden Entgelts nicht übersteigen. [3]Auf Verlangen des Verbrauchers können die Sicherheiten auch durch eine Garantie oder ein sonstiges Zahlungsversprechen eines im Geltungsbereich dieses Gesetzes zum Geschäftsbetrieb befugten Kreditinstituts oder Kreditversicherers oder einer öffentlich-rechtlichen Körperschaft geleistet werden.

(2) In den Fällen des § 1 Absatz 2 gilt Absatz 1 mit der Maßgabe, dass der Unternehmer von dem Verbraucher für die Erfüllung seiner Pflichten aus dem Vertrag nur Sicherheiten verlangen kann, soweit der Vertrag die Überlassung von Wohnraum betrifft.

(3) [1]Ist als Sicherheit eine Geldsumme bereitzustellen, so kann diese in drei gleichen monatlichen Teilleistungen erbracht werden. [2]Die erste Teilleistung ist zu Beginn des Vertragsverhältnisses fällig. [3]Der Unternehmer hat die Geldsumme von seinem Vermögen getrennt für jeden Verbraucher einzeln bei einem Kreditinstitut zu dem für Spareinlagen mit dreimonatiger Kündigungsfrist marktüblichen Zinssatz anzulegen. [4]Die Zinsen stehen, auch soweit ein höherer Zinssatz erzielt wird, dem Verbraucher zu und erhöhen die Sicherheit.

(4) [1]Von Verbrauchern, die Leistungen nach den §§ 42 und 43 des Elften Buches Sozialgesetzbuch in Anspruch nehmen, oder Verbrauchern, denen Hilfe in Einrichtungen nach dem Zwölften Buch Sozialgesetzbuch gewährt wird, kann der Unternehmer keine Sicherheiten nach Absatz 1 verlangen.

[2]Von Verbrauchern, die Leistungen nach dem Dritten oder Vierten Kapitel des Zwölften Buches Sozialgesetzbuch erhalten und in einer besonderen Wohnform nach § 42a Absatz 2 Satz 1 Nummer 2 und Satz 3 des Zwölften Buches Sozialgesetzbuch leben, kann der Unternehmer keine Sicherheiten nach Absatz 1 verlangen, wenn das für die Überlassung von Wohnraum geschuldete Entgelt durch Direktzahlung des Sozialhilfeträgers an den Unternehmer geleistet wird. [3]Von Verbrauchern, die Leistungen im Sinne des § 36 Absatz 1 Satz 1 des Elften Buches Sozialgesetzbuch in Anspruch nehmen, kann der Unternehmer nur für die Erfüllung der die Überlassung von Wohnraum betreffenden Pflichten aus dem Vertrag Sicherheiten verlangen.

§ 15 Besondere Bestimmungen bei Bezug von Sozialleistungen

(1) [1]In Verträgen mit Verbrauchern, die Leistungen nach dem Elften Buch Sozialgesetzbuch in Anspruch nehmen, müssen die Vereinbarungen den Regelungen des Siebten und Achten Kapitels des Elften Buches Sozialgesetzbuch sowie den aufgrund des Siebten und Achten Kapitels des Elften Buches Sozialgesetzbuch getroffenen Regelungen entsprechen. [2]Vereinbarungen, die diesen Regelungen nicht entsprechen, sind unwirksam.

(2) [1]In Verträgen mit Verbrauchern, die Leistungen nach dem Zwölften Buch Sozialgesetzbuch in Anspruch nehmen, müssen die Vereinbarungen den aufgrund des Zehnten Kapitels des Zwölften Buches Sozialgesetzbuch getroffenen Regelungen entsprechen. [2]Absatz 1 Satz 2 ist entsprechend anzuwenden.

(3) [1]In Verträgen mit Verbrauchern, die Leistungen nach Teil 2 des Neunten Buches Sozialgesetzbuch in Anspruch nehmen, müssen die Vereinbarungen den aufgrund des Teils 2 Kapitel 8 des Neunten Buches Sozialgesetzbuch getroffenen Regelungen entsprechen. [2]Absatz 1 Satz 2 ist entsprechend anzuwenden.

§ 16 Unwirksamkeit abweichender Vereinbarungen

Von den Vorschriften dieses Gesetzes zum Nachteil des Verbrauchers abweichende Vereinbarungen sind unwirksam.

§ 17 Übergangsvorschriften

(1) [1]Auf Heimverträge im Sinne des § 5 Absatz 1 Satz 1 des Heimgesetzes, die vor dem 1. Oktober 2009 geschlossenen worden sind, sind bis zum 30. April 2010 die §§ 5 bis 9 und 14 Absatz 2 Nummer 4, Absatz 4, 7 und 8 des Heimgesetzes in ihrer bis zum 30. September 2009 geltenden Fassung anzuwenden. [2]Ab dem 1. Mai 2010 richten sich die Rechte und Pflichten aus den in Satz 1 genannten Verträgen nach diesem Gesetz. [3]Der Unternehmer hat den Verbraucher vor der erforderlichen schriftlichen Anpassung eines Vertrags in entsprechender Anwendung des § 3 zu informieren.

(2) Auf die bis zum 30. September 2009 geschlossenen Verträge, die keine Heimverträge im Sinne des § 5 Absatz 1 Satz 1 des Heimgesetzes sind, ist dieses Gesetz nicht anzuwenden.

(3) § 6 Absatz 3 Nummer 4 gilt nur für nach dem 31. März 2016 geschlossene Verträge.

XIX. Gerichtsverfassungsgesetz (GVG)

i.d.F. der Bekanntmachung vom 9. Mai 1975 (BGBl. I S. 1077), zuletzt geändert durch Art. 14 des Finanzmarktdigitalisierungsgesetzes vom 27. Dezember 2024 (BGBl. I Nr. 438)

– Auszug –

...

§ 23a

(1) [1]Die Amtsgerichte sind ferner zuständig für

1. Familiensachen;
2. Angelegenheiten der freiwilligen Gerichtsbarkeit, soweit nicht durch gesetzliche Vorschriften eine anderweitige Zuständigkeit begründet ist.

[2]Die Zuständigkeit nach Satz 1 Nummer 1 ist eine ausschließliche.

(2) Angelegenheiten der freiwilligen Gerichtsbarkeit sind

1. Betreuungssachen, Unterbringungssachen sowie betreuungsgerichtliche Zuweisungssachen,
2. Nachlass- und Teilungssachen,
3. Registersachen,
4. unternehmensrechtliche Verfahren nach § 375 des Gesetzes über das Verfahren in Familiensachen und in den Angelegenheiten der freiwilligen Gerichtsbarkeit,
5. die weiteren Angelegenheiten der freiwilligen Gerichtsbarkeit nach § 410 des Gesetzes über das Verfahren in Familiensachen und in den Angelegenheiten der freiwilligen Gerichtsbarkeit,
6. Verfahren in Freiheitsentziehungssachen nach § 415 des Gesetzes über das Verfahren in Familiensachen und in den Angelegenheiten der freiwilligen Gerichtsbarkeit,
7. Aufgebotsverfahren,
8. Grundbuchsachen,

9. Verfahren nach § 1 Nr. 1 und 2 bis 6 des Gesetzes über das gerichtliche Verfahren in Landwirtschaftssachen,
10. Schiffsregistersachen sowie
11. sonstige Angelegenheiten der freiwilligen Gerichtsbarkeit, soweit sie durch Bundesgesetz den Gerichten zugewiesen sind.

(3) Abweichend von Absatz 1 Satz 1 Nummer 2 sind für die den Amtsgerichten obliegenden Verrichtungen in Teilungssachen im Sinne von § 342 Absatz 2 Nummer 1 des Gesetzes über das Verfahren in Familiensachen und in den Angelegenheiten der freiwilligen Gerichtsbarkeit anstelle der Amtsgerichte die Notare zuständig.

...

§ 23c

(1) Bei den Amtsgerichten werden Abteilungen für Betreuungssachen, Unterbringungssachen und betreuungsgerichtliche Zuweisungssachen (Betreuungsgerichte) gebildet.

(2) [1]Die Betreuungsgerichte werden mit Betreuungsrichtern besetzt. [2]Ein Richter auf Probe darf im ersten Jahr nach seiner Ernennung Geschäfte des Betreuungsrichters nicht wahrnehmen.

§ 23d

[1]Die Landesregierungen werden ermächtigt, durch Rechtsverordnung einem Amtsgericht für die Bezirke mehrerer Amtsgerichte die Familiensachen sowie ganz oder teilweise die Handelssachen, die Angelegenheiten der freiwilligen Gerichtsbarkeit und Entscheidungen über Maßnahmen, die nach den Vollzugsgesetzen der vorherigen gerichtlichen Anordnung oder gerichtlichen Genehmigung bedürfen zuzuweisen, sofern die Zusammenfassung der sachlichen Förderung der Verfahren dient oder zur Sicherung einer einheitlichen Rechtsprechung geboten erscheint. [2]Die Landesregierungen können die Ermächtigungen auf die Landesjustizverwaltungen übertragen

...

§ 72

(1) [1]Die Zivilkammern, einschließlich der Kammern für Handelssachen und der in § 72a genannten Kammern, sind die Berufungs- und Beschwerdegerichte in den vor den Amtsgerichten verhandelten bürgerlichen Rechtsstreitigkeiten, soweit nicht die Zuständigkeit der Oberlandesgerichte begründet ist. [2]Die Landgerichte sind ferner die Beschwerdegerichte in Freiheitsentziehungssachen und in den von den Betreuungsgerichten entschiedenen Sachen.

(2) [1]In Streitigkeiten nach § 43 Absatz 2 des Wohnungseigentumsgesetzes ist das für den Sitz des Oberlandesgerichts zuständige Landgericht gemeinsames Berufungs- und Beschwerdegericht für den Bezirk des Oberlandesgerichts, in dem das Amtsgericht seinen Sitz hat. [2]Die Landesregierungen werden ermächtigt, durch Rechtsverordnung anstelle dieses Gerichts ein anderes Landgericht im Bezirk des Oberlandesgerichts zu bestimmen. [3]Sie können die Ermächtigung auf die Landesjustizverwaltungen übertragen.

...

§ 119

(1) Die Oberlandesgerichte sind in Zivilsachen zuständig für die Verhandlung und Entscheidung über die Rechtsmittel:

1. der Beschwerde gegen Entscheidungen der Amtsgerichte
   a) in den von den Familiengerichten entschiedenen Sachen;
   b) in den Angelegenheiten der freiwilligen Gerichtsbarkeit mit Ausnahme der Freiheitsentziehungssachen und der von den Betreuungsgerichten entschiedenen Sachen;
2. der Berufung und der Beschwerde gegen Entscheidungen der Landgerichte.

(2) § 23b Absatz 1, 2 und 3 Satz 3 und 4 gilt entsprechend.

...

§ 133

In Zivilsachen ist der Bundesgerichtshof zuständig für die Verhandlung und Entscheidung über die Rechtsmittel der Revision, der Sprungrevision, der Rechtsbeschwerde und der Sprungrechtsbeschwerde.

...

§ 170

(1) [1]Verhandlungen, Erörterungen und Anhörungen in Familiensachen sowie in Angelegenheiten der freiwilligen Gerichtsbarkeit sind nicht öffentlich. [2]Das Gericht kann die Öffentlichkeit zulassen, jedoch nicht gegen den Willen eines Beteiligten. [3]In Betreuungs- und Unterbringungssachen ist auf Verlangen des Betroffenen einer Person seines Vertrauens die Anwesenheit zu gestatten.

(2) Das Rechtsbeschwerdegericht kann die Öffentlichkeit zulassen, soweit nicht das Interesse eines Beteiligten an der nicht öffentlichen Erörterung überwiegt.

...

XX. Einführungsgesetz zum Gerichtsverfassungsgesetz (EGGVG)

vom 27. Januar 1877 (RGBl. I S. 77), zuletzt geändert durch Art. 8 des Gesetzes zur Verbesserung der inneren Sicherheit und des Asylsystems vom 25. Oktober 2024 (BGBl. I Nr. 332)

– Auszug –

...

§ 16

Werden personenbezogene Daten an ausländische öffentliche Stellen oder an über- oder zwischenstaatliche Stellen nach den hierfür geltenden Rechtsvorschriften übermittelt, so ist eine Übermittlung dieser Daten auch zulässig

1. an das Bundesministerium der Justiz und für Verbraucherschutz und das Auswärtige Amt,
2. in Strafsachen gegen Mitglieder einer ausländischen konsularischen Vertretung zusätzlich an die Staats- oder Senatskanzlei des Landes, in dem die konsularische Vertretung ihren Sitz hat.

...

§ 19

(1) [1]Die übermittelten Daten dürfen nur zu dem Zweck verarbeitet werden, zu dessen Erfüllung sie übermittelt worden sind. [2]Eine Verarbeitung für andere Zwecke ist zulässig, soweit die Daten auch dafür hätten übermittelt werden dürfen.

(2) [1]Der Empfänger prüft, ob die übermittelten Daten für die in Absatz 1 genannten Zwecke erforderlich sind. [2]Sind die Daten hierfür nicht erforderlich, so schickt er die Unterlagen an die übermittelnde Stelle zurück. [3]Ist der Empfänger nicht zuständig und ist ihm die für die Verarbeitung der Daten zuständige Stelle bekannt, so leitet er die übermittelten Unterlagen dorthin weiter und benachrichtigt hiervon die übermittelnde Stelle.

§ 20

(1) [1]Betreffen Daten, die vor Beendigung eines Verfahrens übermittelt worden sind, den Gegenstand dieses Verfahrens, so ist der Empfänger vom Ausgang des Verfahrens zu unterrichten; das gleiche gilt, wenn eine übermittelte Entscheidung abgeändert oder aufgehoben wird, das Verfahren, außer in den Fällen des § 153a der Strafprozeßordnung, auch nur vorläufig eingestellt worden ist oder nach den Umständen angenommen werden kann, daß das Verfahren auch nur vorläufig nicht weiter betrieben wird. [2]Der Empfänger ist über neue Erkenntnisse unverzüglich zu unterrichten, wenn dies erforderlich erscheint, um bis zu einer Unterrichtung nach Satz 1 drohende Nachteile für die betroffene Person zu vermeiden.

(2) [1]Erweist sich, daß unrichtige Daten übermittelt worden sind, so ist der Empfänger unverzüglich zu unterrichten. [2]Der Empfänger berichtigt die Daten oder vermerkt ihre Unrichtigkeit in den Akten.

(3) Die Unterrichtung nach Absatz 1 oder 2 Satz 1 kann unterbleiben, wenn sie erkennbar weder zur Wahrung der schutzwürdigen Interessen der betroffenen Person noch zur Erfüllung der Aufgaben des Empfängers erforderlich ist.

§ 21

(1) [1]Der betroffenen Person ist auf Antrag Auskunft über die übermittelten Daten und deren Empfänger zu erteilen. [2]Der Antrag ist schriftlich zu stellen. [3]Die Auskunft wird nur erteilt, soweit die betroffene Person Angaben macht, die das Auffinden der Daten ermöglichen, und der für die Erteilung der Auskunft erforderliche Aufwand nicht außer Verhältnis zu dem geltend gemachten Informationsinteresse steht. [4]Die übermittelnde Stelle bestimmt das Verfahren, insbesondere die Form der Auskunftserteilung, nach pflichtgemäßem Ermessen.

(2) [1]Die betroffene Person ist gleichzeitig mit der Übermittlung personenbezogener Daten über den Inhalt und den Empfänger zu unterrichten. [2]Die Unterrichtung des gesetzlichen Vertreters eines Minderjährigen, des Bevollmächtigten oder Verteidigers reicht aus. [3]Die übermittelnde Stelle bestimmt die Form der Unterrichtung nach pflichtgemäßem Ermessen. [4]Eine Pflicht zur Unterrichtung besteht nicht, wenn die Anschrift des zu Unterrichtenden nur mit unvertretbarem Aufwand festgestellt werden kann.

(3) Bezieht sich die Auskunftserteilung oder die Unterrichtung auf die Übermittlung personenbezogener Daten an Verfassungsschutzbehörden, den Bundesnachrichtendienst, den Militärischen Abschirmdienst oder, soweit die Sicherheit des Bundes berührt wird, andere Behörden des Bundesministers der Verteidigung, ist sie nur mit Zustimmung dieser Stellen zulässig.

(4) [1]Die Auskunftserteilung und die Unterrichtung unterbleiben, soweit

1. sie die ordnungsgemäße Erfüllung der Aufgaben der übermittelnden Stelle oder des Empfängers gefährden würden,
2. sie die öffentliche Sicherheit oder Ordnung gefährden oder sonst dem Wohle des Bundes oder eines Landes Nachteile bereiten würden oder
3. die Daten oder die Tatsache ihrer Übermittlung nach einer Rechtsvorschrift oder ihrem Wesen nach, insbesondere wegen der überwiegenden berechtigten Interessen eines Dritten, geheimgehalten werden müssen

und deswegen das Interesse der betroffenen Person an der Auskunftserteilung oder Unterrichtung zurücktreten muß. [2]Die Unterrichtung der betroffenen Person unterbleibt ferner, wenn erhebliche Nachteile für seine Gesundheit zu befürchten sind.

(5) Die Ablehnung der Auskunftserteilung bedarf keiner Begründung, soweit durch die Mitteilung der tatsächlichen und rechtlichen Gründe, auf die die Entscheidung gestützt wird, der mit der Auskunftsverweigerung verfolgte Zweck gefährdet würde.

(6) Die Absätze 1 bis 5 gelten nicht im Anwendungsbereich der Verordnung (EU) 2016/679 des Europäischen Parlaments und des Rates vom 27. April 2016 zum Schutz natürlicher Personen bei der Verarbeitung personenbezogener Daten, zum freien Datenverkehr und zur Aufhebung der Richtlinie 95/46/EG (Datenschutz-Grundverordnung) (ABl. L 119 vom 4.5.2016, S. 1; L 314 vom 22.11.2016, S. 72; L 127 vom 23.5.2018, S. 2).

...

XXI. Verordnung über das Zentrale Vorsorgeregister (Vorsorgeregister-Verordnung – VRegV)

Vom 21. Februar 2005 (BGBl. I S. 318), zuletzt geändert durch Art. 6 des Gesetzes zur Reform des Vormundschafts- und Betreuungsrechts vom 4. Mai 2021 (BGBl. I S. 882)

Eingangsformel

Auf Grund des § 78a Abs. 3 der Bundesnotarordnung, der durch Artikel 2b des Gesetzes vom 23. April 2004 (BGBl. I S. 598) eingefügt worden ist, verordnet das Bundesministerium der Justiz:

§ 1 Inhalt des Zentralen Vorsorgeregisters

(1) Die Bundesnotarkammer stellt die Eintragung folgender personenbezogener Daten im Zentralen Vorsorgeregister sicher:

1. Daten zur Person des Vollmachtgebers:
   a) Familienname,
   b) Geburtsname,
   c) Vornamen,
   d) Geschlecht,
   e) Geburtsdatum,
   f) Geburtsort,
   g) Anschrift (Straße, Hausnummer, Postleitzahl, Ort),
   h) E-Mail-Adresse,
2. Daten zur Person des Bevollmächtigten:
   a) Familienname,
   b) Geburtsname,
   c) Vornamen,
   d) Geburtsdatum,
   e) Anschrift (Straße, Hausnummer, Postleitzahl, Ort),
   f) Rufnummer,
   g) E-Mail-Adresse,
3. Datum der Errichtung der Vollmachtsurkunde,

4. Aufbewahrungsort der Vollmachtsurkunde,
5. Angaben, ob Vollmacht erteilt wurde zur Erledigung von
   a) Vermögensangelegenheiten,
   b) Angelegenheiten der Gesundheitssorge und ob ausdrücklich Maßnahmen nach § 1829 Absatz 1 Satz 1 und § 1832 Absatz 1 und 4 des Bürgerlichen Gesetzbuchs umfasst sind,
   c) Angelegenheiten der Aufenthaltsbestimmung und ob ausdrücklich Maßnahmen nach § 1831 Absatz 1 und 4 des Bürgerlichen Gesetzbuchs umfasst sind,
   d) sonstigen persönlichen Angelegenheiten,
6. besondere Anordnungen oder Wünsche
   a) über das Verhältnis mehrerer Bevollmächtigter zueinander,
   b) für den Fall, dass das Betreuungsgericht einen Betreuer bestellt,
   c) hinsichtlich Art und Umfang medizinischer Versorgung,
7. Widersprüche gegen eine Vertretung durch den Ehegatten nach § 1358 des Bürgerlichen Gesetzbuchs mit den Daten zur Person des Widersprechenden entsprechend Nummer 1.

(2) Ist die Vollmacht in öffentlich beglaubigter oder notariell beurkundeter Form errichtet worden, dürfen darüber hinaus die Urkundenrollennummer, das Urkundsdatum sowie die Bezeichnung des Notars und die Anschrift seiner Geschäftsstelle aufgenommen werden.

(3) Die Eintragung erfolgt unter Angabe ihres Datums.

§ 2 Eintragungsantrag

(1) [1]Die Eintragung erfolgt auf schriftlichen Antrag des Vollmachtgebers oder des einer Vertretung durch den Ehegatten Widersprechenden. [2]Der Antrag hat mindestens die Angaben nach § 1 Abs. 1 Nr. 1 Buchstabe a, c bis g zu enthalten. [3]Sollen auch Angaben über den Bevollmächtigten eingetragen werden, muss der Antrag zudem mindestens die Angaben nach § 1 Abs. 1 Nr. 2 Buchstabe a, c und e enthalten. [4]Die Angaben nach § 1 Abs. 3 werden unabhängig von dem Antrag eingetragen.

(2) [1]Der Antrag kann auch im Wege der Datenfernübertragung gestellt werden, soweit die Bundesnotarkammer diese Möglichkeit eröffnet hat. [2]Die Bundesnotarkammer hat dem jeweiligen Stand der Technik entsprechende Maßnahmen zur Sicherstellung von Datenschutz und Datensicherheit nach

den Artikeln 24, 25 und 32 der Verordnung (EU) 2016/679 des Europäischen Parlaments und des Rates vom 27. April 2016 zum Schutz natürlicher Personen bei der Verarbeitung personenbezogener Daten, zum freien Datenverkehr und zur Aufhebung der Richtlinie 95/46/EG (Datenschutz-Grundverordnung) (ABl. L 119 vom 4.5.2016, S. 1; L 314 vom 22.11.2016, S. 72; L 127 vom 23.5.2018, S. 2) zu treffen, die insbesondere die Vertraulichkeit und Unversehrtheit der Daten gewährleisten; im Falle der Nutzung allgemein zugänglicher Netze sind dem jeweiligen Stand der Technik entsprechende Verschlüsselungsverfahren anzuwenden.

(3) [1]In Zweifelsfällen hat die Bundesnotarkammer sich von der Identität des Antragstellers zu überzeugen. [2]Im Übrigen prüft sie die Richtigkeit der mit dem Antrag übermittelten Angaben nicht.

§ 3 Vorschuss, Antragsrücknahme bei Nichtzahlung

(1) [1]Die Bundesnotarkammer kann die Zahlung eines zur Deckung der Gebühren hinreichenden Vorschusses verlangen. [2]Sie kann die Vornahme der Eintragung von der Zahlung oder Sicherstellung des Vorschusses abhängig machen.

(2) [1]Wird ein verlangter Vorschuss innerhalb angemessener Frist nicht gezahlt, gilt der Antrag als zurückgenommen. [2]Die Frist sowie die Rechtsfolge der Fristversäumnis sind mit dem Verlangen des Vorschusses mitzuteilen. [3]Die Frist darf 30 Tage nicht unterschreiten.

§ 4 Benachrichtigung des Bevollmächtigten

[1]Nach Eingang des Eintragungsantrags hat die Bundesnotarkammer einen Bevollmächtigten, der nicht schriftlich in die Speicherung der Daten zu seiner Person eingewilligt hat, schriftlich über die nach § 1 Abs. 1 Nr. 1 Buchstabe a, c, g und Nr. 2 bis 6 gespeicherten Daten zu unterrichten. [2]Artikel 14 der Verordnung (EU) 2016/679 bleibt unberührt.

§ 5 Änderung, Ergänzung und Löschung von Eintragungen

(1) [1]Änderungen, Ergänzungen und Löschungen von Eintragungen erfolgen auf schriftlichen Antrag des Vollmachtgebers oder des einer Vertretung

durch den Ehegatten Widersprechenden. [2]§ 2 Abs. 2, 3 und § 3 gelten entsprechend.

(2) Bei der Eintragung von Änderungen und Ergänzungen ist sicherzustellen, dass die bisherige Eintragung auf Anforderung erkennbar bleibt.

(3) [1]Daten nach § 1 Abs. 1 Nr. 2 sind auch auf schriftlichen Antrag des Bevollmächtigten zu löschen. [2]§ 2 Abs. 2 und 3 gilt entsprechend.

(4) Eintragungen sind 110 Jahre nach der Geburt des Vollmachtgebers oder des einer Vertretung durch den Ehegatten Widersprechenden zu löschen.

§ 6 Auskunft an Betreuungsgerichte, Landgerichte als Beschwerdegerichte und Ärzte

(1) [1]Die Auskunft aus dem Register erfolgt im Wege eines automatisierten Verfahrens auf Abruf, sofern die Bundesnotarkammer zuvor

1. für Ersuchen eines Betreuungsgerichts oder eines Landgerichts als Beschwerdegericht mit der jeweiligen Landesjustizverwaltung und
2. für Ersuchen eines Arztes mit der jeweils zuständigen Landesärztekammer

schriftlich Festlegungen zu den technischen und organisatorischen Maßnahmen zur Gewährleistung des Datenschutzes und der Datensicherheit nach den Artikeln 24, 25 und 32 der Verordnung (EU) 2016/679 getroffen hat. [2]§ 2 Abs. 2 Satz 2 gilt entsprechend.

(2) [1]Die Auskunft aus dem Register erfolgt auch auf schriftliches oder elektronisches Ersuchen des Betreuungsgerichts und des Landgerichts als Beschwerdegericht. [2]Bei besonderer Dringlichkeit, insbesondere wenn die Bestellung eines vorläufigen Betreuers im Rahmen einer einstweiligen Anordnung in Betracht kommt, kann das Ersuchen auch fernmündlich gestellt werden. [3]In jedem Fall haben das Betreuungsgericht und das Landgericht als Beschwerdegericht das Geschäftszeichen ihres Betreuungsverfahrens anzugeben.

(3) [1]In den Fällen des Absatzes 2 erteilt die Bundesnotarkammer die Auskunft aus dem Register schriftlich oder elektronisch. [2]Hierbei sind die erforderlichen Maßnahmen zu treffen, um die Authentizität des Ersuchens zu prüfen und die Vertraulichkeit der Auskunft zu gewährleisten.

§ 7 Protokollierung der Auskunftserteilungen

(1) [1]Die Zulässigkeit der Auskunftsersuchen prüft die Bundesnotarkammer nur, wenn sie dazu nach den Umständen des Einzelfalls Anlass hat. [2]Für die Kontrolle der Zulässigkeit der Ersuchen und für die Sicherstellung der ordnungsgemäßen Datenverarbeitung protokolliert die Bundesnotarkammer alle nach § 6 erteilten Auskünfte elektronisch. [3]Zu protokollieren sind

1. die von der ersuchenden Stelle eingegebenen Daten,
2. das ersuchende Gericht und dessen Geschäftszeichen oder der ersuchende Arzt,
3. der Zeitpunkt des Ersuchens sowie
4. die übermittelten Daten.

(2) [1]Die Protokolle dürfen nur für Zwecke der Datenschutzkontrolle, der Datensicherung, der Sicherstellung eines ordnungsgemäßen Registerbetriebs und der Überprüfung durch die jeweils zuständige Landesärztekammer, ob die Voraussetzungen des § 78b Absatz 1 Satz 2 der Bundesnotarordnung eingehalten sind, verwendet werden. [2]Zur Überprüfung, ob die Voraussetzungen des § 78b Absatz 1 Satz 2 der Bundesnotarordnung eingehalten sind, kann die jeweils zuständige Landesärztekammer auf der Grundlage der Protokolle Auskunft darüber verlangen, welche Auskünfte an einen Arzt erteilt worden sind. [3]Ferner kann der Vollmachtgeber oder der einer Vertretung durch den Ehegatten Widersprechende auf der Grundlage der Protokolle Auskunft darüber verlangen, welche Auskünfte aus dem Register erteilt worden sind. [4]Satz 3 gilt entsprechend für den Bevollmächtigten, sofern Daten zu seiner Person gespeichert sind. [5]Die Protokolle sind gegen zweckfremde Verwendung zu schützen.

(3) [1]Die Protokolle werden nach Ablauf des auf ihre Erstellung folgenden Kalenderjahres gelöscht. [2]Die Landesärztekammer löscht Protokolle, die ihr nach Absatz 2 Satz 2 zur Verfügung gestellt worden sind, ein Jahr nach ihrem Eingang, sofern sie nicht für weitere, bereits eingeleitete Prüfungen benötigt werden.

§ 8 Aufbewahrung von Dokumenten

[1]Die ein einzelnes Eintragungs- oder Auskunftsverfahren betreffenden Dokumente hat die Bundesnotarkammer fünf Jahre aufzubewahren. [2]Die Aufbewahrungsfrist beginnt mit dem Schluss des Kalenderjahres, in dem

die letzte Verfügung zur Sache ergangen ist oder die Angelegenheit ihre Erledigung gefunden hat. [3]Nach Ablauf der Aufbewahrungsfrist sind die Dokumente zu vernichten.

§ 9 Betreuungsverfügungen, Patientenverfügungen

[1]Im Zentralen Vorsorgeregister können auch Betreuungsverfügungen und Patientenverfügungen unabhängig von der Eintragung einer Vollmacht registriert werden. [2]Die §§ 1 bis 8 gelten entsprechend.

Schlussformel

Der Bundesrat hat zugestimmt.

XXII. Abgabenordnung (AO)

i.d.F. der Bekanntmachung vom 23. Januar 2025 (BGBl. I Nr. 24)

– Auszug –

...

§ 34 Pflichten der gesetzlichen Vertreter und der Vermögensverwalter

(1) [1]Die gesetzlichen Vertreter natürlicher und juristischer Personen sowie rechtsfähiger Personenvereinigungen und die Geschäftsführer von Vermögensmassen haben deren steuerliche Pflichten zu erfüllen. [2]Sie haben insbesondere dafür zu sorgen, dass die Steuern aus den Mitteln entrichtet werden, die sie verwalten. [3]Die Finanzbehörde kann sich an jeden von ihnen wenden.

(2) [1]Bei nicht rechtsfähigen Personenvereinigungen haben die Mitglieder, Gesellschafter oder Gemeinschafter die Pflichten im Sinne des Absatzes 1 zu erfüllen. [2]Die Finanzbehörde kann sich an jedes von ihnen halten. [3]Für nicht rechtsfähige Vermögensmassen gelten die Sätze 1 und 2 mit der Maßgabe, dass diejenigen, denen das Vermögen zusteht, die steuerlichen Pflichten zu erfüllen haben.

(3) Steht eine Vermögensverwaltung anderen Personen als den Eigentümern des Vermögens oder deren gesetzlichen Vertretern zu, so haben die Vermögensverwalter die in Absatz 1 bezeichneten Pflichten, soweit ihre Verwaltung reicht.

§ 35 Pflichten des Verfügungsberechtigten

Wer als Verfügungsberechtigter im eigenen oder fremden Namen auftritt, hat die Pflichten eines gesetzlichen Vertreters (§ 34 Abs. 1), soweit er sie rechtlich und tatsächlich erfüllen kann.

§ 36 Erlöschen der Vertretungsmacht

Das Erlöschen der Vertretungsmacht oder der Verfügungsmacht lässt die nach den §§ 34 und 35 entstandenen Pflichten unberührt, soweit diese den Zeitraum betreffen, in dem die Vertretungsmacht oder Verfügungsmacht bestanden hat und soweit der Verpflichtete sie erfüllen kann.

...

§ 69 Haftung der Vertreter

[1]Die in den §§ 34 und 35 bezeichneten Personen haften, soweit Ansprüche aus dem Steuerschuldverhältnis (§ 37) infolge vorsätzlicher oder grob fahrlässiger Verletzung der ihnen auferlegten Pflichten nicht oder nicht rechtzeitig festgesetzt oder erfüllt oder soweit infolgedessen Steuervergütungen oder Steuererstattungen ohne rechtlichen Grund gezahlt werden. [2]Die Haftung umfasst auch die infolge der Pflichtverletzung zu zahlenden Säumniszuschläge.

§ 70 Haftung des Vertretenen

(1) Wenn die in den §§ 34 und 35 bezeichneten Personen bei Ausübung ihrer Obliegenheiten eine Steuerhinterziehung oder eine leichtfertige Steuerverkürzung begehen oder an einer Steuerhinterziehung teilnehmen und hierdurch Steuerschuldner oder Haftende werden, so haften die Vertretenen, soweit sie nicht Steuerschuldner sind, für die durch die Tat verkürzten Steuern und die zu Unrecht gewährten Steuervorteile.

(2) [1]Absatz 1 ist nicht anzuwenden bei Taten gesetzlicher Vertreter natürlicher Personen, wenn diese aus der Tat des Vertreters keinen Vermögensvorteil erlangt haben. [2]Das Gleiche gilt, wenn die Vertretenen denjenigen, der die Steuerhinterziehung oder die leichtfertige Steuerverkürzung begangen hat, sorgfältig ausgewählt und beaufsichtigt haben.

...

§ 79 Handlungsfähigkeit

(1) Fähig zur Vornahme von Verfahrenshandlungen sind:

1. natürliche Personen, die nach bürgerlichem Recht geschäftsfähig sind,
2. natürliche Personen, die nach bürgerlichem Recht in der Geschäftsfähigkeit beschränkt sind, soweit sie für den Gegenstand des Verfahrens durch Vorschriften des bürgerlichen Rechts als geschäftsfähig oder durch Vorschriften des öffentlichen Rechts als handlungsfähig anerkannt sind,
3. juristische Personen sowie Personenvereinigungen oder Vermögensmassen durch die in § 34 bezeichneten Personen oder durch besonders Beauftragte,
4. Behörden durch ihre Leiter, deren Vertreter oder Beauftragte.

(2) Betrifft ein Einwilligungsvorbehalt nach § 1825 des Bürgerlichen Gesetzbuchs den Gegenstand des Verfahrens, so ist ein geschäftsfähiger Betreuter nur insoweit zur Vornahme von Verfahrenshandlungen fähig, als er nach den Vorschriften des bürgerlichen Rechts ohne Einwilligung des Betreuers handeln kann oder durch Vorschriften des öffentlichen Rechts als handlungsfähig anerkannt ist.

(3) Die §§ 53 und 55 der Zivilprozessordnung gelten entsprechend.

§ 80 Bevollmächtigte und Beistände

(1) [1]Ein Beteiligter kann sich durch einen Bevollmächtigten vertreten lassen. [2]Die Vollmacht ermächtigt zu allen das Verwaltungsverfahren betreffenden Verfahrenshandlungen, sofern sich aus ihrem Inhalt nicht etwas anderes ergibt; sie ermächtigt nicht zum Empfang von Steuererstattungen und Steuervergütungen. [3]Ein Widerruf der Vollmacht wird der Finanzbehörde gegenüber erst wirksam, wenn er ihr zugeht; Gleiches gilt für eine Veränderung der Vollmacht.

(2) [1]Bei Personen und Vereinigungen im Sinne der §§ 3 und 4 Nummer 11 des Steuerberatungsgesetzes, die für den Steuerpflichtigen handeln, wird eine ordnungsgemäße Bevollmächtigung vermutet. [2]Für den Abruf von bei den Landesfinanzbehörden zum Vollmachtgeber gespeicherten Daten wird

eine ordnungsgemäße Bevollmächtigung nur nach Maßgabe des § 80a Absatz 2 und 3 vermutet.

(3) Die Finanzbehörde kann auch ohne Anlass den Nachweis der Vollmacht verlangen.

(4) [1]Die Vollmacht wird weder durch den Tod des Vollmachtgebers noch durch eine Veränderung in seiner Handlungsfähigkeit oder durch eine Veränderung seiner gesetzlichen Vertretung aufgehoben. [2]Der Bevollmächtigte hat jedoch, wenn er für den Rechtsnachfolger im Verwaltungsverfahren auftritt, dessen Vollmacht auf Verlangen nachzuweisen.

(5) [1]Ist für das Verfahren ein Bevollmächtigter bestellt, so soll sich die Finanzbehörde an ihn wenden. [2]Sie kann sich an den Beteiligten selbst wenden, soweit er zur Mitwirkung verpflichtet ist. [3]Wendet sich die Finanzbehörde an den Beteiligten, so soll der Bevollmächtigte verständigt werden. [4]Für die Bekanntgabe von Verwaltungsakten an einen Bevollmächtigten gilt § 122 Absatz 1 Satz 3 und 4.

(6) [1]Ein Beteiligter kann zu Verhandlungen und Besprechungen mit einem Beistand erscheinen. [2]Das von dem Beistand Vorgetragene gilt als von dem Beteiligten vorgebracht, soweit dieser nicht unverzüglich widerspricht.

(7) [1]Soweit ein Bevollmächtigter geschäftsmäßig Hilfe in Steuersachen leistet, ohne dazu befugt zu sein, ist er mit Wirkung für alle anhängigen und künftigen Verwaltungsverfahren des Vollmachtgebers im Zuständigkeitsbereich der Finanzbehörde zurückzuweisen. [2]Die Zurückweisung ist dem Vollmachtgeber und dem Bevollmächtigten bekannt zu geben. [3]Die Finanzbehörde ist befugt, andere Finanzbehörden über die Zurückweisung des Bevollmächtigten zu unterrichten.

(8) [1]Ein Bevollmächtigter kann von einem schriftlichen, elektronischen oder mündlichen Vortrag zurückgewiesen werden, soweit er hierzu ungeeignet ist. [2]Dies gilt nicht für die in § 3 Nummer 1, § 4 Nummer 1 und 2 und § 23 Absatz 3 des Steuerberatungsgesetzes bezeichneten natürlichen Personen sowie natürliche Personen, die für eine Landwirtschaftliche Buchstelle tätig und nach § 44 des Steuerberatungsgesetzes berechtigt sind, die Berufsbezeichnung „Landwirtschaftliche Buchstelle“ zu führen. [3]Die Zurückweisung ist dem Vollmachtgeber und dem Bevollmächtigten bekannt zu geben.

(9) [1]Soweit ein Beistand geschäftsmäßig Hilfe in Steuersachen leistet, ohne dazu befugt zu sein, ist er mit Wirkung für alle anhängigen und künftigen Verwaltungsverfahren des Steuerpflichtigen im Zuständigkeitsbereich der Finanzbehörde zurückzuweisen; Absatz 7 Satz 2 und 3 gilt entsprechend. [2]Ferner kann er vom schriftlichen, elektronischen oder mündlichen Vortrag zurückgewiesen werden, falls er zu einem sachgemäßen Vortrag nicht fähig oder willens ist; Absatz 8 Satz 2 und 3 gilt entsprechend.

(10) Verfahrenshandlungen, die ein Bevollmächtigter oder ein Beistand vornimmt, nachdem ihm die Zurückweisung bekannt gegeben worden ist, sind unwirksam.

...

§ 81 Bestellung eines Vertreters von Amts wegen

(1) Ist ein Vertreter nicht vorhanden, so hat das Betreuungsgericht, für einen minderjährigen Beteiligten das Familiengericht auf Ersuchen der Finanzbehörde einen geeigneten Vertreter zu bestellen

1. für einen Beteiligten, dessen Person unbekannt ist,
2. für einen abwesenden Beteiligten, dessen Aufenthalt unbekannt ist oder der an der Besorgung seiner Angelegenheiten verhindert ist,
3. für einen Beteiligten ohne Aufenthalt
   a) im Inland,
   b) in einem anderen Mitgliedstaat der Europäischen Union oder
   c) in einem anderen Staat, auf den das Abkommen über den Europäischen Wirtschaftsraum anzuwenden ist,

   wenn er der Aufforderung der Finanzbehörde, einen Vertreter zu bestellen, innerhalb der ihm gesetzten Frist nicht nachgekommen ist,
4. für einen Beteiligten, der infolge einer psychischen Krankheit oder körperlichen, geistigen oder seelischen Behinderung nicht in der Lage ist, in dem Verwaltungsverfahren selbst tätig zu werden,
5. bei herrenlosen Sachen, auf die sich das Verfahren bezieht, zur Wahrung der sich in Bezug auf die Sache ergebenden Rechte und Pflichten.

(2) Für die Bestellung des Vertreters ist in den Fällen des Absatzes 1 Nr. 4 das Betreuungsgericht, für einen minderjährigen Beteiligten das Famili-

engericht zuständig, in dessen Bezirk der Beteiligte seinen gewöhnlichen Aufenthalt (§ 272 Abs. 1 Nr. 2 des Gesetzes über das Verfahren in Familiensachen und in den Angelegenheiten der freiwilligen Gerichtsbarkeit) hat; im Übrigen ist das Gericht zuständig, in dessen Bezirk die ersuchende Finanzbehörde ihren Sitz hat.

(3) [1]Der Vertreter hat gegen den Rechtsträger der Finanzbehörde, die um seine Bestellung ersucht hat, Anspruch auf eine angemessene Vergütung und auf die Erstattung seiner baren Auslagen. [2]Die Finanzbehörde kann von dem Vertretenen Ersatz ihrer Aufwendungen verlangen. [3]Sie bestimmt die Vergütung und stellt die Auslagen und Aufwendungen fest.

(4) Im Übrigen gelten für die Bestellung und für das Amt des Vertreters in den Fällen des Absatzes 1 Nr. 4 die Vorschriften über die Betreuung, in den übrigen Fällen die Vorschriften über die Pflegschaft entsprechend.

...

§ 105 Verhältnis der Auskunfts- und Vorlagepflicht zur Schweigepflicht öffentlicher Stellen

(1) Die Verpflichtung der Behörden oder sonstiger öffentlicher Stellen einschließlich der Deutschen Bundesbank, der Staatsbanken und der Schuldenverwaltungen sowie der Organe und Bediensteten dieser Stellen zur Verschwiegenheit gilt nicht für ihre Auskunfts- und Vorlagepflicht gegenüber den Finanzbehörden.

(2) Absatz 1 gilt nicht, soweit die Behörden und die mit postdienstlichen Verrichtungen betrauten Personen gesetzlich verpflichtet sind, das Brief-, Post- und Fernmeldegeheimnis zu wahren.

...

§ 116 Anzeige von Steuerstraftaten

(1) [1]Gerichte und die Behörden von Bund, Ländern und kommunalen Trägern der öffentlichen Verwaltung, die nicht Finanzbehörden sind, haben Tatsachen, die sie dienstlich erfahren und die auf eine Steuerstraftat

schließen lassen, dem Bundeszentralamt für Steuern oder, soweit bekannt, den für das Steuerstrafverfahren zuständigen Finanzbehörden mitzuteilen. [2]Soweit die für das Steuerstrafverfahren zuständigen Finanzbehörden nicht bereits erkennbar unmittelbar informiert worden sind, teilt das Bundeszentralamt für Steuern ihnen diese Tatsachen mit. [3]Die für das Steuerstrafverfahren zuständigen Finanzbehörden, ausgenommen die Behörden der Bundeszollverwaltung, übermitteln die Mitteilung an das Bundeszentralamt für Steuern, soweit dieses nicht bereits erkennbar unmittelbar in Kenntnis gesetzt worden ist.

(2) § 105 Abs. 2 gilt entsprechend.

...

§ 153 Berichtigung von Erklärungen

(1) [1]Erkennt ein Steuerpflichtiger nachträglich vor Ablauf der Festsetzungsfrist,

1. dass eine von ihm oder für ihn abgegebene Erklärung unrichtig oder unvollständig ist und dass es dadurch zu einer Verkürzung von Steuern kommen kann oder bereits gekommen ist oder
2. dass eine durch Verwendung von Steuerzeichen oder Steuerstemplern zu entrichtende Steuer nicht in der richtigen Höhe entrichtet worden ist,

so ist er verpflichtet, dies unverzüglich anzuzeigen und die erforderliche Richtigstellung vorzunehmen. [2]Die Verpflichtung trifft auch den Gesamtrechtsnachfolger eines Steuerpflichtigen und die nach den §§ 34 und 35 für den Gesamtrechtsnachfolger oder den Steuerpflichtigen handelnden Personen.

(2) Die Anzeigepflicht besteht ferner, wenn die Voraussetzungen für eine Steuerbefreiung, Steuerermäßigung oder sonstige Steuervergünstigung nachträglich ganz oder teilweise wegfallen.

(3) Wer Waren, für die eine Steuervergünstigung unter einer Bedingung gewährt worden ist, in einer Weise verwenden will, die der Bedingung nicht entspricht, hat dies vorher der Finanzbehörde anzuzeigen.

(4) Die Anzeige- und Berichtigungspflicht besteht ferner, wenn Prüfungsfeststellungen einer Außenprüfung unanfechtbar in einem Steuerbescheid, einem Feststellungsbescheid nach § 180 Absatz 1 Satz 1 Nummer 2 oder einem Teilabschlussbescheid nach § 180 Absatz 1a umgesetzt worden sind und die den Prüfungsfeststellungen zugrunde liegenden Sachverhalte auch in einer anderen vom oder für den Steuerpflichtigen abgegebenen Erklärung, die nicht Gegenstand der Außenprüfung war, zu einer Änderung der Besteuerungsgrundlagen führt.

...

§ 370 Steuerhinterziehung

(1) Mit Freiheitsstrafe bis zu fünf Jahren oder mit Geldstrafe wird bestraft, wer

1. den Finanzbehörden oder anderen Behörden über steuerlich erhebliche Tatsachen unrichtige oder unvollständige Angaben macht,
2. die Finanzbehörden pflichtwidrig über steuerlich erhebliche Tatsachen in Unkenntnis lässt oder
3. pflichtwidrig die Verwendung von Steuerzeichen oder Steuerstemplern unterlässt

und dadurch Steuern verkürzt oder für sich oder einen anderen nicht gerechtfertigte Steuervorteile erlangt.

(2) Der Versuch ist strafbar.

(3) [1]In besonders schweren Fällen ist die Strafe Freiheitsstrafe von sechs Monaten bis zu zehn Jahren. [2]Ein besonders schwerer Fall liegt in der Regel vor, wenn der Täter

1. in großem Ausmaß Steuern verkürzt oder nicht gerechtfertigte Steuervorteile erlangt,
2. seine Befugnisse oder seine Stellung als Amtsträger oder Europäischer Amtsträger (§ 11 Absatz 1 Nummer 2a des Strafgesetzbuchs) missbraucht,
3. die Mithilfe eines Amtsträgers oder Europäischen Amtsträgers (§ 11 Absatz 1 Nummer 2a des Strafgesetzbuchs) ausnutzt, der seine Befugnisse oder seine Stellung missbraucht,

4. unter Verwendung nachgemachter oder verfälschter Belege fortgesetzt Steuern verkürzt oder nicht gerechtfertigte Steuervorteile erlangt,
5. als Mitglied einer Bande, die sich zur fortgesetzten Begehung von Taten nach Absatz 1 verbunden hat, Umsatz- oder Verbrauchssteuern verkürzt oder nicht gerechtfertigte Umsatz- oder Verbrauchssteuervorteile erlangt oder
6. eine Drittstaat-Gesellschaft im Sinne des § 138 Absatz 3, auf die er alleine oder zusammen mit nahestehenden Personen im Sinne des § 1 Absatz 2 des Außensteuergesetzes unmittelbar oder mittelbar einen beherrschenden oder bestimmenden Einfluss ausüben kann, zur Verschleierung steuerlich erheblicher Tatsachen nutzt und auf diese Weise fortgesetzt Steuern verkürzt oder nicht gerechtfertigte Steuervorteile erlangt.

(4) [1]Steuern sind namentlich dann verkürzt, wenn sie nicht, nicht in voller Höhe oder nicht rechtzeitig festgesetzt werden; dies gilt auch dann, wenn die Steuer vorläufig oder unter Vorbehalt der Nachprüfung festgesetzt wird oder eine Steueranmeldung einer Steuerfestsetzung unter Vorbehalt der Nachprüfung gleichsteht. [2]Steuervorteile sind auch Steuervergütungen; nicht gerechtfertigte Steuervorteile sind erlangt, soweit sie zu Unrecht gewährt oder belassen werden. [3]Die Voraussetzungen der Sätze 1 und 2 sind auch dann erfüllt, wenn die Steuer, auf die sich die Tat bezieht, aus anderen Gründen hätte ermäßigt oder der Steuervorteil aus anderen Gründen hätte beansprucht werden können.

(5) Die Tat kann auch hinsichtlich solcher Waren begangen werden, deren Einfuhr, Ausfuhr oder Durchfuhr verboten ist.

(6) [1]Die Absätze 1 bis 5 gelten auch dann, wenn sich die Tat auf Einfuhr- oder Ausfuhrabgaben bezieht, die von einem anderen Mitgliedstaat der Europäischen Union verwaltet werden oder die einem Mitgliedstaat der Europäischen Freihandelsassoziation oder einem mit dieser assoziierten Staat zustehen. [2]Das Gleiche gilt, wenn sich die Tat auf Umsatzsteuern oder auf die in Artikel 1 Absatz 1 der Richtlinie 2008/118/EG des Rates vom 16. Dezember 2008 über das allgemeine Verbrauchsteuersystem und zur Aufhebung der Richtlinie 92/12/EWG (ABl. L 9 vom 14.1.2009, S. 12) genannten harmonisierten Verbrauchsteuern bezieht, die von einem anderen Mitgliedstaat der Europäischen Union verwaltet werden.

(7) Die Absätze 1 bis 6 gelten unabhängig von dem Recht des Tatortes auch für Taten, die außerhalb des Geltungsbereiches dieses Gesetzes begangen werden.

...

§ 371 Selbstanzeige bei Steuerhinterziehung

(1) [1]Wer gegenüber der Finanzbehörde zu allen Steuerstraftaten einer Steuerart in vollem Umfang die unrichtigen Angaben berichtigt, die unvollständigen Angaben ergänzt oder die unterlassenen Angaben nachholt, wird wegen dieser Steuerstraftaten nicht nach § 370 bestraft. [2]Die Angaben müssen zu allen unverjährten Steuerstraftaten einer Steuerart, mindestens aber zu allen Steuerstraftaten einer Steuerart innerhalb der letzten zehn Kalenderjahre erfolgen.

(2) [1]Straffreiheit tritt nicht ein, wenn

1. bei einer der zur Selbstanzeige gebrachten unverjährten Steuerstraftaten vor der Berichtigung, Ergänzung oder Nachholung
   a) dem an der Tat Beteiligten, seinem Vertreter, dem Begünstigten im Sinne des § 370 Absatz 1 oder dessen Vertreter eine Prüfungsanordnung nach § 196 bekannt gegeben worden ist, beschränkt auf den sachlichen und zeitlichen Umfang der angekündigten Außenprüfung, oder
   b) dem an der Tat Beteiligten oder seinem Vertreter die Einleitung des Straf- oder Bußgeldverfahrens bekannt gegeben worden ist oder
   c) ein Amtsträger der Finanzbehörde zur steuerlichen Prüfung erschienen ist, beschränkt auf den sachlichen und zeitlichen Umfang der Außenprüfung, oder
   d) ein Amtsträger zur Ermittlung einer Steuerstraftat oder einer Steuerordnungswidrigkeit erschienen ist oder
   e) ein Amtsträger der Finanzbehörde zu einer Umsatzsteuer-Nachschau nach § 27b des Umsatzsteuergesetzes, einer Lohnsteuer-Nachschau nach § 42g des Einkommensteuergesetzes oder einer Nachschau nach anderen steuerrechtlichen Vorschriften erschienen ist und sich ausgewiesen hat oder

2. eine der Steuerstraftaten im Zeitpunkt der Berichtigung, Ergänzung oder Nachholung ganz oder zum Teil bereits entdeckt war und der Täter dies wusste oder bei verständiger Würdigung der Sachlage damit rechnen musste,
3. die nach § 370 Absatz 1 verkürzte Steuer oder der für sich oder einen anderen erlangte nicht gerechtfertigte Steuervorteil einen Betrag von 25.000 Euro je Tat übersteigt, oder
4. ein in § 370 Absatz 3 Satz 2 Nummer 2 bis 6 genannter besonders schwerer Fall vorliegt.

[2]Der Ausschluss der Straffreiheit nach Satz 1 Nummer 1 Buchstabe a und c hindert nicht die Abgabe einer Berichtigung nach Absatz 1 für die nicht unter Satz 1 Nummer 1 Buchstabe a und c fallenden Steuerstraftaten einer Steuerart.

(2a) [1]Soweit die Steuerhinterziehung durch Verletzung der Pflicht zur rechtzeitigen Abgabe einer vollständigen und richtigen Umsatzsteuervoranmeldung oder Lohnsteueranmeldung begangen worden ist, tritt Straffreiheit abweichend von den Absätzen 1 und 2 Satz 1 Nummer 3 bei Selbstanzeigen in dem Umfang ein, in dem der Täter gegenüber der zuständigen Finanzbehörde die unrichtigen Angaben berichtigt, die unvollständigen Angaben ergänzt oder die unterlassenen Angaben nachholt. [2]Absatz 2 Satz 1 Nummer 2 gilt nicht, wenn die Entdeckung der Tat darauf beruht, dass eine Umsatzsteuervoranmeldung oder Lohnsteueranmeldung nachgeholt oder berichtigt wurde. [3]Die Sätze 1 und 2 gelten nicht für Steueranmeldungen, die sich auf das Kalenderjahr beziehen. [4]Für die Vollständigkeit der Selbstanzeige hinsichtlich einer auf das Kalenderjahr bezogenen Steueranmeldung ist die Berichtigung, Ergänzung oder Nachholung der Voranmeldungen, die dem Kalenderjahr nachfolgende Zeiträume betreffen, nicht erforderlich.

(3) [1]Sind Steuerverkürzungen bereits eingetreten oder Steuervorteile erlangt, so tritt für den an der Tat Beteiligten Straffreiheit nur ein, wenn er die aus der Tat zu seinen Gunsten hinterzogenen Steuern, die Hinterziehungszinsen nach § 235 und die Zinsen nach § 233a, soweit sie auf die Hinterziehungszinsen nach § 235 Absatz 4 angerechnet werden, sowie die Verzugszinsen nach Artikel 114 des Zollkodex der Union innerhalb der ihm bestimmten angemessenen Frist entrichtet. [2]In den Fällen des Absatzes 2a Satz 1 gilt Satz 1 mit der Maßgabe, dass die fristgerechte Entrichtung von Zinsen nach § 233a oder § 235 unerheblich ist.

(4) [1]Wird die in § 153 vorgesehene Anzeige rechtzeitig und ordnungsmäßig erstattet, so wird ein Dritter, der die in § 153 bezeichneten Erklärungen abzugeben unterlassen oder unrichtig oder unvollständig abgegeben hat, strafrechtlich nicht verfolgt, es sei denn, dass ihm oder seinem Vertreter vorher die Einleitung eines Straf- oder Bußgeldverfahrens wegen der Tat bekannt gegeben worden ist. [2]Hat der Dritte zum eigenen Vorteil gehandelt, so gilt Absatz 3 entsprechend.

...

XXIII. Beurkundungsgesetz (BUrkG)

vom 28. August 1969 (BGBl. I S. 1513), zuletzt geändert durch Art. 5 des Gesetzes zur Modernisierung des Pass-, des Ausweis- und des ausländerrechtlichen Dokumentenwesens vom 8. Oktober 2023 (BGBl. I Nr. 271)

– Auszug –

Abschnitt 1 Allgemeine Vorschriften

§ 1 Geltungsbereich

(1) Dieses Gesetz gilt für öffentliche Beurkundungen und Verwahrungen durch den Notar.

(2) Soweit für öffentliche Beurkundungen neben dem Notar auch andere Urkundspersonen oder sonstige Stellen zuständig sind, gelten die Vorschriften dieses Gesetzes, ausgenommen § 5 Abs. 2 und des Abschnitts 5, entsprechend.

...

§ 4 Ablehnung der Beurkundung

Der Notar soll die Beurkundung ablehnen, wenn sie mit seinen Amtspflichten nicht vereinbar wäre, insbesondere wenn seine Mitwirkung bei Handlungen verlangt wird, mit denen erkennbar unerlaubte oder unredliche Zwecke verfolgt werden.

...

Abschnitt 2 Beurkundung von Willenserklärungen

Unterabschnitt 2 Niederschrift

§ 10 Feststellung der Beteiligten

(1) Der Notar soll sich Gewissheit über die Person der Beteiligten verschaffen.

(2) In der Niederschrift soll die Person der Beteiligten so genau bezeichnet werden, daß Zweifel und Verwechslungen ausgeschlossen sind.

(3) [1]Aus der Niederschrift soll sich ergeben, ob der Notar die Beteiligten kennt oder wie er sich Gewißheit über ihre Person verschafft hat. [2]Kann sich der Notar diese Gewißheit nicht verschaffen, wird aber gleichwohl die Aufnahme der Niederschrift verlangt, so soll der Notar dies in der Niederschrift unter Anführung des Sachverhalts angeben.

§ 11 Feststellungen über die Geschäftsfähigkeit

(1) [1]Fehlt einem Beteiligten nach der Überzeugung des Notars die erforderliche Geschäftsfähigkeit, so soll die Beurkundung abgelehnt werden. [2]Zweifel an der erforderlichen Geschäftsfähigkeit eines Beteiligten soll der Notar in der Niederschrift feststellen.

(2) Ist ein Beteiligter schwer krank, so soll dies in der Niederschrift vermerkt und angegeben werden, welche Feststellungen der Notar über die Geschäftsfähigkeit getroffen hat.

...

Unterabschnitt 4 Prüfungs- und Belehrungspflichten

§ 17 Grundsatz

(1) [1]Der Notar soll den Willen der Beteiligten erforschen, den Sachverhalt klären, die Beteiligten über die rechtliche Tragweite des Geschäfts belehren und ihre Erklärungen klar und unzweideutig in der Niederschrift wiedergeben. [2]Dabei soll er darauf achten, daß Irrtümer und Zweifel vermieden sowie unerfahrene und ungewandte Beteiligte nicht benachteiligt werden.

(2) [1]Bestehen Zweifel, ob das Geschäft dem Gesetz oder dem wahren Willen der Beteiligten entspricht, so sollen die Bedenken mit den Beteiligten erörtert werden. [2]Zweifelt der Notar an der Wirksamkeit des Geschäfts und bestehen die Beteiligten auf der Beurkundung, so soll er die Belehrung und die dazu abgegebenen Erklärungen der Beteiligten in der Niederschrift vermerken.

(2a) [1]Der Notar soll das Beurkundungsverfahren so gestalten, daß die Einhaltung der Amtspflichten nach den Absätzen 1 und 2 gewährleistet ist. [2]Bei Verbraucherverträgen soll der Notar darauf hinwirken, dass

1. die rechtsgeschäftlichen Erklärungen des Verbrauchers von diesem persönlich oder durch eine Vertrauensperson vor dem Notar abgegeben werden und
2. der Verbraucher ausreichend Gelegenheit erhält, sich vorab mit dem Gegenstand der Beurkundung auseinanderzusetzen; bei Verbraucherverträgen, die der Beurkundungspflicht nach § 311b Absatz 1 Satz 1 und Absatz 3 des Bürgerlichen Gesetzbuchs unterliegen, soll dem Verbraucher der beabsichtigte Text des Rechtsgeschäfts vom beurkundenden Notar oder einem Notar, mit dem sich der beurkundende Notar zur gemeinsamen Berufsausübung verbunden hat, zur Verfügung gestellt werden. [2]Dies soll im Regelfall zwei Wochen vor der Beurkundung erfolgen. [3]Wird diese Frist unterschritten, sollen die Gründe hierfür in der Niederschrift angegeben werden.

[4]Weitere Amtspflichten des Notars bleiben unberührt.

(3) [1]Kommt ausländisches Recht zur Anwendung oder bestehen darüber Zweifel, so soll der Notar die Beteiligten darauf hinweisen und dies in der Niederschrift vermerken. [2]Zur Belehrung über den Inhalt ausländischer Rechtsordnungen ist er nicht verpflichtet.

...

§ 20a Vorsorgevollmacht

Beurkundet der Notar eine Vorsorgevollmacht, so soll er auf die Möglichkeit der Registrierung bei dem Zentralen Vorsorgeregister hinweisen.

...

Unterabschnitt 5 Beteiligung behinderter Personen

§ 22 Hörbehinderte, sprachbehinderte und sehbehinderte Beteiligte

(1) [1]Vermag ein Beteiligter nach seinen Angaben oder nach der Überzeugung des Notars nicht hinreichend zu hören, zu sprechen oder zu sehen, so soll zu der Beurkundung ein Zeuge oder ein zweiter Notar zugezogen werden, es sei denn, daß alle Beteiligten darauf verzichten. [2]Auf Verlangen eines hör- oder sprachbehinderten Beteiligten soll der Notar einen Gebärdensprachdolmetscher hinzuziehen. [3]Diese Tatsachen sollen in der Niederschrift festgestellt werden.

(2) Die Niederschrift soll auch von dem Zeugen oder dem zweiten Notar unterschrieben werden.

§ 23 Besonderheiten bei hörbehinderten Beteiligten

[1]Eine Niederschrift, in der nach § 22 Abs. 1 festgestellt ist, daß ein Beteiligter nicht hinreichend zu hören vermag, muß diesem Beteiligten anstelle des Vorlesens zur Durchsicht vorgelegt werden; in der Niederschrift soll festgestellt werden, daß dies geschehen ist. [2]Hat der Beteiligte die Niederschrift eigenhändig unterschrieben, so wird vermutet, daß sie ihm zur Durchsicht vorgelegt und von ihm genehmigt worden ist.

§ 24 Besonderheiten bei hör- und sprachbehinderten Beteiligten, mit denen eine schriftliche Verständigung nicht möglich ist

(1) [1]Vermag ein Beteiligter nach seinen Angaben oder nach der Überzeugung des Notars nicht hinreichend zu hören oder zu sprechen und sich auch nicht schriftlich zu verständigen, so soll der Notar dies in der Niederschrift feststellen. [2]Wird in der Niederschrift eine solche Feststellung getroffen, so muss zu der Beurkundung eine Person zugezogen werden, die sich mit dem behinderten Beteiligten zu verständigen vermag und mit deren Zuziehung er nach der Überzeugung des Notars einverstanden ist; in der Niederschrift soll festgestellt werden, dass dies geschehen ist. [3]Zweifelt der Notar an der Möglichkeit der Verständigung zwischen der zugezogenen Person und dem Beteiligten, so soll er dies in der Niederschrift feststellen.

[4]Die Niederschrift soll auch von der zugezogenen Person unterschrieben werden.

(2) Die Beurkundung von Willenserklärungen ist insoweit unwirksam, als diese darauf gerichtet sind, der nach Absatz 1 zugezogenen Person einen rechtlichen Vorteil zu verschaffen.

(3) Das Erfordernis, nach § 22 einen Zeugen oder zweiten Notar zuzuziehen, bleibt unberührt.

§ 25 Schreibunfähige

[1]Vermag ein Beteiligter nach seinen Angaben oder nach der Überzeugung des Notars seinen Namen nicht zu schreiben, so muß bei dem Vorlesen und der Genehmigung ein Zeuge oder ein zweiter Notar zugezogen werden, wenn nicht bereits nach § 22 ein Zeuge oder ein zweiter Notar zugezogen worden ist. [2]Diese Tatsachen sollen in der Niederschrift festgestellt werden. [3]Die Niederschrift muß von dem Zeugen oder dem zweiten Notar unterschrieben werden.

...

Unterabschnitt 6 Besonderheiten für Verfügungen von Todes wegen

§ 28 Feststellungen über die Geschäftsfähigkeit

Der Notar soll seine Wahrnehmungen über die erforderliche Geschäftsfähigkeit des Erblassers in der Niederschrift vermerken.

...

Abschnitt 3 Sonstige Beurkundungen

Unterabschnitt 2 Vermerke

§ 40 Beglaubigung einer Unterschrift

(1) Eine Unterschrift soll nur beglaubigt werden, wenn sie in Gegenwart des Notars vollzogen oder anerkannt wird.

(2) Der Notar braucht die Urkunde nur darauf zu prüfen, ob Gründe bestehen, seine Amtstätigkeit zu versagen.

(3) [1]Der Beglaubigungsvermerk muß auch die Person bezeichnen, welche die Unterschrift vollzogen oder anerkannt hat. [2]In dem Vermerk soll angegeben werden, ob die Unterschrift vor dem Notar vollzogen oder anerkannt worden ist.

(4) § 10 Absatz 1, 2 und 3 Satz 1 gilt entsprechend.

(5) [1]Unterschriften ohne zugehörigen Text soll der Notar nur beglaubigen, wenn dargelegt wird, daß die Beglaubigung vor der Festlegung des Urkundeninhalts benötigt wird. [2]In dem Beglaubigungsvermerk soll angegeben werden, daß bei der Beglaubigung ein durch die Unterschrift gedeckter Text nicht vorhanden war.

(6) Die Absätze 1 bis 5 gelten für die Beglaubigung von Handzeichen entsprechend.

…

XXIV. Bundesnotarordnung (BNotO)

I.d.F. der Bekanntmachung vom 24. Februar 1961 (BGBl. I S. 97), zuletzt geändert durch Art. 12 des Vierten Bürokratieentlastungsgesetzes vom 23. Oktober 2024 (BGBl. I Nr. 323)

– Auszug –

...

Teil 2 Notarkammern und Bundesnotarkammer

Abschnitt 2 Bundesnotarkammer

...

§ 78 Aufgaben

(1) [1]Die Bundesnotarkammer hat die ihr durch Gesetz zugewiesenen Aufgaben zu erfüllen. [2]Sie hat insbesondere

1. in Fragen, welche die Gesamtheit der Notarkammern angehen, die Auffassung der einzelnen Notarkammern zu ermitteln und im Wege gemeinschaftlicher Aussprache die Auffassung der Mehrheit festzustellen;
2. in allen die Gesamtheit der Notarkammern berührenden Angelegenheiten die Auffassung der Bundesnotarkammer den zuständigen Gerichten und Behörden gegenüber zur Geltung zu bringen;
3. die Gesamtheit der Notarkammern gegenüber Behörden und Organisationen zu vertreten;
4. Gutachten zu erstatten, die eine an der Gesetzgebung beteiligte Behörde oder Körperschaft des Bundes oder ein Bundesgericht in Angelegenheiten der Notare anfordert;
5. durch Beschluss der Generalversammlung Empfehlungen für die von den Notarkammern nach § 67 Absatz 2 zu erlassenden Richtlinien auszusprechen;
6. Richtlinien für die Ausbildung der Hilfskräfte der Notare aufzustellen;

7. den Elektronischen Notariatsaktenspeicher (§ 78k) zu führen;
8. das Notarverzeichnis (§ 78l) zu führen;
9. die besonderen elektronischen Notarpostfächer (§ 78n) einzurichten;
10. ein Videokommunikationssystem zu betreiben, das die Vornahme von Urkundstätigkeiten mittels Videokommunikation nach den §§ 16a bis 16e und 40a des Beurkundungsgesetzes (§ 78p) ermöglicht.

(2) Die Bundesnotarkammer führt

1. das Zentrale Vorsorgeregister (§ 78a),
2. das Zentrale Testamentsregister (§ 78c),
3. das Elektronische Urkundenarchiv (§ 78h).

(3) [1]Die Bundesnotarkammer kann weitere dem Zweck ihrer Errichtung entsprechende Aufgaben wahrnehmen. [2]Sie kann insbesondere

1. Maßnahmen ergreifen, die der wissenschaftlichen Beratung der Notarkammern und ihrer Mitglieder, der Fortbildung von Notaren, der Aus- und Fortbildung des beruflichen Nachwuchses und der Hilfskräfte der Notare dienen,
2. Notardaten verwalten und
3. die elektronische Kommunikation der Notare mit Gerichten, Behörden und sonstigen Dritten sowie die elektronische Aktenführung und die sonstige elektronische Datenverarbeitung der Notare unterstützen.

§ 78a Zentrales Vorsorgeregister; Verordnungsermächtigung

(1) [1]Die Bundesnotarkammer führt als Registerbehörde ein automatisiertes elektronisches Register über Vorsorgevollmachten, Betreuungsverfügungen, Patientenverfügungen und Widersprüche gegen eine Vertretung durch den Ehegatten nach § 1358 des Bürgerlichen Gesetzbuchs. [2]Das Bundesministerium der Justiz und für Verbraucherschutz führt die Rechtsaufsicht über die Registerbehörde.

(2) In das Zentrale Vorsorgeregister dürfen Angaben aufgenommen werden über

1. Vollmachtgeber,
2. Bevollmächtigte,
3. die Vollmacht und deren Inhalt,
4. Vorschläge zur Auswahl des Betreuers,

5. Wünsche zur Wahrnehmung der Betreuung,
6. den Vorschlagenden,
7. den einer Vertretung durch den Ehegatten nach § 1358 des Bürgerlichen Gesetzbuchs Widersprechenden und
8. den Ersteller einer Patientenverfügung.

(3) Das Bundesministerium der Justiz und für Verbraucherschutz hat durch Rechtsverordnung mit Zustimmung des Bundesrates die näheren Bestimmungen zu treffen über

1. die Einrichtung und Führung des Registers,
2. die Auskunft aus dem Register,
3. die Anmeldung, Änderung und Löschung von Registereintragungen,
4. die Einzelheiten der Datenübermittlung und -speicherung und
5. die Einzelheiten der Datensicherheit.

§ 78b Auskunft und Gebühren

(1) [1]Die Registerbehörde erteilt Gerichten und Ärzten auf Ersuchen Auskunft aus dem Zentralen Vorsorgeregister. [2]Ärzte dürfen nur um Auskunft ersuchen, soweit diese für die Entscheidung über eine dringende medizinische Behandlung erforderlich ist. [3]Die Befugnis der Gerichte, Notare und Notarkammern zur Einsicht in Registrierungen, die von ihnen verwahrte oder registrierte Urkunden betreffen, bleibt unberührt.

(2) [1]Das Zentrale Vorsorgeregister wird durch Gebühren finanziert. [2]Die Registerbehörde kann Gebühren für die Aufnahme von Erklärungen in das Register erheben. [3]Zur Zahlung der Gebühren sind der Antragsteller und derjenige verpflichtet, der für die Gebührenschuld eines anderen kraft Gesetzes haftet. [4]Mehrere Gebührenschuldner haften als Gesamtschuldner. [5]Gerichte und Notare können die Gebühren für die Registerbehörde entgegennehmen.

(3) [1]Die Gebühren sind so zu bemessen, dass der mit der Einrichtung, der Inbetriebnahme, der dauerhaften Führung und der Nutzung des Zentralen Vorsorgeregisters durchschnittlich verbundene Verwaltungsaufwand einschließlich der Personal- und Sachkosten gedeckt wird. [2]Dabei ist auch der für die Aufnahme von Erklärungen in das Register gewählte Kommunikationsweg zu berücksichtigen.

(4) [1]Die Registerbehörde bestimmt die Gebühren nach Absatz 2 Satz 2 und die Art ihrer Erhebung durch eine Gebührensatzung. [2]Die Satzung bedarf der Genehmigung durch das Bundesministerium der Justiz und für Verbraucherschutz. [3]Die Höhe der Gebühren ist regelmäßig zu überprüfen.

...

XXV. Bundeswahlgesetz (BWahlG)

i.d.F. der Bekanntmachung vom 23. Juli 1993 (BGBl. I S. 1288, ber. S. 1594), zuletzt geändert durch Art. 1 des Siebenundzwanzigsten Gesetzes zur Änderung des Bundeswahlgesetzes vom 7. März 2024 (BGBl. I Nr. 91)

– Auszug –

...

Dritter Abschnitt. Wahlrecht und Wählbarkeit

§ 12 Wahlrecht

(1) Wahlberechtigt sind alle Deutschen im Sinne des Artikels 116 Abs. 1 des Grundgesetzes, die am Wahltage

1. das achtzehnte Lebensjahr vollendet haben,
2. seit mindestens drei Monaten in der Bundesrepublik Deutschland eine Wohnung innehaben oder sich sonst gewöhnlich aufhalten,
3. nicht nach § 13 vom Wahlrecht ausgeschlossen sind.

(2) [1]Wahlberechtigt sind bei Vorliegen der sonstigen Voraussetzungen auch diejenigen Deutschen im Sinne des Artikels 116 Absatz 1 des Grundgesetzes, die am Wahltag außerhalb der Bundesrepublik Deutschland leben, sofern sie

1. nach Vollendung ihres vierzehnten Lebensjahres mindestens drei Monate ununterbrochen in der Bundesrepublik Deutschland eine Wohnung innegehabt oder sich sonst gewöhnlich aufgehalten haben und dieser Aufenthalt nicht länger als 25 Jahre zurückliegt oder
2. aus anderen Gründen persönlich und unmittelbar Vertrautheit mit den politischen Verhältnissen in der Bundesrepublik Deutschland erworben haben und von ihnen betroffen sind.

[2]Als Wohnung oder gewöhnlicher Aufenthalt im Sinne von Satz 1 gilt auch eine frühere Wohnung oder ein früherer Aufenthalt in dem in Artikel 3 des

Einigungsvertrages genannten Gebiet. [3]Bei Rückkehr eines nach Satz 1 Wahlberechtigten in die Bundesrepublik Deutschland gilt die Dreimonatsfrist des Absatzes 1 Nr. 2 nicht.

(3) [1]Wohnung im Sinne des Gesetzes ist jeder umschlossene Raum, der zum Wohnen oder Schlafen benutzt wird. [2]Wohnwagen und Wohnschiffe sind jedoch nur dann als Wohnungen anzusehen, wenn sie nicht oder nur gelegentlich fortbewegt werden.

(4) Sofern sie in der Bundesrepublik Deutschland keine Wohnung innehaben oder innegehabt haben, gilt als Wohnung im Sinne des Absatzes 1 Nr. 2 oder des Absatzes 2 Satz 1

1. für Seeleute sowie für die Angehörigen ihres Hausstandes das von ihnen bezogene Schiff, wenn dieses nach dem Flaggenrechtsgesetz in der jeweils geltenden Fassung die Bundesflagge zu führen berechtigt ist,
2. für Binnenschiffer sowie für die Angehörigen ihres Hausstandes das von ihnen bezogene Schiff, wenn dieses in einem Schiffsregister in der Bundesrepublik Deutschland eingetragen ist,
3. für im Vollzug gerichtlich angeordneter Freiheitsentziehung befindliche Personen sowie für andere Untergebrachte die Anstalt oder die entsprechende Einrichtung.

(5) Bei der Berechnung der Dreimonatsfrist nach Absatz 1 Nr. 2 und Absatz 2 Satz 1 ist der Tag der Wohnungs- oder Aufenthaltsnahme in die Frist einzubeziehen.

§ 13 Ausschluss vom Wahlrecht

Ausgeschlossen vom Wahlrecht ist, wer infolge Richterspruchs das Wahlrecht nicht besitzt.

...

§ 15 Wählbarkeit

(1) Wählbar ist, wer am Wahltage

1. Deutscher im Sinne des Artikels 116 Abs. 1 des Grundgesetzes ist und

2. das achtzehnte Lebensjahr vollendet hat.

(2) Nicht wählbar ist,

1. wer nach § 13 vom Wahlrecht ausgeschlossen ist oder
2. wer infolge Richterspruchs die Wählbarkeit oder die Fähigkeit zur Bekleidung öffentlicher Ämter nicht besitzt.

...

XXVI. Gesetz zur Ausführung des Haager Übereinkommens vom 13. Januar 2000 über den internationalen Schutz von Erwachsenen (Erwachsenenschutzübereinkommens-Ausführungsgesetz – ErwSÜAG)

Vom 17. März 2007 (BGBl. I S. 314), zuletzt geändert durch Art. 15 des Gesetzes zur Reform des Vormundschafts- und Betreuungsrechts vom 4. Mai 2021 (BGBl. I S. 882)

Abschnitt 1. Zentrale Behörde

§ 1 Bestimmung der Zentralen Behörde

Zentrale Behörde nach Artikel 28 des Haager Übereinkommens vom 13. Januar 2000 über den internationalen Schutz von Erwachsenen (BGBl. 2007 II S. 323 – Übereinkommen) ist das Bundesamt für Justiz.

§ 2 Übersetzungen bei eingehenden Ersuchen

(1) Die Zentrale Behörde kann es ablehnen tätig zu werden, wenn eine Mitteilung aus einem anderen Vertragsstaat nicht in deutscher Sprache abgefasst oder von einer Übersetzung in die deutsche Sprache oder, falls eine solche Übersetzung nur schwer erhältlich ist, nicht von einer Übersetzung in die englische Sprache begleitet ist.

(2) Die Zentrale Behörde kann erforderliche Übersetzungen selbst in Auftrag geben.

§ 3 Übersetzungen bei ausgehenden Ersuchen

Beschafft ein Antragsteller erforderliche Übersetzungen für Anträge, die in einem anderen Vertragsstaat zu erledigen sind, nicht selbst, veranlasst die Zentrale Behörde die Übersetzungen.

§ 4 Maßnahmen der Zentralen Behörde

(1) Die Zentrale Behörde verkehrt unmittelbar mit allen zuständigen Stellen im In- und Ausland.

(2) [1]Die Zentrale Behörde leitet Mitteilungen, die an die Zentrale Behörde oder eine andere Behörde in einem anderen Vertragsstaat gerichtet sind, dorthin weiter. [2]Mitteilungen aus einem anderen Vertragsstaat leitet sie unverzüglich an die zuständige deutsche Stelle weiter und unterrichtet sie über bereits veranlasste Maßnahmen.

(3) [1]Die Zentrale Behörde trifft alle erforderlichen Maßnahmen einschließlich der Einschaltung von Polizeivollzugsbehörden, um den Aufenthaltsort des schutzbedürftigen Erwachsenen zu ermitteln, wenn dieser unbekannt ist und Anhaltspunkte dafür vorliegen, dass sich der Erwachsene im Inland befindet. [2]Soweit zur Ermittlung des Aufenthaltsorts des Erwachsenen erforderlich, darf die Zentrale Behörde beim Kraftfahrt-Bundesamt Halterdaten nach § 33 Abs. 1 Satz 1 Nr. 2 des Straßenverkehrsgesetzes erheben. [3]Unter den Voraussetzungen des Satzes 1 kann die Zentrale Behörde die Ausschreibung zur Aufenthaltsermittlung durch das Bundeskriminalamt und die Speicherung eines Suchvermerks im Zentralregister veranlassen. [4]Soweit die Zentrale Behörde andere Stellen zur Aufenthaltsermittlung einschaltet, übermittelt sie ihnen die zur Durchführung der Maßnahmen erforderlichen personenbezogenen Daten; diese dürfen nur für den Zweck verwendet werden, für den sie übermittelt worden sind.

§ 5 Justizverwaltungsverfahren; Vergütung für Übersetzungen

Die Tätigkeit der Zentralen Behörde gilt als Justizverwaltungsverfahren. Die Höhe der Vergütung für die von der Zentralen Behörde veranlassten Übersetzungen richtet sich nach dem Justizvergütungs- und -entschädigungsgesetz.

Abschnitt 2. Gerichtliche Zuständigkeit und Zuständigkeitskonzentration

§ 6 Sachliche und örtliche Zuständigkeit; Zuständigkeitskonzentration

(1) [1]Das Betreuungsgericht, in dessen Bezirk ein Oberlandesgericht seinen Sitz hat, ist für den Bezirk dieses Oberlandesgerichts zuständig für

1. die Feststellung der Anerkennung oder Nichtanerkennung einer in einem anderen Vertragsstaat getroffenen Maßnahme nach Artikel 23 des Übereinkommens,
2. die Vollstreckbarerklärung einer in einem anderen Vertragsstaat getroffenen Maßnahme nach Artikel 25 des Übereinkommens sowie
3. das Konsultationsverfahren nach Artikel 33 des Übereinkommens.

[2]Für den Bezirk des Kammergerichts ist das Amtsgericht Schöneberg in Berlin zuständig.

(2) [1]Die Landesregierungen werden ermächtigt, die Zuständigkeit nach Absatz 1 durch Rechtsverordnung einem anderen Betreuungsgericht des Oberlandesgerichtsbezirks oder, wenn in einem Land mehrere Oberlandesgerichte errichtet sind, einem Betreuungsgericht für die Bezirke aller oder mehrerer Oberlandesgerichte zuzuweisen. [2]Sie können die Ermächtigung auf die Landesjustizverwaltungen übertragen.

(3) [1]Örtlich zuständig für die Verfahren nach Absatz 1 Satz 1 Nr. 1 und 2 ist das Betreuungsgericht, in dessen Zuständigkeitsbereich der Betroffene bei Antragstellung seinen gewöhnlichen Aufenthalt hat. [2]Hat der Betroffene im Inland keinen gewöhnlichen Aufenthalt oder ist ein solcher nicht feststellbar, ist das Betreuungsgericht zuständig, in dessen Zuständigkeitsbereich das Bedürfnis der Fürsorge hervortritt. [3]Ergibt sich keine Zuständigkeit nach den Sätzen 1 und 2, ist das zuständige Betreuungsgericht im Bezirk des Kammergerichts örtlich zuständig. [4]Im Fall des Absatzes 1 Satz 1 Nr. 3 ist das Betreuungsgericht örtlich zuständig, in dessen Zuständigkeitsbereich der Betroffene nach dem Vorschlag der ersuchenden Behörde untergebracht werden soll.

(4) Artikel 147 des Einführungsgesetzes zum Bürgerlichen Gesetzbuche gilt entsprechend.

§ 7 Zuständigkeitskonzentration für andere Betreuungssachen

(1) [1]Das Betreuungsgericht, bei dem ein in § 6 Abs. 1 Satz 1 genanntes Verfahren anhängig ist, ist von diesem Zeitpunkt an für alle denselben Betroffenen betreffenden Betreuungssachen einschließlich der Verfügungen nach § 35 des Gesetzes über das Verfahren in Familiensachen und in den Angelegenheiten der freiwilligen Gerichtsbarkeit sowie Abschnitt 9 des Buches 1 des Gesetzes über das Verfahren in Familiensachen und in den Angelegenheiten der freiwilligen Gerichtsbarkeit zuständig. [2]Die Wirkung des Satzes 1 tritt nicht ein, wenn der Antrag auf Anerkennungsfeststellung oder Vollstreckbarerklärung offensichtlich unzulässig ist. [3]Sie entfällt, sobald das angegangene Gericht infolge einer unanfechtbaren Entscheidung unzuständig ist; Verfahren, für die dieses Gericht hiernach seine Zuständigkeit verliert, sind von Amts wegen an das zuständige Gericht abzugeben. [4]Die Abgabeentscheidung ist unanfechtbar und für das für zuständig erklärte Gericht bindend.

(2) [1]Ein anderes Betreuungsgericht, bei dem eine denselben Betroffenen betreffende Betreuungssache im ersten Rechtszug anhängig ist oder anhängig wird, hat dieses Verfahren von Amts wegen an das nach Absatz 1 Satz 1 zuständige Betreuungsgericht abzugeben. [2]Die Abgabeentscheidung ist unanfechtbar.

(3) [1]Das Betreuungsgericht, das für eine Sache nach Absatz 1 oder Absatz 2 zuständig ist, kann diese aus wichtigen Gründen an das nach den allgemeinen Vorschriften zuständige Betreuungsgericht abgeben oder zurückgeben, soweit dies nicht zu einer unverhältnismäßigen Verzögerung des Verfahrens führt. [2]Als wichtiger Grund ist es in der Regel anzusehen, wenn die besondere Sachkunde des erstgenannten Gerichts für das Verfahren nicht oder nicht mehr benötigt wird. [3]Die Entscheidung über die Abgabe ist unanfechtbar und für das für zuständig erklärte Gericht bindend.

(4) § 273 des Gesetzes über das Verfahren in Familiensachen und in den Angelegenheiten der freiwilligen Gerichtsbarkeit bleibt unberührt.

(5) Artikel 147 des Einführungsgesetzes zum Bürgerlichen Gesetzbuche gilt entsprechend.

Abschnitt 3 Anerkennungsfeststellung, Vollstreckbarerklärung, Konsultationsverfahren und Bescheinigungen

§ 8 Allgemeine Verfahrensvorschriften für die Anerkennungsfeststellung und Vollstreckbarerklärung

(1) [1]Das Verfahren nach den Artikeln 23 und 25 des Übereinkommens richtet sich nach dem Buch 1 des Gesetzes über das Verfahren in Familiensachen und in den Angelegenheiten der freiwilligen Gerichtsbarkeit. [2]Die §§ 275, 276, 297 Abs. 5, §§ 308, 309 und 311 des Gesetzes über das Verfahren in Familiensachen und in den Angelegenheiten der freiwilligen Gerichtsbarkeit sind entsprechend anzuwenden.

(2) [1]Das Gericht hat den Betroffenen persönlich anzuhören, wenn die anzuerkennende oder für vollstreckbar zu erklärende Maßnahme eine im Inland vorzunehmende Maßnahme im Sinn des § 312 des Gesetzes über das Verfahren in Familiensachen und in den Angelegenheiten der freiwilligen Gerichtsbarkeit, eine Untersuchung des Gesundheitszustands, eine Heilbehandlung oder einen ärztlichen Eingriff im Sinn des § 1904 des Bürgerlichen Gesetzbuchs oder eine im Inland vorzunehmende Sterilisation beinhaltet. [2]Im Übrigen soll das Gericht den Betroffenen persönlich anhören. [3]§ 278 Abs. 3 bis 5 des Gesetzes über das Verfahren in Familiensachen und in den Angelegenheiten der freiwilligen Gerichtsbarkeit gilt entsprechend.

(3) [1]Das Gericht kann die im Inland zuständige Betreuungsbehörde anhören, wenn es der Betroffene verlangt oder wenn es der Sachaufklärung dient. [2]Die Anhörung anderer Personen liegt im Ermessen des Gerichts.

(4) Der Beschluss des Gerichts ist zu begründen.

(5) [1]Der Beschluss ist dem Betroffenen und, falls ein solcher bestellt ist, dem Betreuer oder einer Person mit vergleichbaren Aufgaben bekannt zu machen. [2]Handelt es sich bei der anerkannten oder für vollstreckbar erklärten Maßnahme um eine Unterbringung im Inland, ist der Beschluss auch dem Leiter der Einrichtung bekannt zu machen, in welcher der Betroffene untergebracht werden soll. [3]Die §§ 288 und 326 des Gesetzes über das Verfahren in Familiensachen und in den Angelegenheiten der freiwilligen Gerichtsbarkeit gelten entsprechend.

(6) [1]Der Beschluss unterliegt der Beschwerde. [2]Die §§ 303 und 305 des Gesetzes über das Verfahren in Familiensachen und in den Angelegenheiten der freiwilligen Gerichtsbarkeit gelten entsprechend.

(7) [1]Der Beschluss wird erst mit seiner Rechtskraft wirksam. [2]Bei Gefahr im Verzug kann das Gericht die sofortige Wirksamkeit des Beschlusses anordnen.

§ 9 Bindungswirkung der Anerkennungsfeststellung

Die Feststellung nach Artikel 23 des Übereinkommens, dass die Voraussetzungen für die Anerkennung vorliegen oder nicht vorliegen, ist für Gerichte und Verwaltungsbehörden bindend.

§ 10 Vollstreckungsklausel

(1) Ein Titel aus einem anderen Vertragsstaat, der dort vollstreckbar ist und im Inland Vollstreckungshandlungen erfordert, wird dadurch nach Artikel 25 des Übereinkommens für vollstreckbar erklärt, dass er auf Antrag mit einer Vollstreckungsklausel versehen wird.

(2) § 20 Abs. 1 Satz 1 und 2 sowie § 23 des Internationalen Familienrechtsverfahrensgesetzes gelten entsprechend.

§ 11 Aufhebung oder Änderung von Entscheidungen über die Anerkennungsfeststellung oder Vollstreckbarerklärung

(1) [1]Wird eine in einem anderen Vertragsstaat getroffene Maßnahme in diesem Staat aufgehoben oder abgeändert und kann die betroffene Person diese Tatsache nicht mehr in dem Verfahren nach § 6 Abs. 1 Nr. 1 oder Nr. 2 geltend machen, kann sie die Aufhebung oder Änderung der Entscheidung über die Anerkennungsfeststellung oder Vollstreckbarerklärung in einem besonderen Verfahren beantragen. [2]Die §§ 8 und 9 gelten entsprechend.

(2) Für die Entscheidung über den Antrag ist das Betreuungsgericht ausschließlich zuständig, das im ersten Rechtszug über die Anerkennungsfeststellung oder Vollstreckbarerklärung entschieden hat.

§ 12 Widerspruch im Konsultationsverfahren

(1) Das Gericht soll insbesondere dann nach Artikel 33 Abs. 2 des Übereinkommens einer Unterbringung im Inland widersprechen, wenn

1. die Durchführung der beabsichtigten Unterbringung dem Wohl des Betroffenen widerspricht, insbesondere weil er keine besondere Bindung zum Inland hat,
2. die ausländische Behörde kein Gutachten eines Sachverständigen vorlegt, aus dem sich die Notwendigkeit der beabsichtigten Unterbringung ergibt,
3. ein Grund für eine Versagung der Anerkennung nach Artikel 22 Abs. 2 des Übereinkommens erkennbar ist,
4. dem Betroffenen im ausländischen Verfahren kein rechtliches Gehör gewährt wurde,
5. einer erforderlichen Genehmigung der Ausländerbehörde Gründe entgegenstehen oder
6. die Übernahme der Kosten für die Unterbringung nicht geregelt ist.

(2) Im Fall einer Unterbringung, die mit Freiheitsentzug verbunden ist, oder einer Maßnahme im Sinn des § 1906 Absatz 4 oder § 1906a Absatz 1 oder Absatz 4 des Bürgerlichen Gesetzbuchs spricht sich das Gericht unbeschadet des Absatzes 1 nach Artikel 33 Abs. 2 des Übereinkommens gegen das Ersuchen aus, wenn

1. im ersuchenden Staat über die ersuchte Maßnahme kein Gericht entscheidet oder
2. bei Zugrundelegung des mitgeteilten Sachverhalts nach innerstaatlichem Recht die Anordnung der ersuchten Maßnahme nicht zulässig wäre.

(3) Das Gericht kann den Betroffenen persönlich anhören.

(4) Das Gericht kann einen Meinungsaustausch mit der ersuchenden Behörde aufnehmen und diese um ergänzende Informationen bitten.

(5) [1]Der Widerspruch nach Artikel 33 Abs. 2 des Übereinkommens ist der ersuchenden Behörde unverzüglich bekannt zu machen. [2]Die Entscheidung, von einem Widerspruch abzusehen, ist dem Betroffenen selbst und, falls ein solcher bestellt ist, dem Betreuer oder einer Person mit vergleichbaren Aufgaben sowie dem Leiter der Einrichtung bekannt zu machen, in

welcher der Betroffene untergebracht werden soll. [3]Der Beschluss ist unanfechtbar.

(6) Im Übrigen sind auf das Verfahren die §§ 316, 317 Abs. 1 Satz 1, Abs. 4, 5, §§ 318, 325 Abs. 1 und § 338 des Gesetzes über das Verfahren in Familiensachen und in den Angelegenheiten der freiwilligen Gerichtsbarkeit sowie § 8 Abs. 1 Satz 1, Abs. 3 und 4 entsprechend anzuwenden.

§ 13 Bescheinigungen über inländische Schutzmaßnahmen

(1) Die Bescheinigung über eine inländische Schutzmaßnahme nach Artikel 38 des Übereinkommens wird von dem Urkundsbeamten der Geschäftsstelle des Gerichts des ersten Rechtszugs und, wenn das Verfahren bei einem höheren Gericht anhängig ist, von dem Urkundsbeamten der Geschäftsstelle dieses Gerichts ausgestellt.

(2) § 319 der Zivilprozessordnung gilt entsprechend.

Stichwortverzeichnis

Die fett gedruckte Zahl bezeichnet die Ordnungsziffer des Gesetzes entsprechend der Gliederung im Inhaltsverzeichnis (z.B. II = Behindertenrechtskonvention), die mager gedruckte Zahl den Paragrafen.

Deutscher Verein für öffentliche und private Fürsorge e.V.

Forum des Sozialen

Der Deutsche Verein für öffentliche und private Fürsorge e.V. ist das gemeinsame Forum von Kommunen und Wohlfahrtsorganisationen sowie ihrer Einrichtungen, der Bundesländer und von den Vertretern der Wissenschaft für alle Bereiche der sozialen Arbeit und der Sozialpolitik. Er begleitet und gestaltet durch seine Expertise und Erfahrung die Entwicklungen u.a. der Kinder-, Jugend- und Familienpolitik, der Sozial- und Altenhilfe, der Grundsicherungssysteme, der Pflege und Rehabilitation.

LAMBERTUS

Sozial – Recht – Caritas

Gegenwärtig hat das Programm des Lambertus-Verlages drei Säulen: Soziales, Recht und Caritas. Insbesondere in den Bereichen der sozialen Fachbücher, der Bücher zum Sozialrecht und der Texte und Kommentare zum kirchlichen Arbeitsrecht – wie etwa der AVR, dem Freiburger Kommentar zur MAVO (inkl. KAGO) und dem Praxiskommentar zum Arbeitsrecht in der Caritas – zählt der Lambertus Verlag zu den renommierten deutschen Verlagen.

Zusätzlich besorgt der Verlag seit 2007 Vertrieb und Auslieferung der Titel des Verlags des „Deutschen Vereins für öffentliche und private Fürsorge" an Nichtmitglieder und den Buchhandel. Seit Anfang 2012 auch an die Mitglieder selbst. Damit werden Entwicklungen der Vergangenheit gebündelt und neu gewichtet. Die Publikationen im Feld aller sozialer Aufgabenfelder und zu den komplexen rechtlichen Rahmenbedingungen sowie zur Caritasarbeit können sich durchaus auf die Grundideen des Verlagsgründers Werthmann berufen, der bereits 1903 feststellte: „Also nicht zu einem trockenen, von der Praxis weggewandten Studium will der Charitasverband antreiben, nein, so sehr hat er beim Studium die praktische Tätigkeit im Auge, dass er in Wort und Schrift, in seinen Versammlungen und Publikationen immer und immer wieder zur praktischen Ausübung der Charitas ermuntert."

Diese neu bearbeitete Ausgabe enthält die Vorschriften zur rechtlichen Betreuung, die v.a. im Bürgerlichen Gesetzbuch, aber auch in anderen Gesetzen, Verordnungen und Satzungen enthalten sind.

Zum besseren Verständnis des Betreuungsrechts wurde den Rechtsgrundlagen eine systematische Einführung vorangestellt.

(Stand: April 2025)

15,90 €

ISBN 978-3-7841-3798-8

9 783784 137988